正信！不迷信！

驀然回首，自2017年1月「東方星命系列」的第一書《四柱八字》和《紫微斗數上編》出版至今，已有一年多的日子，這段時間筆者收到讀者的來信眾多，當中包括了很多問命和諮詢個案，而最感恩惠當然是得到很多支持和鼓勵，但令個人最感到意想不到的是，原來杰赫的台灣讀者群比例是相當之高。

據網站統計，來自台灣訪客竟然佔有三成或以上，經電郵及面書和筆者即時通訊的人亦都是以台灣讀者為大多數，說實在，我也很喜歡和他們在網上交流，畢竟個人都是玩討論區起家的。更令筆者感到驚訝的是，台灣人對玄學術數及星學文化的熱情度往往超乎想像，有些讀者甚至發送照片告之，說在學校圖書館有齊個人的所有著作，筆者發夢都沒有想到，粗疏簡漏、文筆不全的《杰赫星命》竟然成為中學圖書館的藏書。

藉此感受到，台灣人不但對於閱讀、玄學、星學和中華文化，甚至是人情味都十分濃厚。但筆者感到羞愧的是，過去自己只去過一次台灣旅遊，並已是十多年前的事，因此在稍後時間，本人更應該多去台灣，好好欣賞寶島勝境和享受一下台灣的悠閒生活。

在此說一個親身的命運轉折故事來作結，原來筆者在孩童時期因父母的一個決擇而有機會成為台灣人，話說叔父是國民黨老兵，他是國軍名將薛岳的手下，由於戰爭關係，他無妻無子，而我身為大侄，所以叔父經常帶我出席老兵的慶祝活動，例如「雙十慶典」。據聞蔣介石遷台之後，為了鼓勵退伍兵到台灣建設給出了很優厚的待遇，叔父和父親相量不如舉家遷台，後來因母親反對才一直在港生活。假如當時父親聽弟弟的話，今日我就是台灣人，結果父親聽從了母親，故此我就是香港人。

　　一個人對前路的決定十分重要，它不但影響著你本身，更影響著親人和後代的命運，在此希望本書能為大家提供足夠的智慧去選擇一條完全屬於自己的理想道路。

　　最後，祝願中國、台灣、香港和澳門，總之識漢字的人都萬事如意，心想事成。

金融占星代序

認識杰赫師兄始於十年前的一個術數討論區，當時見杰赫兄比較多運用紫微斗數論命，以西洋占星及七政四餘占卜推事，已覺得他功力深厚，知識廣博。當年在香港關於占星的中文書籍非常稀有，故西洋占星在香港還未真正流行，一般報刊上只看到十二星座運程這些娛樂資訊，討論星學之人少之又少。

中國的天文學在清朝後一直停滯不前，加上古代的星圖與現代的星空誤差甚大，所以過去中國的占星學還停留在七政四餘的階段，西方天文學發展迅速，使西洋占星學成為占星的主流，占星學在發展過程中又形成許多分支，除了預測個人的命運，國運占星，世運占星，自然占星外，還有預測金融經濟走勢的金融占星；占星學發展到占星術，這就是牛頓熱衷於以赫密斯神秘學為背景的占星魔法～煉金術。

西洋占星III《行星編》

本人的作品《恆指循環密碼》中就有幾章是運用金融占星的方法預測恆生指數的走勢，外國的金融占星早已非常成熟，事實上，江恩大師許多理論也來自占星學。

　　杰赫星命系列已出到第三本《行星篇》，杰赫對西洋占星有深刻理解，甚至及把中國術數融入西洋占星理論中，令人嘆為觀止，本人熱切期待杰赫兄的新作，也值得推薦對西洋占星有興趣的朋友。

易優

《恆指循環密碼》作者

戊戌年夏至

目錄

西洋占星 III《行星編》

第一章・十大行星總論

十大行星總論

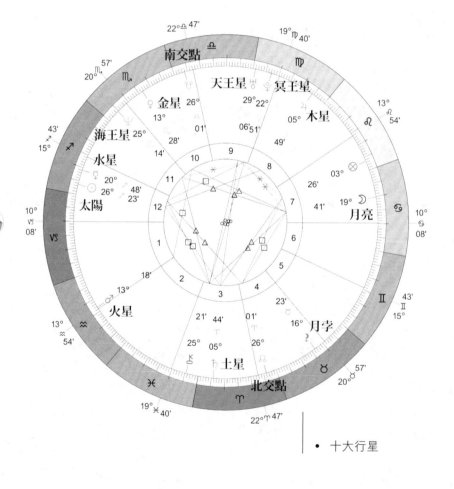

• 十大行星

在夜間，只要抬頭望向星空，在天上所有不動的發光體名為「恆星」，恆星有它們的附屬系統，同被眾星包圍，這如同我們的「太陽系」，而占星學的基本原理，就是根據太陽系的運作而建立出來。

在日心學說之前，古人相信地球是宇宙的中心，眾星都圍繞著地球轉動，因此占星學的看法也都是以地心為主，如此一來，太陽和月亮都被視為行星，當中的十顆行星分別是：太陽、月亮、水星、金星、火星、木星、土星、天王星、海王星和冥王星，這就是占星學上的「十大行星」。

古人相信「在天成象，在地成形。」天上的所有變化也會和地上的人事有所對應，互相交感而作出投象反射，如此出生時的星象便有能解讀成當時人的命運際遇，並對之將來發展有著預測及啟示性作用。假如黃道十二星座代表十二類不同人格，後天十二人事宮位代表人生不同範疇，行星在此便是十類不同「心性」和「行為」的展示模式。

行星各有含意，有不同意志和精神，主宰著不同能力和天賦，而「宮座」為潛在傾向，只有得到行星的引動，才能發揮相關取能，對人便會產生不同的影響力，諸如野心、欲望、情緒、想法、愛惡……等等，占星學就是由這些行星的互相交織，從而描繪出命中人的性格取向、心理特質以及命運軌跡，因此行星可以說是占星學的重中之重，它有如電影裡的男女主角，沒有它，十二星座（題材）和宮位（場景）都變得毫無意義。再者，星盤上只有行星能夠移動，移動才能產生「相位」，宮座才有關係之建立，吉凶好壞之意才得以反映，更重要的是，大運、流年的推斷才變得可能。

前書《星座編》已介紹過「上升星座」，此為人命先天本質，代表個人身體和行為，是命運的大綱及整體表現，話須大綱確實重要，但若然要把星盤作全面性剖析，還須了解所有行星坐落星座、宮位，與及星與星之間的「相位」聯繫。由於每顆行星都有各自的主題和對象，例如太陽反映自我，代表人物為男性，事情為成功的方式，它落在不同宮座

就有不一樣的寓意。而太陽所落在的星座，正是普羅大眾所熟釋的「太陽星座」，同樣道理，其他行星也有它們的星座，例如反映內在感受及情緒的「月亮星座」，反映感情愛好的「金星星座」，反映進取心及競爭力的「火星星座」等等。

　　十顆行星之中，除了命宮主星，太陽和月亮都是命盤上第一重要行星，生活在地球的人受到此對星影響之大，相信大家都能明白。加上日月都是發光體，行星特質特別外揚，日主外，月主內，其相關範疇也特別容易令人感受得到。而「內行星」水星和金星因運行軌道關係，最大角距不會超出47°，兩星有如一前一後伴隨太陽，所以占星學視之為太陽的附屬星，水、金便有如代言人，間接反映太陽意願，以上四星都是個人化行星，反映都是個性風格，是屬於較為自主的部分。

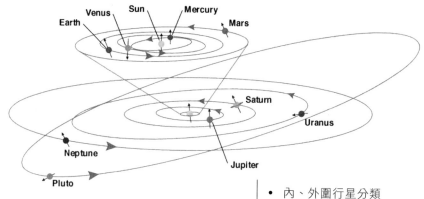

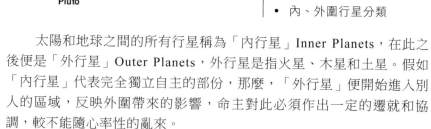

・　內、外圍行星分類

　　太陽和地球之間的所有行星稱為「內行星」Inner Planets，在此之後便是「外行星」Outer Planets，外行星是指火星、木星和土星。假如「內行星」代表完全獨立自主的部份，那麼，「外行星」便開始進入別人的區域，反映外圍帶來的影響，命主對此必須作出一定的遷就和協調，較不能隨心率性的亂來。

　　火星身為「外行星」的第一星，首要反映給人的「第一印象」，其次代表「一對一」的私人關係，此關係好的甚至可以發展成親密情侶，

隨後的木星和土星代表人數便愈來愈多，關係更愈來愈複雜。如再作細分，木星和土星屬於同期，行星的代表人物與命主年齡相對接近，彼此多有機會溝通聯絡，少有隔閡，合作範圍也較為密切，關係好的可以發展出兄弟情誼，或發展成事業合作伙伴。由此可見，「外行星」雖不是完全獨立自主，但某程度對來說還是個人可以掌握的部分。

可是，一旦到了三王星，整個形勢就大大不同，事關天王星、海王星和冥王星在占星學上都被歸類為「世代行星」，這些行星代表有各自意願的大眾群體，又或是大氣候、大環境、大時代，總之非命主主觀意願能夠作出改變，可說三王星是命主個人最難以掌握，甚至是不知道的部分。不難發現，愈是外圍行星其力量就愈是巨大，代表人數及群體就愈多，加上這些行星運行週期漫長，它給人類的影響就更為深遠，但有利的是，如「世代行星」的狀況優良，它帶來的助力便絕非小眾個人能力能所比擬。補充一點，以運限推算而言，「世代行星」的影響力尤其具有代表性，這方面有如中式術數的大運概念，關於流運部分留待下書《運限編》再述。

最後總結，三大分類以短週期的「內行星」最能反映個性，「外行星」主管與別人交往，三王星是指世代及集體性的影響力。所以，假如只看情侶關係，參考「內行星」輔以火星就已經足夠，畢竟喜歡一個人與否，性格喜好為大多數，如看合作關係，則是以外行星為主，三王星為輔。除了上述十大行星之外，也有一些小行星，此部分將會在下書介紹。

行星屬性

行星與星座同樣有屬性分類，但礙於行星相對獨立，屬性簡單，分類較少，詳情如下：

【陰陽分類】：玄門術數皆有陰陽之分，行星也不無例外，一般以月亮和金星視為陰性行星（Feminine Planet），認為與女性有關，有些人甚至稱之為「女性行星」，其餘則以陽性為主。但要留意冥王這星，

這星的意象非常陽性化，但實質為陰性。

陽性：太陽、火星、木星、土星
中性：水星、天王星
陰性：月亮、金星、海王星、冥王星

【四元素分類】
火象：太陽、火星（陽火）、冥王星（陰火）
土象：土星
風象：水星、木星、天王星
水象：月亮、金星、海王星

【內外分類】：「內行星」是指太陽與地球之間的行星，包括水星、金星（不包日月）。

「外行星」是指太陽與地球之外的行星，包括火星、木星、土星。而天王星、海王星和冥王星則劃分為世代行星。

行星	名稱	符號	軌道	占星學分類
太陽	Sun	☉	恆星 (發光體)	個人行星
月亮	Moon	☽	衛星 (發光體)	個人行星
水星	Mercury	☿	內行星	個人行星
金星	Venus	♀	內行星	個人行星
火星	Mars	♂	外行星	社會行星
木星	Jupiter	♃	外行星	社會行星
土星	Saturn	♄	外行星	社會行星
天王星	Uranus	♅	外行星	世代行星
海王星	Neptune	♆	外行星	世代行星
冥王星	Pluto	♇	外行星	世代行星
北交點	North Node	☊	-	未來
南交點	South Node	☋	-	過去

西洋占星 III《行星編》

【行星吉凶】：這是屬於古典占星的內容，行星的吉凶性可以從太陽、月亮守護垣的「相位」分佈而獲得啟示（見圖）。木星被視為第一大吉星的原因，是基於行星與日月呈「三合」；金星為第二吉性，因為與日月呈「六合」；水星中性，可善可惡，須視乎情況而定；而第一大凶星為土星，原因是與日月「對沖」；火星凶性次之，因為與日月「刑相」。

太陽與月亮基本上吉；天王與水星相約，吉凶參半；海王則吉大於凶，或吉中藏凶；冥王為凶大於吉，或凶中藏吉。

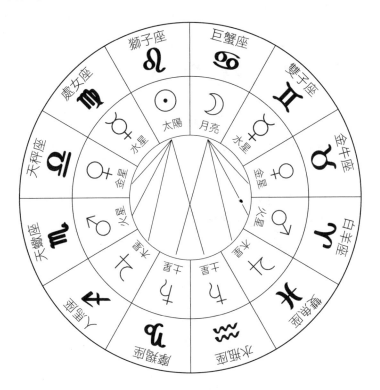

行星概括

行星	象徵	心理	意義	關鍵字
太陽	個性	身份	自我意識、外在形象、給人觀感	志向
月亮	情緒	安全感	內在情緒、記憶、慣性反應	心情
水星	思想	知性	思考、溝通、語言、學習能力	表達
金星	愛情	價值觀	喜好、愛情觀、吸引力	喜歡
火星	欲望	鬥心	野心、行動力、勇氣、競爭力	想要
木星	信仰	智慧	信心、求知欲、冒險性、方向感	好奇
土星	責任	權力欲	責任感、成熟度、因習性	耐性
天王星	創意	個性化	反叛心、創作力、理性度	獨特
海王星	幻想	夢想	想像力、同理心、靈性力量	夢想
冥王星	潛能	慾望	鬥志、操控欲、佔有欲、潛能	蛻變

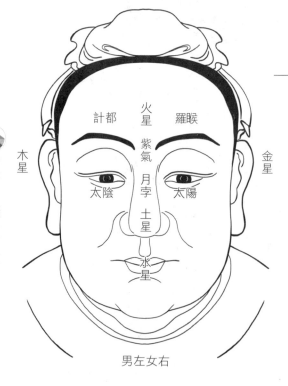

男左女右

- 相學有云：「相不論獨」，意思是看相必須看整體，面孔有如占星盤，分別有宮位和星曜，當中五觀即眼、耳、口、鼻、眉代表行星，學名為「五星六曜」，五星分為金、木、水、火、土，以左耳為金星，右耳為木星，嘴巴為水星，額頭為火星，鼻子為土星，六曜則左眼為太陽，右眼為太陰，左眉為羅睺，右眉為計都，印堂為紫氣，山根為月孛，合共十一個不同器官和部位。

第二章・太陽

太陽

守護星座：獅子座（第五宮）
廟：獅子　旺：白羊　利：天秤　陷：水瓶
屬性：吉、熱、乾、陽
心理：自我中心 I am myself
週期：一年一周天，一月一星座，日行1°
身體：心臟、眼睛、大腦、中樞神經
人物：自己、爸爸、男性

神話

在希臘神話中，太陽神阿波羅（Apollo）是光明和文藝之神，祂是最高神祇宙斯和黑暗女神勒托的兒子，是月亮與狩獵女神阿耳忒彌斯的孿生弟弟。阿波羅的外型俊朗，體格壯健，祂右手拿著七弦琴，左手拿著象徵太陽的金球，祂的作風爽直明快，正直不柯，行事光明磊落，品行高尚傲人。阿波羅極之討厭權術陰謀，因此祂也被喻為光明之神，象徵陽性之美。神話中的太陽神多才多藝，祂既是音樂家、詩人，同時掌管音樂、醫術，並精於弓箭和劍術，也是醫藥和狩獵者的保護神。

又因希臘神話多少承傳自埃及文化，阿波羅也承繼了埃及法老守護神荷魯斯（Horus）的預言能力，所以太陽神非常聰明，祂通曉世事，並是真理和預言之神。巧合的是，荷魯斯的左眼代表太陽（阿波羅），右眼代表月亮（阿爾特彌斯），此方面與中國面相學的七曜分法不謀而合。

- 古埃及人相信荷魯斯之眼有預測未來的能力。

行星特性

太陽（Sun ☉）主貴不主富，重外表不重內涵，行星五行屬火，為事業之主，七政為日之宿。玄門術數皆有太陽類象，中式術數如是，西洋占星亦都如是，大家的共通點相當多。

如果把太陽比喻為一個人物角色，他是一個光明磊落，正直不柯，無懼困難挑戰，充滿正義感的熱血漢子。心胸廣闊的他不但對朋友大方

友善，連對待敵人也都寬宏大量，不屑耍陰謀詭計，極之討厭卑鄙惡劣的行徑，由此可見，太陽有王者之風，什麼情況下都是成為主角及英雄人物的材料。

太陽是太陽系唯一恆星和發光體，它為地球提供光和熱，萬物才得以生長，此星是眾星之主，是命盤的核心。太陽主宰人性本質、意志和定位，凡一個人的外在形象、性格、意願與及給予別人的整體感覺，都與星盤上的太陽有直接關係。太陽代表「已知」及看得見的事物，它是真實的，可獲得的，具有意義的。因此太陽的意識、意圖十分鮮明，此星忠於自己並渴望表達真我，展示個人價值觀，行星並會鼓勵你成為他們要想的模樣，實現滿足自我為目標。

太陽在占星學上佔有領導性地位，為第一重要的性格反映點，而「太陽星座」代表個人想法和立場，是命中人最希望能夠表現出來的地方，更是個人光彩自華，與及展示自我優越的部分。「太陽宮位」代表個人目標，人生最重視的事情，對理想憧憬或是獲得成功的方式。如果太陽在地平線上（星盤上象限）即出生白天，星性及意圖便更趨明顯，相反，如在晚間出生，其所想法便不太會直接明示。

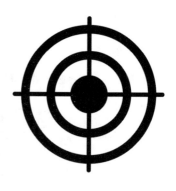

太陽屬陽性，象徵尊貴、名氣和地位，主管聲名、貴譽和美德，人物泛指所有男性，如父親、丈夫及兒子。此星尤其以男性主導者和長輩最為剋應，加上太陽是「陽性之美」的直接投射，是個人心目中的英雄及崇拜偶像，是經自我塑造及強化的人格，有鑑於此，老板、上司、主人和主角，甚至是明人和知名人士都是太陽的標誌性人物。又因太陽為身份象徵，行星要求尊嚴和尊重，他在尋求別人認同之時，也要求名正言順，因此太陽行事光明正大，決不做偷雞摸狗或缺乏道德公理之事。

就女命而言，看姻緣除了看「情人星」（火星）之外，身為「丈夫星」的太陽，剋應及影響力可謂為之更甚，若然太陽得獲良好相位的支持，便容易因配偶而獲得尊榮和貴氣（包括社會地位），未婚者更不難從身旁男性而得到好處。再者，女命的太陽愈廟，男方對女方就愈大方豪爽，在其生命中的表現及影響力便更為特出，或是日月呈「合相」者也反映雙方情投意合，關係和諧密切。如是男性，太陽便是父親及自己的象徵，吉相易得同性之助，命中人擁有良好形象、易受到注目之餘，也容易獲得崇高地位和權威。

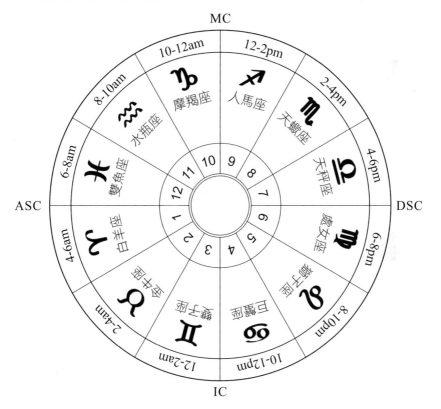

太陽是陽中之最，行星的「正能量」十足，動感強烈，如像有生生不息的原動力，所以占星家普遍視之為「生命力」和「創造力」的泉源，行星並反映個人能力、精力與權力。太陽為人自信樂觀，熱情

豪爽，人有廣闊胸襟，做大事不拘小節，有這樣的精神面貌，心曠自然體健，因此太陽代表個人的精神狀態，並能反映身體及健康方面的問題。行星在身體上象徵心臟、脊椎、中樞神經和視覺，代表的都是最重要部位。

太陽不斷為大地提供光和熱，行星有燃燒自己，照耀他人的本意，此星喜歡追求美名和聲浪，渴望在別人心目中留下良好印象，得人尊敬愛戴。更重要的是，太陽宗旨偏向普世價值，尊重道德公義，重視大眾利益，此乃太陽做人大道，做事大方得體之原因。不過，太陽為人很要面子，星性重視包裝和輿論，非常著緊別人對自己的評價，說白了，他們的大方大道，無非都是為了給自己營造良好形象，自製好評所致。

要強調的是，太陽為了面子，為了受人注目，為了搏得美譽便時有誇大及戲劇化傾向，因此其言談話語容易誇張失實、譁眾取寵，更時有承諾不能對現的可能，講得出做不到普遍是太陽的通病。再說，太陽有些自負、自戀、鍾意認威、認叻，頗有虛榮心，它的態度傲慢，慕愛名牌，過份奢華浪費亦都是行星的主要缺點。不過，太陽為人慷慨、不記仇，優點是不介意付出，從太陽不斷向外發放能量的本性可見，它只會無私的給予，不講條件也沒有回饋的要求。

太陽在對外發放能量的同時，內核也在不斷的融合和聚變，凝聚力量而發出光和熱，此「核聚變」便成為了命主的目標感、向心力和意志力，在後天宮位代表個人奮鬥心和追求目標。但太陽並非沒有所求，此星在普照他人的同時也要求權力、正當和合法性，此星充滿理想大志，有強烈的事業企圖心，行星希望成為別的主宰，成為團隊的中心，因此就國運占卜而言，太陽被視為國王、元首，與及一切具權勢的社會人士，此星並是專制、建制及保皇的代表。

雖言太陽為專制獨裁者，但此星的領導形式只流於表面，不管實務，星性重外表而忽略內涵，重包裝而忽視實際，重意向而不管承諾，太陽的權威以象徵性意義居多。說實在，太陽的「表演欲」比「權力

西洋占星 III《行星編》

欲」更為旺盛，其領導性只流於意識形態或形式主義上，例如角色為精神領袖及名譽會長之類，多為有名無實之職，如要涉及身體力行、親力親為地實際運作，恐怕亦非太陽所求。

太陽的狀態可由光度來衡量，行星在獅子最廟，白羊次之，陷落於天秤和水瓶。一般而言，太陽光芒可以反映三件事：第一，個人形象鮮明與否，與及自身散發出來的氣質和感染力。一如既往，一個人有否知名度？尊貴與否？能否受人景仰？絕對和太陽自身光芒，與及其形成相位有絕對關係。

譬如說，過份廟旺的太陽，為人熱心，過份搶眼奪目，可是，像這樣的情況並不一定人人領情，更多時候，太光太熱反而令人討厭，令人反感。何況，「旺日」容易令人自視過高，性情便流於自負和高傲，因此占星家普遍認為太陽愈光，就愈容易招怨和非議。不過，鶴立雞群或萬綠叢中一點紅的耀眼光芒，正就是大眾偶像、明星、表演者取得成功的要素。相反，落陷無光的太陽代表人作風低調，不喜熱鬧喧嘩，更不喜出風頭。相反，「暗日」的人實而不華，此星不講排場，不講品味，他不想理人，亦不想被人關注，來得我行我素。還須注意，落陷太陽還須視乎有否吉相支持，如有吉相者則無礙身份地位，只不過命主性格低調而含蓄，是貴而不顯露而已。

- 人類是一種善於掩飾的動物，經過不斷進化，人們學懂面對不同的人、不同情況就展現出不同的面貌，太陽在此就有如我們的人格面具。

第二，太陽是一顆才華和快樂之星，行星的光度及所處星座可直接反映個人魅力，然其心境、能力、天賦，甚至是號召力和影響力都可獲得，不要忘記，太陽的出現就要給群眾帶來光明和希望，可見此星有鼓舞人心之能。由是觀之，若然要領導別人，發起群眾活動或推展事業進程，光猛的太陽尤其重要。

最後，太陽先天為「子女宮」宮主，第五宮能夠反映一個人的才華和創意，同時代表娛樂和歡愉之事，又因子女宮和生育、下屬、門生和追隨者有關，行星也預視著創造性、生殖力和生產力的強弱，所以在時局推算上，「太陽粒子」活躍期便被視為經濟擴張的晴雨表。基於太陽帶有輻射，其影響力由他代表的中心一直向外圍帶動，可見光芒萬象的太陽，傳播及推廣範圍定必更遠更廣。

在此補充，一個人是否知名和尊貴，同時也要考慮子女宮，不難想像，一個門生及追隨者眾多（Fans）的人，能夠一呼百應，並常有機會面對人群作宣傳及演示，一展自我才華，某程度也算得上是顯貴的一種表現。

在事物方面，太陽代表貴重物品，如黃金、鑽石和貴玉等，因此古占星家均視太陽與黃金相關。不過，根據筆者多年統計，此關係已經遠離，詳情在《金融占星》再述。

太陽掌丘

人的手掌有八塊豐隆小肉，它們看似立於平地上的小丘山，所以在掌相學稱之為「掌丘」。

掌相學的興起源自西方，我們普遍稱之為「西洋手相學」Palmistry。他們把手掌劃分成八個區域並分別配上七曜，即太陽、月亮、水星、金星、火星、木星和土星，再把火星分為積極、消極火星丘，這八大丘分別掌管著不同的性格，由於其含意和行星的星義相當吻合，正好藉此借題發揮。

西洋占星 III 《行星編》

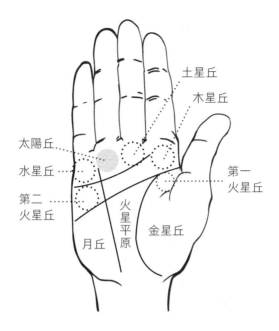

土星丘

木星丘

太陽丘

水星丘

第一
火星丘

第二
火星丘

火星平原

月丘

金星丘

　　在無名指之下是太陽掌管的區域，名「太陽丘」，在其上發展出來的掌紋稱為「太陽線」。太陽丘發達或有太陽線的人具藝術天份，富審美眼光，懂得欣賞和享受，這些人天性樂觀，樂於助人，有同情心，對錢財毫不計較，可謂是「才華型」的人格。

　　在事業方面，太陽丘的人有完美主義，要求真善美，他們對自己要求嚴格，不願接受別人的恩惠或幫助，但箇中的主要原因，無非和他們十分在意個人名聲，很在乎別人看法，並渴望得到別人認同和讚美有關。

太陽宮位
　　出生月份決定了太陽所在的星座，這是性格的外在反映，而出生時則決定了太陽所在的宮位，例如正午出生者，其太陽必定在十宮。「太陽宮位」象徵人生焦點、發展方向和著力之處，並是個人獲得名譽地位的地方。有關「太陽星座」的內容，將在下書與對星組合一同解說。

【第一宮】：太陽立命的人天生氣質高貴華麗，氣宇軒昂，形象討好，談吐舉止大方得體，極具個性魅力。這些人大都精力充沛，身體壯健，如像太陽生生不息的生命力，所以他們少有病痛，對疾病也有很強的抵抗力。又因太陽光芒四射，魅力過人，到處散著發光和熱，命主便不難為成公眾人物及焦點對象，加上他們普遍樂觀自信，對未來充滿理想憧憬，能給人們帶來光明和希望，因而容易吸引群眾的跟隨，可見星象反映的是一個「領袖型」人格。

太陽在此，人喜歡交際玩樂，普遍對新鮮事物感到好奇，此心態正是促使人們行動的原動力。譬如說，倘若是好玩有趣的東西，太陽定必盡心盡力，勤力負責，宮中人甚至自發發走到最前線，出錢出力作為發起者及帶頭人，相反，如是沒趣味的事，成績必然不理想，而且沒有人可以勉強他做不喜歡的事，就算是利益當前，星座之人也不會為五斗米而折腰。再者，太陽的人想頭之大，理想要幹一番大事，對瑣事卻不屑一顧，表現得闊佬懶理。

慶幸地，太陽本身就是王者，一出生就注定是天之驕子，星象的貴人力強，開運很早，然其運情要比一般人好，星象代表有一個愉快的青少年時期。甚至可以說，一宮太陽的人前半生是無敵的，基本上沒有東西是想要的得不到，甚至不想要的也會自動送上來，星象示意人的一生不凡，生命中定必有段顯赫輝煌的時刻。可是，受到太陽的向心力驅使，這些人容易剛愎自用，凡事自我中心，作風高調強勢，更甚者，聽不上別人意見，容不下反對聲音，難與人合作都是其致命傷。

命中人有高傲自負的心性，然其指揮欲強，有駕馭別人的野心，喜歡發號施令，並幻想個個都會言聽計從，只有虛名而欠實權都是宮中人需要留意的。另這宮的人自尊心重，好面子派頭，多少還有些明星病。

的而且確，太陽要面，總希望把自己最風光得意的一面展現人前，但假如得不到預期反應，或受到別人的無禮和忽視，或出現一些尷尬事而破壞了他們的大好形象，倒容易摧毀其人自信，令其自尊大受打擊。

同樣地，太陽的人因鋒芒太露，容易樹大招風，便有可能被槍打出頭鳥，成為被人盯上的頭號目標。

太陽魅力四射，對於男命而言，自自然然不難吸引異性的青睞，他們不用花費心思大獻慇勤，也容易獲得女方歡心。可是，星象對於女性而言反而要大打折扣，由於太陽自負、囂張不可一世，示意女性對男方的要求甚高，如此一來，恐怕未必有人能夠乎合妳的「大女人」要求。況且，全局最光輝的行星落在妳身上，相對夫星而言便黯然失色，這方面直接反映妳的名氣和表現，絕對會高過甚至蓋過妳先生。

最後，有「大男人」心態的一宮太陽多有機會是家族長男，這些人主觀意識強，頑固得來甚至霸道。所謂：「天無二日，國無二君。」則直接說明這些人十分孤單，人生註定要自彈自唱，獨自在台上 Solo，寂寞是他們一生都要面對的課題。

【第二宮】：太陽在非人士宮位反映事物焦點、動力和目標，行星落於財帛宮自自然然和財富的追求有關。太陽二宮者一生中的大部分時間都是為了追求財富而努力，他們熱衷經濟活動，對追逐金錢很感興趣，只在乎有實際價值的東西，此位置相當物質、奢華、銅臭，物欲感覺強烈，甚至可以用「貪」來形容。

太陽在此反映人的賺錢能力很高，且頗有財運，在財政管理上獨具見解，這些人不用讀市場管理都易有經商頭腦，名乎其實是個「高財商」（FQ）的人。加上太陽星性舒適愉悅，示意進財順利不辛苦，十分適宜以名生利，或從事貴重品及知名品牌生意。

鑑於太陽有耀揚之性，因此這些人的虛榮心重，喜歡炫耀金錢和擁有物，以自持及財富來彰顯自身地位的不凡。但我們卻不能否認，這個貪慕虛榮、愛面愛現，正就是太陽熱忱搵錢的原動力。在心理上，這些人的自尊心往往與財富連繫在一起，對於他們來說，富財不只是為了滿足生活上基本需要，更加是個人名譽、尊嚴和自信的表現，認為是得

到別人尊重的最佳憑證。可是，太陽主貴不主富，他們搵錢雖多，但花費更多，星性好奢華浪費，喜歡優質生活和高尚享受，只會跟高貴的人做朋友，可想星宮的人有錢時會胡亂揮霍，「不守財」是星象特色。再者，太陽本性大方豪爽，喜招待他人，命中人就算不滯也要充大頭，借貸也要充撐場面，皆因身段難下也。

可慶幸的是，太陽是一顆父星，主施而不受，因此命主一生均容易結交到一些財勢人士，並得之提攜和帶挈，自動有人送錢入你袋。如換個角度，太陽亦代表你，亦即是說你都是別人的貴人，這些人尤其對待子女和下屬特別慷慨，總之有份幫你辦事的人都同樣獲益。更溫馨的是，命中人甚至會替別人計算得失，能站在對方利益立場著想，不介意被人佔便宜便是其「財神不缺」的主要原因。

太陽身為領袖，在財帛宮是「財權」的表示，這些人的理財能力高，熱忱學習各式各樣的生財技巧，懂得靈活運用「個人」資金，擅長以錢搵錢的方法圖利。

太陽為焦點之所在，在此反映人的目光敏銳，眼光獨到，懂得把握進財良機。星象並顯示，如是女性則是拜金主義者，她們容易被身家豐厚的男士所吸引，或以一個人的財富來衡量愛惡。如是男性則對伴侶大方豪爽，為了愛不惜一擲千金，他們有把女方作為價值珍品的擁有想法。

總括而言，太陽二宮者一生都是以賺錢為奮鬥目標，財富對於他們來說，幾乎可以跟快樂畫上等號，這些人就算出生環境不滯，也能憑藉個人眼光和機會，總會有致富的出頭天。

【第三宮】：太陽在三宮的人絕頂聰明，其轉數快、智商高，具理性邏輯思維。這些人的適應力強，擅隨機應變，學習能力一流，是個聞一知十，舉一反三之人。三宮主管學識和才智，是掌管天賦才能和基礎教育的宮位，太陽在此代表人能言善辯，表達能力佳，不論是

語言或書寫能力都極之優秀。但太陽強調寫作，水星強調口述，因此宮位易出文化人、大作家和大文豪，星座的人在文學及文化方面充滿創造力是肯定的。

太陽在此，即是說命中人把所有精力都投放在於學習及思考問題之上，他們的求知欲旺盛，對新鮮事物充滿好奇，有在知識上不斷探索的野心。

太陽為自信之源，命主對自己想法滿有信心，話語極具權威性和感染力，有強勢的表達能力和說話風格，在溝通上經常都是主導一方。然太陽天生機靈聰慧，多少有些恃才傲物，他們更會以學識為傲，常以學問及成績壓倒他人。有趣的是，太陽一向給人形象正大光明，即使他們說謊，也容易獲得別人信任，欺騙不易悉穿正是宮中人的絕大優勢，可見「文人多大話」就是說這個星象。

據說這宮的人讀書不用過分用功，成績都能輕易獲得，相信這都是拜太陽的聰慧所賜，另也和行星的舒適性有關。據筆者經驗，IQ 高的人一般都較易獲得早運，年紀輕輕已受人注目，在家中得父母寵愛，讀書時得老師愛載，任職時得上司提攜，可想這些人很有可能少年已經得志！

三宮稱得上兄弟宮，當然反映命主和兄弟感情良好，兒時多朋友玩伴，各方相處融洽，能互勵互勉，星象亦間接表示童年生活愉快，在學校裡有耀眼表現，在同學中是個領導者角色。

另一方面，快樂及權貴之星落於兄弟宮，即是說此人的快樂是建築在朋輩間的溝通協作之上，命中人喜歡參加團體活動，能夠和周圍的人和睦相處，藉此表達你所關心的興趣話題。與此同時，兄弟宮的太陽亦代表同輩多有名譽貴氣者，然其人的兄弟姊妹亦非常出色，或有一些令人驕傲的拍檔和手足，所謂：「近朱者赤，近墨者黑。」亦間接反映命主有一定的知名度和權威性。

這些人假如不是學者，就算在其他行業也容易成為專家，在事業上成為精英分子，基於他們畢生都在求知，不停地追求新學問，終生學習不難成就箇中翹楚。此外，三宮既為短遷移宮，表示其人喜歡到處去，喜愛探索陌生環境，這些人就算沒有朋友結伴，也喜歡一個人閒時開車，自己規劃路線圖，享受短暫旅程的樂趣。

最後，星象的人如是女性，即代表喜歡聰明男子，亦容易被一些擁有豐富學識的人士所吸引。

【第四宮】：太陽在第四宮的人很重視「家」，他們視家庭為第一位，與太陽三宮喜歡外出不一樣，四宮的人很顧家，很喜歡留在家裡，不喜四圍遊蕩，可說是個標準「宅男宅女」。命主希望主導家中的所有事務，渴望成為家族的主宰者，人生目標就是要有一個安樂蝸，擁有一個溫馨甜蜜的家。這些人就算出身時家境不理想，甚至是出生在破碎家庭也無礙他們日後的家庭生活和發展，也無礙對將來建立理想家園的憧憬，其最終目的也是為了鞏固自己及所有家庭成員的安全和穩定。

太陽在此，命中人的職業可能和父親有關，或繼承家族事業，或家中男性佔有主導地位。再講，多數顧家的人，心態都傾向傳統保守，太陽四宮者也不無例外，基於對「家」的觀念根心蒂固，亦反映當時人性格守舊古板，不論在文化、信仰及觀念上都遵從古訓，每每認為新不如舊，並會以傳承家族使命和發揚傳統價值精神為己任。

在心理方面，第四宮「天底」能反映個人的深層思想，太陽在此代表堅強、固守和執信的態度，所以命主對深信之事不容有疑，一心追求自主權和權威性。星象亦說明人對安全感有嚴重訴求，自我保護意識特別強烈，可見命主與人交往十分謹慎，最好先查清對方身份，了解其身家是否清白，要非常熟識對方才會與之進一步發展關係。

占星學對「家」的觀念還有更深一層的含意，「家」也代表著親密圈子和政見相同的團體，由此引伸，此人對國家、宗族、社團甚至教會

都有莫名其妙的投緣感，命中人有多參與圈子及團體活動的傾向。又因太陽身為領導者，命主一旦成為這些團體或組織成員，便不難瞬速成為骨幹分子，或成為會內知名人士。

田宅宮代表固定資產、物業和居所，太陽在此即是說命主喜歡以土地、房產及實物作為投資對象，並容易因物業升值而達至小康富足。又因太陽階段為青年期，即示意 35 歲前後才有置業可能，或家運在太陽運限特別昌盛（相關內容在《運限編》再述）。

再說，太陽對於貴麗有嚴格要求，可想命主的理想居所必然經過精心佈置，居住環境光猛開陽，如行星再獲吉相支持，更表示其就讀學校及任職機構為知名學府及大企業。

對於女性而言，太陽四宮表示喜歡顧家男人，對於安全感及有承擔的男子特別好感。最後，太陽在此算是晚發的宮位，其人的名望及地位將會在晚年才能獲得。

【第五宮】：太陽的後天守護宮為「子女宮」，此宮與愛情享受、嗜好玩樂和才華天分有關。

太陽在此的人性格開朗，樂觀外向，充滿熱情活力，時刻都能保持開心活潑的心境，這些人就算運情不順都能苦中作樂，認為雨過天晴，深信美好將來就在明天。另外，命中人好流露真我，有著一顆赤子之心，他們喜歡表現自己，愛以各式各樣的表演來引人注意，畢竟五宮是人生的表演舞台，命中人有發「明星夢」的心態是可以想像的。

太陽在此，命中人熱愛生命，喜以玩樂為人生目標，他們天性貪玩，喜歡追求多姿多彩的人生，尤其熱忱和大班朋友去做些新鮮事，攪攪新意頭，特別是帶冒險性、刺激性和競技性的活動就最能投其所好。

太陽為人大方豪爽，不拘小節，因此他們的人緣好、朋友多，容易吸引到眾多玩伴。但要留意，本宮與財帛宮的性質相反，二宮主進財，

五宮主消費，太陽在此強調玩樂享受為先，錢財反為其次，可見其人為了開心能一擲千金，有「洗腳唔抹腳」和先洗未來錢的取向。

有利的是，星宮者普遍多才多藝、創造力強，這些人對於演藝、藝術及運動有非常天分，他們興趣多多，對新鮮好奇之事均感興趣，對於自己的作品及表演皆充滿信心。又因太陽愛出風頭，相位良好者有能在各個方面都表現出眾，表現出一副雞群鶴立的模樣，相反，卻主奪人所好，因搶絕風頭而令人討厭。

正因為此，太陽五宮只適宜從事個人事業，不宜合作，盤中人能寓工作於娛樂，也寓娛樂於工作，正統嚴肅的工作均不適合他。再講，太陽代表的志向落於五宮，即是說他們全心全意都放在游戲和娛樂上，其成就及榮耀亦都從玩樂而得來。與此同時，太陽五宮的人十分喜歡投機、賭博，畢竟 Gamble 的中文解釋就是冒險遊戲。

說到戀愛，宮位的人桃花旺盛，浪漫敢愛的他一生愛情不缺，太陽在此主熱衷和投入，是個火熱情人，他／她對戀人主動，男女雙方都喜歡服從的類型，命中人比較自我，在戀情上往往是個主導者角色。再說，這宮的人不論到了什麼年紀都喜歡與異性交往，對戀愛著迷，命中人一旦遇上合眼緣者便會熱情如火，坦白主動，可見這些人溝女無數，一生的情史也特別多。不過，多戀卻不一定易婚，基於他們一生都在追逐年輕的愛情，不負責任只可以成為情場浪子，卻不一定可以成為好丈夫，倘若太陽的相位不吉，此人只會自我放縱，好風流韻事，在婚姻角度便不可言吉。

最後，太陽落於子女宮，反映盤中人很喜歡小孩，他們對孩子愛護有加，有教育小孩及青少年的熱情，很會惜心栽培小孩的發育和成長。不難發現，這宮之人有一定的孩子氣，名乎其實是個「大細路」，他們能夠在孩子身上找到快樂，熱愛親子活動，熱忱和孩子一同運動和嬉戲。加上在太陽的普照下，下一代的物質生活可謂不缺，可見五宮太陽又是個「廿四孝老竇」的類型。

【第六宮】：太陽這星反映焦點及熱情之所在，如今落入了掌管勞動的六宮，代表人對工作勤奮熱誠，誠實可靠，他們做事認真專注，嚴謹而高效，是個名副其實的「工作狂」。

太陽在此，亦即是說他們能透過工作來表現自己，在職場上得以發光發熱，並藉此成就引以為傲。由此可見，假如六宮的人作為主管，便可因太陽之榮而獲得權力和權威，容易得到上司的器重，比別人容易獲得晉升機會。如是低級員工者，則要求更多的責任和尊重，總括太陽在此的自信和工作是直接掛鉤的。

補充一說，太陽六宮的性質有些類似紫微斗數的「天官」，「天官」為人嚴謹，意志堅定，其人做事循規蹈矩，講求規範，在公務上不逾越，不輕易妥協，界線清晰分明，是個徹頭徹尾盡忠職守的人物。

如是女命，便因太陽落於第六宮而對勤勞務實的男性有好感，若然夫妻宮的守護星落在於此，其配偶便真的有可能在職場上結識。亦須留意，基於命主一生以事業為重，工作可謂是人生的全部，他們可以為了工作而犧牲所有，當中包括健康和家庭。另他們為了達成上級指示，更有委屈自己的傾向，甚至因此而被受抑壓也在所不惜，畢竟本宮的太陽十分老實，為了工作可以毫不計較。

另一方面，命主在職場上又可謂是個惡頂之人，事關他們為求完美，常以高標準來要求別人，將主觀意願強加於下屬亦都是行星惹人反感的主地方。又難怪，太陽好自尊，命主強調以工作能力來表現自己，或藉職階來特顯自己的價值，過份的鋒芒畢露更是令人討厭之處，情況就有如二宮太陽喜炫富的性格一樣，命主的指揮欲愈是旺盛，招人嫉妒的情況便愈為嚴重。

始終太陽都是領導性行星，行星的組織力強，有領導才能，擅長指揮性及象徵性工作，這些人能以身作則帶領群眾，能詳細安排待辦事項及工作流程，絕對是個職場上的模範榜樣。不過，太陽獨立自主，命

主更傾向成敗自顧多於眾志成城，其組織力的發輝只有在必要之時才會展現出來。

這個宮位的人有不錯的體質和健康，事關太陽工作上有序，生活上也有同樣反映，這些人重視紀律，飲食節制均衡，還會經常檢查身體，對養生保健十分講究。再說，五宮所獲得的健康都是從飲食衛生、知陰進補或是經絡按摩等長期調理而得來。相反，假如太陽相位不吉或被它星刑剋，便容易有心臟、眼、脊椎及中樞神經方面的問題。最後，因工作壓力而產生的煩躁和焦慮，令生理機能減弱和免疫力失調都是太陽受剋的後遺症。

【第七宮】：太陽入於六親宮位，無論吉凶皆對所屬宮位的男性最為剋應，女性無礙，但一般而言，仍主和男性感情良好，頗有助力，入於夫妻宮者的配偶與之同論。太陽入於七宮的人，性格普遍溫良和善，體貼能遷就得人，對別人的想法和立場能身同感受，能切身處地為對方著想。行星在此，即是說他們的志向全都放在對方身上，婚姻對於你來說可謂非常重要，結伴和合作是你的方針，相信有這樣的配偶，確實令人窩心，可見星象的人絕對是位好丈夫和好妻子，還能吸引很多情誼和忠實好友。

事實上，星象的人害怕寂寞孤單，不喜獨處，熱忱和他人相處共事都是七宮的太陽所好。如在職業論之，這些人以「對人」工作，尤其是「一對一」的主客關係最為有利，例如銷售員及公關事務等等。七宮既為夫妻宮，太陽在此說明當時人對配偶很好，十分忠誠可靠，極之重視雙方的感情關係，命中人視大家為一個共同體，並能憑藉對方聲望而給自己帶來一份榮耀感，屬於自己與別人共榮發光的一份子。正因為此，夫妻宮見太陽星，一般婚姻都較為幸福美滿，間接反映婚後運情日漸偏好。

但個人認為，七宮太陽以女命較男命佔優，事關太陽始終虛榮心重，有控制欲，女方或可憑藉丈夫之貴，嫁給比自己強勢和有聲望名譽

的男子，依靠對方來達至滿足自己的虛榮心願。可是對於男方來說，夫憑妻貴未必人人都可以接受，再者，女方過於強勢，凡事強迫男方配合，間接成為附庸角色，對於傳統中國人思想來說便可能不太理想。

另外，七宮掌管的是法定的婚姻關係，所以這些人極之重視婚姻，願意為此段關係先行付出，願意照顧和肯定伴侶，甚至先行作出一定的妥協犧牲。另一方面，太陽又是一顆自我和強勢行星，太陽肯為對方大方，但首要條件仍是自己佔有主導地位，此星喜歡另一半言聽計從，聽教聽話，此乃太陽能夠成為別人心目中強者的主要原因。但過猶不及的是，可能由於其人過度重視婚姻，倘若太陽有不利相位，不問回報便會變成計較，理想付出能夠得到相應回報，可是感情這東西，沒有所謂的公平比例，此乃太陽不吉所帶出來的危險訊號。

七宮雖然名為夫妻宮，可是宮中主導的人和事，絕對不只配偶這樣狹義，凡與命主有合作關係或有共同利益者，甚至簡單的「你」與「我」都與七宮有關。所以，這些人相當重視合作人之間的關係，能尊重他人，懂得人際相處便大利於與人合作共謀，在關係中獲得肯定和成功。

有利的是，太陽在此容易因對方而獲益，尤其以合作者是前輩為優，事實上，這些人很容易認識一些權貴者及名望人士，或為他們服務。加上命主甚懂得賣弄人情，懂得運用關係來解決問題，在此便有「因人成事」的意味。但要強調，七宮的一對一關係，太陽又是一顆孤獨星，因此不主合作者眾。

基於七宮與法律及法定事務相關，這方面亦可因太陽而得到優勢，容易在相關事情中扮演主導角色。不難發現，這些人特別愛作「和事佬」，事關命主的立場公正，有協調和調解糾紛的能力，便十分有利成為中介人及仲裁者等角色。還須注意，由於過分執重和諧平衡，這些人時會顯得優柔寡斷，猶豫不決，亦有過度依賴伴侶的傾向。

【第八宮】：太陽落於八宮的意義頗為複雜，宮位凶中藏吉，吉應之後必然遇上凶應，凶危過後必遇難呈祥，宮位主管之事多波折離奇，很多的傳奇故事都是由此而起。

先說凶應，八宮有「死亡宮」之稱，宮中人的一生常有機會面對別人的生死，上半生更有可能多次承受著親人離世的傷痛。而太陽乃父星，可見其父乃高危一族，從很多星盤發現，父在母先亡的例子比比皆是，而且應驗期多數在三十之前，此是與父無緣的星象。如是女命，不但刑剋父親，連丈夫也包括在內，中式術數稱之為「刑父剋夫」的命格。

所謂凶狠際遇造就強悍性格，這些人普遍有著堅毅不屈的精神，潛藏著強烈的成功意欲，有不容被打敗的頑強鬥志。這些痛苦經歷會令人變得早熟，促使性情冷酷，因此命中人有不易親近的孤僻個性，容易產生恐懼和焦慮感，以及處處防範的心理特質。另他們也有著深度的支配欲，對於控制有著非一般的執著，寧可一意孤行也不肯屈服妥協，不惜一切代價都要達到目標為止。

可能命中人經歷過太多無能為力的傷痛，因此他們面對困難有著不一樣的想法。事實上，太陽八宮的人對於生離死別和危機並不會感到過分擔憂，所以這些人極之適合從事救難工作，例如醫療、拯救、消防救災便特別有利，因此筆者稱這個宮位的太陽為「蔭星」。

同樣地，這些人也是個神秘主義者，他們有很強的預感，對生命的探索與及靈魂宿世等問題也特別感到興趣，這靈感也利於他們在心理學、玄學和宗教上發展，而八宮所謂的「神秘學」也包含生死議題和靈性體驗，甚至是犯罪和自殺都是這些人的興趣範疇。

說到「蔭星」便不得不提太陽在此的好處，八宮是個「他人財」的宮位，當時人只要經歷過心靈上的痛苦，命運隨後便會給之物質上的補償，例如是亡父後的遺產及保險賠償，甚至是從婚姻關係上獲得金錢利

益。此外，如是做生意的朋友，八宮是個共享資源的位置，即是說有能經過商業經營而得大財，又或是在公司的經濟資源上作出完全掌控。但要留意，命中人在未得到巨富之前，其財政必須陷入嚴重困境，事關沒有遭遇到死亡，便無法獲得重生，這是八宮的最基本要求。

最後，八宮又是個「慾望之宮」，代表性愛關係和強大的欲慾能量，太陽除了給你巨大財富，也會為你提供性伴侶，相關人士可以在獅子座宮位得到啟示。

【第九宮】：太陽落於九宮的人，有兩件事情是特別明顯的，一是外地事務，二是特別重視精神上的追求。

九宮名為「遷移宮」，顧名思義，命中人的一生均與異域結下不解之緣，由於是天命所使然，所以這些人的外語天份極佳，在遠方的適應力特別強，和異族及外國人的關係緣份也特別密切。更重要的是，這些人在外地更能獲得幸運，如果太陽九宮者在本地發展事業平平，一旦出國海外便有如如魚得水，可見只有身在外地才能發揮星盤上的太陽優勢。

常見的是，這些人均以外地留學為較多數，畢業後或有可能留在當地發展，甚至是發展異國情緣之後而長居此地。同樣道理，如是女性則代表此人只鍾情外國男子，或者伴侶有著某些異國背景，也不排除婚後會定居海外。就算他們學成歸來，沒有留居外地，其職務也要經常四處奔走，在國與國之間穿梭往來。嚴格來說，九宮太陽並非指一般出國工幹這樣簡單，更準確地說是長駐海外，只有極少時間可以留在本國，筆者認識很多移民朋友都有這樣的星象。

九宮太陽亦說明你是一個受過高等教育、有學識、有文化修養，具崇高道德觀念的人。太陽在此的人大都是個知識份子，多數為大學程度或以上，更甚者，這些人極之嚮往追求知識的樂趣，只有不斷進修學習才能滿足他們的求知意欲。所以時有所見，命中人十分熱愛校園生活，

就算他們畢業過後，每隔一段時間就會回校兼讀一兩個課程，「讀書不是求分數」對於這些人特別管用。

不難發現，星象反映的都是「文化人」，這些人普遍有著強烈的道德使命感，遇見謬誤必然撥亂反正，因此命中人對於出版及教育事業都有著濃厚的興趣意欲。加上太陽九宮的人對於探索真理甚是好奇，為了提高個人心智發展不遺餘力，而宗教、哲學、法律和道德類別都是其興趣所長，另俗世上的高層智識亦都是宮位的代表象徵，可想在他們終身學習和不斷深造之下，便不難成為相關學問的專家，總括而言，太陽在此有精神及信念高尚的意義。

九宮既為學問之宮，太陽在此亦反映這些人和老師的關係特別好，特別尊重知識界和權威人士，同樣地，他們亦容易得到智者的提示，從中領略出生命及事業發展之走向。所以，一般太陽九宮者都獨具慧眼，很有個人見地，有明確的人生觀，他們的悟感高、心水清，能看透世事。假如他們不是某個行業的翹楚，也可以推廣自己的生活哲學，教懂人了解人生的意義，導人走向更遠，說不定能藉此而建立起個人名聲來。

【第十宮】：太陽在後天宮位反映焦點，此星落於名譽宮，不用多說已知是「事業型」人格，命中人會把所有精力都投放在專業及個人形象之上，渴望得到別人的尊敬和認同，建立聲望及取得社會地位是他們的畢生理想。

太陽十宮的人有強烈的揚名意欲，他們把名譽看得很重，立志要出人頭地，受人景仰是其生存意義。太陽在此，容易出生在社會地位較高的家庭，這些人有高道德標準，十分在意別人對自己的評價，喜歡成為別人的榜樣，對於身外之名尤其重視，又或者他們很早成名，年紀輕輕已有一定的成就。本質上，太陽對自己要求很高，即使是已獲得某程度上的成功，他們仍會努力不懈，力爭上游，誓要達至如日中天的境界為止。

從星象可見，擁有這個組合的人必然出生在正午時份，此時太陽正值中天，氣勢強焰，有高度熱力和放射性，因此這些人不難獲得知名度，常有機會站在台前面對群眾，在外易成為公眾人物，在內亦可成為行業或圈子中的領袖角色。如太陽遇眾星愈多，相位愈多，所涉及的群眾就越廣，而且旺日有助潮流及大眾文化的推廣，假如從事教育、演藝，以及大眾事務關相工作，均有效發揮太陽求名的要求。

太陽在此可算是最威風得意之時，天頂的太陽確實有大哥大姊級風範，擁有明星般受人注目的風彩，太陽光芒不但能夠有效發揮，其位置有如站在高台，十分耀眼奪目，極容易吸引大眾群體的注意。再者，太陽好熱鬧交際，一心放在外方打拼的他，絕對不會讓自己缺席公眾場合，或錯失任何有能讓他曝光的機會。

太陽除了重名亦好權力，這些人好勝心強，喜發號司令，不下於人是十宮太陽的特色。這些人權力欲重，野心勃勃，熱忱爭名奪利，追求不斷勝利是其人生目標。

再者，太陽的人想做大事，決心成為數一數二的權威人物，當家作主的心態強烈。無可否應，擁有此星宮組合的人的而且具領導才能，有統御眾人的才幹，有獨當一面的自信和魅力，他們不論從事什麼行業都容易成為行業翹楚，在業界享有聲望，有高度的號召力。如是女性，除了本身都是事業女強人之外，對伴侶的要求也同樣嚴格，最理想就是男方事業有成，夫榮妻貴始能讓她感到驕傲。

但又話說回來，基於太陽的名利心實在太重，某程度可說是較為自私自利和專制的一群，這些人為了權力不惜付出任何代價，而家庭、親情和愛情也都是可以作為犧牲的對象。況且，他們絕不放過有能令之成功的踏腳石，假如結婚對象可以達到某些利益目標，或間接引起別人的羨慕，命主都可以毫不猶豫作出選擇利用。

最後，星象的人絕不容許失敗，事關失敗卻等同喪失了自己的榮

耀，非常要面的他寧可失去健康，也要持續燃燒讓自己發光發亮，就算他們快將離世，仍會非常執著個人的事業和尊榮。

【十一宮】：太陽十一宮的人是個理想主義者，他們目光長遠，對目標的要求很高，行星在此渴望得到極多人的認同，並以社會各界去展現自己的魅力。誠然，太陽在人際關係的位置，代表命中人的成就並非來自個人力量，是必須得到各方人士的配合，尤其是群體協作及大眾關係而獲得，「外力」可謂絕對關鍵。

星宮的人普遍人緣好，交際力強，人脈廣泛，社會資源非常豐富。太陽在此，宮中人視四海之內皆兄弟，朋友眾多，交遊甚廣，不論什麼階層人士都能認識得到，雖然這些人與命主的關係不算親密，但卻主長久而有共同理念的情誼。又因太陽為權貴之星，命主結識的人便不乏有權有勢、有面子、具江湖地位者，這樣的朋友圈有能為之間接帶來非一般的助力和利益，某程度而言，這可說是盤中人生命中最寶貴的資產。

太陽落在「交友宮」，盤中人熱衷參加各類聚會，與及關注社會及群眾事務是肯定的。不難發現，他們很喜歡加入一些團體組織，不論是興趣、讀書小組及政黨社團，其熱切投入的程度總是不遺餘力，全心全意將精力投入，命中人就是憑籍這樣的熱誠，便不難成為團體的中堅份子，甚至因此而成為領袖角色。

太陽除了要面，還要權力，行星在此亦說明他們的野心都放在團體事務當中。最明顯的是，宮中人能夠在朋友圈中快速發展成為一個有相當地位的人，這些人在團體中具話語權，甚有影響力，而且其組織力之強，有能帶領群眾共同邁向某一方向，眾人都為你是從，馬首是瞻，以你為中心榜樣。最後，如是女性，則代表容易被大眾領袖型男子所吸引，或與圈子中的活躍份子心繫一線。

【十二宮】：十二宮反映深層思想，是個人潛意識之所在，此是星

盤上最黑暗和曚曨的宮位，行星在此星性最為遁世不顯，光明的太陽坐落於此便有如「日蝕」。

太陽在人性上有展示自信和光明一面的作用，在此即是說盤中人缺乏自信，毫無大志，常人云亦云，缺乏主見，難以找到真我。這些人心態內向、羞怯，不喜交友，或多或少有點自閉，他們會刻意地隱藏真實情感，只喜歡活在個人的空間裡，傾向與人群保持距離。

太陽的失光情況，亦反映其人實際環境上的不就，從而限制了命主早年發展，當中有可能出現的是犯罪坐牢或因生病而長期住院，因而荒廢了充滿生命力的早年。此外，太陽十二宮者多與父親存有隔膜，或基於某原因，在他們的記憶裡，父親印象總是模模糊糊，父子的關係疏遠，感覺總是有段距離，或是小時候被父母嚴厲支配，什麼事都不由自主，在這種被強力壓抑的情況下，逆來順受地渡過童年。如是女性則不利因緣，因夫星不顯之故，除了難覓良緣佳偶，在她身旁可能連認識男性的機會也不多。

與十宮相比，擁有這個星象的人很難在事業上有所建樹，命運往往令人錯失很多發光發亮的機會，正路功名與他們無緣，只有在偏門和非正規的事情上才有發揮機會。不過，太陽在十二宮的迷失狀態亦非永遠，這些人可待三十過後，待太陽日出東方，命運才始有開竅之時。

從另一角度再看，這個「日蝕」亦即是說此人已達到無欲無求的境界，他們不要名氣和貴譽，亦不在乎別人的肯定和讚譽，此時便真的可以放下無謂尊嚴，放低身段去照顧別人，服務比他們更底下的階層才使人得到認同和滿足。同樣地，這些人不要太陽的舒適，更不喜企上台前，只會在幕後默默耕耘。

總括而言，十二宮的太陽代表慈悲心重，這些人與佛有緣，貴星在此便變成了「善星」。

補充閱讀：行星符號

占星學上的所有符號，原來都大有學問，就以行星符號為例，它們分別由四種字型所組成，分別為圓圈、十字、箭頭和月牙。一般而言，圓圈表示「靈魂」（Soul），即人性上的精神和信仰；十字表示「物質」，即俗世上的榮華富貴或金錢上的追求；箭頭表示動作和「方向」，即象徵個人目標和理想，月牙表示「靈性」，即追求心靈慰藉和內心感覺。

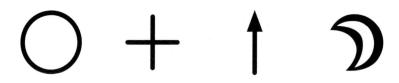

行星	符號	含義
太陽	☉	展示個人精神，把本質意願表現出來。
月亮	☽	追求心靈上的慰藉，享受情緒安穩的感覺。
水星	☿	以知識為力量，並換來物質上和心靈上的滿足。
金星	♀	精神在上，物質在下，渴望感情與麵包同時擁有。
火星	♂	以行動去達成理想。
木星	♃	物質之上發展出來的智慧。
土星	♄	以豐裕的物質去保護弱少的心靈。
天王星	♅	憑藉信念產生財富，並強調心靈上的重要性。
海王星	♆	追求物質和靈感。
冥王星	♇	以物質為基礎，先是感動人心，繼而達到傳遞個人信念的目標。

水土水 星埋孛 入雙逢 垣女楚	太孛金計 陽騎火臨 入獅同獅 垣子周位	太水計 陰流入 入巨秦 垣蟹分	水土 星居 入水 垣位
金火木 星入觸 入金金 垣鄉龍			金火 星燒 入牛 垣角
火金 星乘 入火 垣位			火金水 星忌乘 入白金 垣羊旺
木金 星騎 入人 垣馬	土泉 星枯 入牛 垣壑	土木 星打 入寶 垣瓶	木水 星計 入逢 垣魚

- 七政四餘所謂的「星格」，充其量只是行星狀態的口訣，例如「木打寶瓶」為凶格，即是說木星在水瓶落陷，「金騎人馬」的理解亦同樣如是。

西洋占星III《行星編》

第三章・月亮 🌙

月
亮

守護星座：巨蟹座（第四宮）
廟：巨蟹　旺：金牛　利：天蠍　陷：摩羯
屬性：吉、冷、濕、陰
心理：內在情感 Emotions
週期：29.5日一周天，2.5日一宮位，二小時行1°
身體：胸、胃、內分泌、消化系統
人物：母親、妻子、照顧者、女性

西洋占星Ⅲ《行星編》

神話

話說在古巴比倫，月亮本來由一個叫辛（Sin）的男神擔任，但在古希臘時期，月亮卻換成了女神作為代表，名叫阿耳忒彌斯（Artemis），羅馬人稱之為戴安娜（Diana）。

月亮之神是宙斯和泰坦女神的女兒，也是太陽神阿波羅的孿生姊姊。在阿耳忒彌斯三歲時候，父親宙斯要送她禮物，月神選擇了永遠的童貞和無拘無束的自由，自此阿耳忒彌斯便成了奧林匹斯三大處女之神，象徵貞潔，是所有女性的守護者。

月神除了掌管月亮運行，也是個狩獵之神，祂的箭術非凡，百發百中。但假如你認為月神為善男順女的話就可謂大錯特錯，事實上，月神經常懲罰惡人，只要他人有點行差踏錯或遭到失禮不敬者，月神都會把冒犯者通通殺死，罪輕的也會慘遭懲罰，更可怕的是，祂還有多次好心誤殺愛人的記錄。再說，月神十分記仇，身為姊姊經常找機會暗算弟弟，以報復阿波羅因貪玩而間接害死其愛人之仇。

從上可見，月神有溫柔善良一面，也有殘忍兇惡一面，祂的性情與「月相」的變化一樣變幻莫測。

行星特性

月亮（Moon ☾）本身不會發光，但礙於星體能夠反射陽光，所以占星學仍然視之為發光體。「發光體」在星學上有特顯性情的作用，加上月亮與地球最接近，對人類影響力最明顯。月亮對地球最明顯的影響就是潮汐力（Tidal Force），據資料顯示，月球對地球的潮汐力大約是太陽對地球的 2.1 倍，而八大行星的總和約是月球對地球的萬分之一，當中金星最近地球，佔了行星總和的 87%，木星雖然質量大，但距離遠，只佔 10%，因此在占星學上，月亮是繼太陽之後第二個最重要行星。

除了潮汐令海水漲退，月亮並影響著所有液體，此方面如人體內的循環系統，而女性的經期亦早已被人意識到和月亮的週期變動有關，

故此大多數古文明都把月亮定為雌性象徵。同樣地，中國人也稱月亮為「太陰」，視它為陰性行星，象徵所有女性，當中人物以母親和妻子最具代表性。

命宮計算
◉ 太陽起生時順數至日出　○ 地平上升宮
☐ 運卯安命　　　　　　　☑ 與日同絡

身宮計算
◉ 太陰為身　　　　　　　○ 太陰起生時逆數至日落
○ 太陰起生時逆數至月出

- 古代煉金術以太陽屬黃金（Gold），月亮屬銀（Sliver），同樣地，七政四餘有「日為命主，月之身主」之說，彼此都在強調月亮的重要性。

　　礙於月亮本身無光，它的光輝來自太陽，所以月亮所代表的事情都是陰暗、靜態，潛藏而不顯，屬於底下層面。假如太陽反映人的外在條件，象徵生命力及一切看得見的事物，月亮則屬於內心感受與及心理上的原始訴求，是植根深處，不易透露出來的真性情，此方面尤其和情緒、感覺、情愛，與及對人的感受和心靈傳遞有關，另個人的潛特質，隱性人格和根性影響都可從月亮星座得知。

　　月光是陽光之反射，屬於「被動式」反映，所以月亮在占星學上代表本能反應，是不用經過思考過程，或一個人在突發時不經意作出的小動作。

　　進一步說，這個看似是自發反應的背後，其實是由不斷重複的練習而得來，誰人教曉你作出如此自覺反應，理所當然是先天母親懷孕時在你腦內植入，另後天就是從日常生活習慣而得來。可見月亮除了反映母子關係，亦是母親的給予，她給你天賦、才華、潛質，另教曉你何保護自己，與及如何處理生活上的所有細節。

　　在人物方面，月亮對於男性而言代表母親和妻子。對於女性而言，太陽除了代表自己，月亮亦都是第二個反映自身的地方。假如未有妻子或母離異，月亮即代表你的家庭及親人，以至先祖、血緣和宗

族，籠統來說是有份關懷和照顧你的人。由此引伸，月亮是被照顧、關懷和培育的訴求，此星只追求心靈上的滿足和安慰，而非外在的虛榮和表面。

月亮本性收斂封閉，有外界隔絕的傾向，行星並有密密吸納及強於累積之性，從月亮的占星符號為「半月」可見，圖騰內的缺口象徵同情和包容，也同時特顯出半封閉狀態，即是說月亮有巨大的容納，行星需要填滿，需要餵飽和滋養。而半月的背面有如盾牌，示意月亮一方面貪得無厭，另一方面卻處處防備，可見它又是個人的保護機制。

這個保護機制在心理上就是「私隱」，因此一個人的內心世界，不易為人所知悉的一面，尤其傾向負面，如懼恐、不安、脾氣、驚恐都可藉月亮星座得以反映。一個人是否心安理得？得到充分照顧和呵護？生活條件是否理想？甚至是富足不富足，這些幸福感覺都可以由月亮的狀況而得知。

月亮是物質型行星，此星十分著重財富，比較著重人的基本需求，但在說「財富」之前，月亮的累積更多是指「感情」，還包括人生的所有「記憶」。月亮有如一個巨大容器，它記錄了人一生的所有悲與喜，它是我們心之所在，情感之所在，態度之所在，動機之所在。說實在，月亮更多是講情感，講親疏遠近，尤其強調長情和慢慢累積而來的關係。事關只有人情、熟悉感和安全感才是推動月亮行動的主要原因，只有滿足月亮心情才能與之建立信任，行星才容許你進入她們的心中，進入其家庭及舒適圈，告訴你所有關於她的故事。

假如太陽象徵「表面的我」，那麼月亮就代表「真實的我」，行星絕不四處張揚，但它會真切地表達個人想法，例如自己喜歡什麼？想做什

麼？為什麼開心或難過？什麼事會感悲痛和受傷？怎樣才覺得幸福和快樂？行星更能直接說明你的處事風格。

「業力占星」尤其強調月亮和前世的聯繫，基於母親和家庭是個固定數，無人能夠改變，所以月亮象徵「宿命」，是命中註定的解釋，因此月亮運限也就是「童年」，甚至是胎前，此乃占星家視月亮為「過往」和「根源」的原因。不知各位認同與否，母親角色一般較父親重要，或較容易影響孩童日後人格發展，更重要的是，兒時階段什麼都不用決擇，完完全全是吸收期，母親正是他們的學習榜樣，所以月亮一星有成長和發展的意味，當中又以「月相週期」Moon Phase示意最為直觀。

月亮狀態有能反映個人內心情緒，例如「月相」漸光的星盤，人較順從，間接反映少憂少慮，隨遇而安。若然再有吉相支持，則表示此人脾氣好，常心平氣和，並他們反應敏銳，直覺準繩。相反，如月亮失光或多遇凶相者，則示意此人情緒化、神經質，常心神不定、反覆無常，人的直覺差，常疑神疑鬼，終日妨人妨事，少少事都會令之耿耿於懷，不穩定和易厭膩都是月亮的缺點。

人常說：「女人是善變的！」為什麼？因為「月相」最是千變萬化，它的形態和變動是眾星之最。它每一天都在改變形態，這個不斷的改變代表人感受性強，容易受到別人和環境而左右，所以月亮感性，很在意他人臉色，每當有風吹草動都能引起一時疑慮，都會惹來不必要的猜想。

「月相」也反映心理狀態及精神層面，一般月亮有光的人較積極開朗，失光者人易消極被動，事事提不起勁，不安的心頗為嚴重。所謂：「月有陰晴圓缺，人有悲歡離合。」正道出「月相」令人產生思潮起伏，多愁善感，感情波動，之所以個人認為，擁有一個良好狀態的月亮，甚至比光猛的太陽還要佔優。（關於月相部分將在《運限編》再有詳盡補充。）

殘月　　下弦　　漸虧　　滿月　　漸盈　　上弦　　峨眉月

- 盈虧對月亮來説可謂相當重要，一般而言，月盈的人在心理上較覺富足，如果是月虧的話，此人無論客觀條件如何理想，其內心仍覺空虛和不安，另月亮與它星的相位亦非常重要，詳情在下書再述。

燕精星命

情緒和感覺只屬本能，屬於你我皆有的東西，沒有情緒或被抑壓了才是問題。情緒是用來表達內心感受，當一件沒有被表達的傷心就會變成抑鬱；沒有表達的憤怒就會變成狂燥；沒有表達的羨慕就會變成嫉妒。可見情緒是雙面的，一個大情大性的人，總比麻木不仁更容易得到幸福美滿的人生。

題外話：男與女

　　如果說太陽是男主角的話，那麼飾演女主角就一定是月亮了，太陽和月亮雖然彼此相愛，但月亮也時有輕率妄動而令太陽陷入刁難之時，不過，這都是月亮太過愛太陽之故吧。另一方面，月亮的嫉妒心很重，

佔有欲很強，也時有情緒不穩，只要有其他女性（金星）的接近，作為「正印」的月亮就會大感不悅。由於誠實戇直的太陽不懂女人心，無法了解月亮為什麼情緒不定，但也無礙影響他倆之間的感情發展。

筆者在討論區間中都會見到相關的感情話題，話說女方認識了兩名男朋友，一名做專科醫生，30 歲，外表斯文，高大靚仔，有高學問，一口流利英語，衣著有品味，全是名牌，出入高級餐廳，揸入門級 BMW，往醫生宿舍，與他一起感覺高尚。但他的缺點自以為是，平時態度囂張不可一世，對女方家人沒有禮貌，對病人沒有同情心。

另一位是菜小販，27 歲，他家人有 4 個菜檔，另有 6 個收租單位，平時開檔揸貨車，但與女方出街揸 Benz S Class（富豪級）。但可惜的是，此男生學歷低，行為舉止粗魯，又煙又酒，衣著老土，並身有異味。但與女方一起時會百般遷就，有所打扮，唔講粗口，並對其家人恭恭敬敬，天天送菜，閒時送禮。現問各位女士，你是她會選擇誰？

以上問題牽涉了兩對星，一是太陽和月亮，二是火星和金星。眾人都以為火星和金星是「戀情之星」，視之為占算愛情的第一星，不過這都是指「理想」對象，在月亮而言更多有「實際」配偶的意思，換句話說，戀愛對象和婚姻對象是不同的。況且，金星身為「內行星」，永遠只會在太陽前後兩宮遊走，配對喜好的選擇便變得相對有限，畢竟理想與現實總會有段距離。譬如說，筆者的金星在天秤座，心目中的理想對象當然是天使面孔，溫柔嫻熟，小鳥依人和千依百順的類型，但可惜的是，記憶中我的前半生都未曾遇上過這樣的伴侶。原因是個人的月亮在白羊座，所以只能吸引到戰鬥民族的強女人打主意，又或者，當初認識她的時候是天秤座，畢竟天秤就最懂得包裝，可一旦關係確立過後，女方就會露出白羊尾巴。

言歸正傳，在男性命盤上月亮代表結婚對象，女性則以太陽作為代表，因此「月相」（日月相位）就顯得非常重要。所謂：「相愛很易，相處很難。」真情和婚姻卻不一定絕對劃上等號，有些人很是有情，兩

情相悅卻不能一起，有些人撈亂骨頭卻要終身常伴，可見日月之合比火金之合更為珍貴。不難發現，沒有愛情的婚姻也十分普遍，俗語有云：「無仇不成父子，無怨不成夫婦。」這就是占星家視月亮為「宿命」的原意。順帶一提，日月任何一星只要與金星、木星有相位，通常都較易得獲幸福美滿的婚姻，詳情在下書再說。

月亮掌丘

月丘又名「太陰丘」，位置處於尾指下方的手掌根部。月丘是想像力、幻想力和聯想力，又是靈感創作的區域。所以月丘發達的人善變，好幻想，可以無中生有，天馬行空。但是，他們的想像力並非用於實際事務，而是為了想而想，當中不用有主題，不用有內容，更不須有總結和答案。

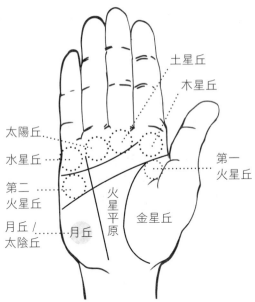

土星丘
木星丘
太陽丘
水星丘
第二
火星丘
月丘 /
太陰丘
月丘
火星平原
金星丘
第一
火星丘

嚴格來說，月丘的想像力只在於情感，這能力如用於文學、藝術，或演藝創作，甚至是寫占星書，需要對人性有深度投入都是月丘的專長。此外，月丘強調本能直覺，這些人的靈動力強，有能透視及了解別人心中所想，亦即是說其人的「心靈感應」及「第六感」都比人強。

但過度發達的月丘容易令人思覺失調，幻得幻失，這些人不能面對現實，常沉溺於幻海世界之中，或為了無關痛癢的事而憂愁大半天，並容易杞人憂天，無病呻吟。

月亮宮位

月亮宮位反映當事人的憂慮，所關心的事物，想要的東西，宮中之事皆令人緊張，容易觸動內心情緒，可說此是個敏感地帶，是情感禁區。有關「月亮星座」的內容，將在下書與對星組合一同解說。

【第一宮】：某程度而言，月亮一宮可比擬為巨蟹座命宮或母性色彩特別鮮明的星盤，這些人性格低調內斂，十分顧家，對家人照顧入微，與母親特別投緣，對待子女的關愛更不在話下，家庭對於她們來說可謂是人生的全部，是個人神聖不可侵犯的區域。

宮位的人如是女性則溫柔體貼，善解人意，充滿女人味。如是男性則有女性化傾向，其人可能受到家中女性的影響較大，顯得有些「婆媽」和「裙腳」，或是個「廿四孝」顧家男人的類型。無可否認，月亮在此的人帶有強烈的母性特質，他們喜歡照顧別人，渴望被人了解和認同，也希望取悅所愛的人，藉此得到他人的關懷和滋養。此外，月亮細膽，立於命宮代表人的自我防衛意識強烈，十分重視安全感，所以命中人只會對熟人開懷熱情，對陌生人抗拒冷漠，陌生環境更會使之精神緊張，處處提防，常常顯得過度擔心和緊張。

在天賦方面，月亮是一顆文藝之星，立命者的想像力及創意驚人，她們的記憶力強，有文化及書卷氣質，具藝術天份。這些人就算不從事藝術性工作，都容易在職務上發揮創意，或在文字及文化方面發揮優勢。再者，月亮這星特別感性，人多愁善感，感情豐富，其天性是以人為本，可想很多文藝小說及舒情作品的意念，都有賴月亮的心靈力量在背後支持。

有利的是，占星學上的兩顆發光體所在都有曝光性，所以月亮立於

西洋占星III《行星編》

58

命宮者一般都易有成名潛性，而日月的分別，一在於大眾和小眾；二在於向外和向內，三在於男性和女性，可見這些人在女性為主的小數團體內都容易獲得知名度，享有一定的身分和影響力。

在心理上，月亮被定性為不穩定行星，所以這些人難捉摸，較善變，飄忽不定是肯定的。她們的善變均來自著一顆敏感纖細的心，星宮的人有能體察別人的情緒，並與之一同共鳴和波動起來，而且所有外圍環境的變化與及別人眼色都有能觸動其警戒防備之心。有些時候，就算只是閒話家常，當講者無心，聽者有意之時，別人無心的一句話都會使之多疑多想，以為說話是衝著自己而來，可以這樣說，月亮一宮的人有小事化大的傾向，任何感受都比別人強烈，「神經質」是星象特色。

的而且確，這些人情緒化，常陰晴不定，喜怒無常，見她之前心情還是好好的，一陣子就低落下來，今日看似充滿希望，明天就可能無故放棄。再講，月亮講的是感性和直覺，不講理性和邏輯，所以他們只有被情緒左右，沒有駕馭情緒的能力，其自控指數極低，遇有硬相位者更有憂鬱傾向。同樣地，月亮只會做自己喜歡做的事，星性偏私自利，這些人只會關心自己的所好，毫不在乎別人的事，行星只會自掃門前雪，而且他們做事全憑喜惡，心情好時質優高效，心情差時可以愛理不理，若果愈要強迫，只會激發其情緒反應而非進取心。總而言之，行星在此做事只會跟隨感覺走，讓個人心情愉快是其首要目標。

基於月亮的不甘寂寞與及理想建立家庭的衝動，所以星宮者普遍早婚，約二十歲之前。可是，月亮對戀愛沒有理智，她們愛上一個人就會不問因由的全心投入，甚至因此而草草下定情陷終身的決定。但問題是，月亮本身狀態不穩，非常情緒化，其成家立室的心態很不成熟，如此一來，命中人的第一婚都容易以失敗告終，或遇到很多的困難和阻礙需要一一解決和面對。

【第二宮】：月亮的最大優點是想像力和感受性，此星落於財帛宮，以文化、藝術、創意、護理及飲食方面生財的可能性最大。加上太

陽和月亮都有公共及大眾之意，都有知名成分，月亮在此代表靜態獲得名譽的方式，此方面如出版書籍、報刊投稿及書畫展，或所有公共事業，當中又以「女人錢」最具象徵性。

月亮是一顆十分需要安全感之星，落在二宮反映人對安穩經濟有著高度訴求，十分重視有形財富的擁有，只有經濟保障才是其獲得安全感的必要條件。二宮亦代表人的價值觀，因此這些人會「以財取人」，把對方的經濟條件都計算在內，作為友誼的定價標準。無可否認，月亮二宮的人對錢財敏感，非常在意，甚為計較，她們喜歡默默無聞地賺錢，雖然月亮不很貪心，但其心中總有一個安全系數，「數口精」的她只會選擇無風險的定存作為投資對象，只要是頗有波幅的項目都會讓她們神經緊張，假如是虧損的話，更會令人一生難忘。

但天意弄人的是，「月相」的短期多變在財帛宮已告之常有財務不穩、收入不定，變動很大的情況出現。更普遍的是，這些人早年必然經歷過艱苦拮据的日子，從而養成了對錢財慳貪吝嗇的觀念和習慣。此外，月亮的進財緩慢，但破財速度卻是快得驚人，事關月亮只會憑感覺行事，在投資方面也欠實際考慮，不理性思維容易令人作出高買低沽的錯誤決定。

與此同時，月亮二宮的人很樂意借錢給人，然而行星落於此地，即是說她們的照顧方式是以錢財去救濟別人，可想借出收不回都是時有之事。實卻不難想像，月亮喜歡做定期存款，即是說本性就喜歡做借貸生意，只不過是貸款的對象不同（銀行vs朋友），風險就有天淵之別。再說，月亮的力量來自家庭，這些人可從母親或配偶方面獲得財富，適合從事小家庭式的生意。

要留置的是，這些人一方面慳家，另一方面理財卻情緒化，他們會因情緒不穩而胡亂揮霍，可能行星一向內斂的購物欲，必須藉「月圓」（大減價）才能不受制地舒發出來。

【第三宮】：三宮乃學習及知識之宮，月亮在此的人思想靈活多變、聰明機敏、聯想力強，其求知欲旺盛，喜歡學習，重視知識的力量。這些人對身旁事物充滿好奇，喜歡打聽消息，並對之進行探索和研究，吸收資訊普遍是命主獲得安全感的方法。

宮中人的記憶力和表達能力同樣佔優，既能寫大塊文章，溝通及語言能力同樣一流。更厲害的是，這些人的語言帶有藝術性，感情及知識豐富，會從感性角度去表達自己的觀點，有能將情感透過語言及文字表描述出來。而月亮傾向靜態的溝通方式，非常享受透過筆錄來傳達個人內心感受，因此命主非常適合寫作，有能成為出色的小說家。

在兄弟方面，命中人在同輩中有如一位大家姊，她會盡心盡力地照顧好身邊的每一個人，月亮在此代表對兄弟姊妹的關愛。無可否認，月亮三宮的人確實容易在友際間建立名聲，易得同輩支持，頗有兄弟及同輩緣份。但要留意，這些人比較情緒化，交友態度會隨心情而定，而且情誼多不穩，關係時好時壞，容易因小誤會而導致與人關係破裂。

月亮在三宮的不穩，除了影響友誼還有學業，這些人在求學階段還可能頻頻轉學，又或是成績偏執，事關月亮易被情緒左右，常見的是，命主喜歡的科目便很用功，不喜歡就不會努力，譬如說文學很好，數學很差之類。此外，當事人若然在求學階段談戀愛，月亮在此便成為了「情人星」，卻不主努力學習，成績當然更差。

三宮又是個短期遷移之宮，宮位加上月亮的不穩便構成了一個地域上頗繁變動的意象，示意這些人一生都注定東奔西跑，在不同地區來來往往，這方面的最佳例子為旅遊、交通、運輸或速遞等行業，另這些人好遊樂都是肯定的。

【第四宮】：月亮在田宅宮的人，絕對稱得上是「宅男宅女」，這些人顧家、心歸，有強烈的家庭觀念。命主對家庭的所有事務特別緊張，對家內成員都特別照顧，「家」是她們一生之中的守護地，亦都是

月亮最感舒適的地方。

正因為家庭能夠給予支持，沒有後顧之憂，才能讓她們在外拼命打拼。與命宮相約，這些人也有早婚傾向，尤其當早年得不到應有的家庭溫暖，命主長大後更會積極地建立起自己的家庭來，事關家對於她們來說是個人的安全感，也是幸福快樂的泉源。月亮在此，代表母親的影響力強大，母親是牽動其情緒的最主要角色，或家中大小事務都以女性為主。另這些人十分念舊，喜歡懷緬過去，通常對歷史頗感興趣。

經過了四個宮位的解述，相信大家都看得出月亮宮位對情緒有多大的影響，換句話說，月亮四宮者一生都容易被家事所左右，亦間接反映這些人出生在大家族為大多數。假如出生在小康家庭，命主婚後也會繫上配偶的家庭，並融入於外家的所有大小事務中。如是男性，除了是個顧家好男人之外，也代表妻子是賢妻良母的類型，喜歡做家務和烹飪。再講，這些人在婚後有可能與妻子共同創立一些事業、興趣、嗜好及共同圈子等等，務求讓自己的「家」得到充實和發展。

有利的是，月亮在四宮大多是有樓收租之人，假如理解月亮的慣性為不斷積累和儲蓄，即是說他們的錢都只會放在物業投資，認為買樓最是安心保值，這些人如生在香港便不難成為大財主，如生在日本卻可能窮苦三代，可見天時加上地利如何重要。星象亦透示人會經常搬遷，居住地變動頻繁或工作環境時常改變，由此可想，看似居無定所的他，假如不是早年條件不滯，常被業主加租迫遷的話，就可能是越搬越大，越搬越舒適。

【第五宮】：論十大行星，月亮、金星和海王星被視為女性行星，這些行星如落於五宮，男命代表很有女性緣，人的眼角要求高，常有美女相伴，追女功夫很有一手。如是女性也桃花遍地，作為美女的機率也相對較高，或屬於很有女人味的一類。再者，這些人即使是到了中晚年，仍不乏異性對之傾慕，仍然擁有強大的異性吸引力，可以說是一生桃花不缺的命局。

須知道，五宮是個不負責任的宮位，行星在此的目的無非都是為了戀愛，這些人相當重視愛情，需要戀愛的滿足感覺。但天意弄人的是，以月亮心態，拍拖就是為了結婚，而月亮的不穩代表關係難以持久，或是多感情困擾，又因行星製造了情侶眾多的假象，看似情場無敵手，能夠左右逢源之時，不知不覺便錯過了適婚佳期。

由於月亮感情豐富，情緒及佔有欲便因此而起，當她們愛一個人的時候，甚是痴纏迷戀，想要進佔伴侶所有私人空間，而且其心情好懷全由戀情而定。再者，對於愛情沒有理性的她，全心全意地投入，不問因由地去愛，甚至不惜犧牲所有，所謂「有異性無人性」就是這種類型。

有利的是，月亮五宮者普遍才華出眾，充滿創意和生產力，天生有藝術家氣質，加上五宮為人生舞台，月亮表示在上述範疇易有成名天份。另這些人喜歡娛樂，易沉迷在歡樂氣氛之中，這些娛樂又以賭博最具代表性。

五宮既為子女宮，月亮在此代表多產，很有子女緣之意，與情人的意義相同，可見假如這些人不是「濫桃花」，就有「濫子女」的傾向。再說，宮中人確實十分關愛子女，將情感完全投入，專心一意地作育英才，在她們一手一腳下培育出來的孩子，個個都精靈活潑，健健康康，聰明過人。增益的是，擁有這些命格的女性如不是多產，即只生一孩者則代表質大於量，示意其子女十分優秀，有青出於藍勝於藍的表現，月亮的光輝則反映在下一代身上。

【第六宮】：月亮六宮的人在事業上有利又有弊，得助於月亮的關照，他們工作機會不缺，並能夠在福利保障良好的大機構任職，甚至是因人際關係而爬上高位。但缺點是，月亮怕悶怕辛苦，加上行星的不穩，在六宮則反映對工作沒有恆心耐性，常見他們頻頻轉換工作，甚至是轉行轉業，一生常有更換跑道的情況。

畢竟六宮都是個打工宮位，少有月亮在此自行創業的念頭，更多

情況，這些人普遍跟隨著高級領導，自己作為第二把手，而分配、安排、調動正是這些人每天的主要職責，月亮在職業宮主計劃和籌謀，沒有執行及行動的意思。再說，月亮喜歡管人多於管事，這些人熱心服務別人，關注同事的情況，甚至會深入到人家的私生活當中，可見命主和同事關係更像是母子的一類角色。在心態而言，月亮代表情感的全程投入，安全感須要滿足，所以命中人工作勤奮努力，視工作為生活的大部分，職場可謂是她們另外一個家。

雖然這些人的工作看似不俗，但她們仍不知足、不甘心，時有好高騖遠的企圖。加上月亮講究興趣心情，一來重複刻板，二來過於激烈動盪也非其所好，所以很難找到一份工作量適中，沒有壓力，又能間歇給於發光發熱，感覺稱心滿意的工作予之，可見月亮陰情圓缺的飄忽性是構成命中人事業不穩，頻繁改變的主要原因。

不過，在頻繁轉工的背後，即是說此人的能力強、聲譽佳，更有利是適應力強！行星起伏不定之性，示意她們很能適應新工作和環境，在事業選擇上多姿多彩。另外，月亮對人很有感覺，其優勢在於解決人士問題確有一手，並有解決突發問題的能力，可見她們不但可以成為老闆的最佳助手，還有利從人際關係上而發揮傑出表現。

月亮在此，一般給人不甚壯建，有弱不禁風的感覺，這些人的健康和心情是直接掛鉤，即是說他們開心就健康，傷心易生病，工作壓力正是導致其精神緊張及情緒不穩的主要元凶。在正常情況下，月亮代表生活有條理，有恆常慣性的飲食習慣，並時有全身檢查，對於保健護理十分講究。

【第七宮】：個人認為，假如有得選擇，月亮這星最好放在自家宮位，例如財帛及事業宮，如今落在代表別人的七宮，即是說這些人非常在意別人的感受，天生就有以人為本的精神。這些人的同理心及同情心俱強，對於別人的意圖、舉動及所想都能感受得一清二楚。

西洋占星III《行星編》

又難怪，月亮天生敏感、心思細密，此星是個人安全感之所在，落在別人宮當然是我為人人，只為他人設想，以服務及照顧別人為大前題。命中人可說是「先天下之安而安，後別人之樂為樂」，正因為此，外人對於命主來說是多麼的重要，多麼具有影響力，易受他人左右正是月亮七宮的主要特色。補充一點，假如命宮沒有主星，這些人的依賴心更強，更是一個以他人目標為自己目標，以他人意見為自己意見的人。

七宮的第一象徵人物為配偶，月亮代表第一的信任類型，因此這些人在婚姻關係上傾向找尋一些成熟穩重的伴侶，事關只有力量比自己強大的人才能讓她們感到安心，同樣道理，男性的理想對象可能是一位慈母型的小女人。

不過，與月亮在別宮性質相約，這些人容易早婚，但婚後總是胡思亂想，伴侶易令人產生焦慮不安或情緒化想法，常在「結」與「分」之間互相拉鋸，經常懷疑自己的決定是否正確。基於七宮具有法律約束力，所以未必一定早結早離，可是在婚姻關係上的時好時壞，確實是和月亮的陰晴圓缺一樣，不斷的重複流轉。由此可見，相愛容易相處難，顯然月亮七宮就是「相處難」的意思。

說實在，把自己心靈放在別人宮裡，即是說你們是真心相愛，把心緒和幸福全繫在對方身上，沒有他簡直生不如死。正因為此，她們對婚姻的依賴度極深，對伴侶的一言一行都極為敏感，對方顯露出來的不悅都能令人產生不安，隨之而來，別人對之關愛即有效反映其情緒滿足度。

七宮也是合作者的宮位，月亮在此表示命中人多有機會與人合作、合伙，但與上述情況同，創業容易，守業難，關係能否在波動中持續長期保持下去，卻要視盤中土象元素的分佈，但多變依然是月亮星座的特色。

【第八宮】：八宮是一個十分黑暗和邪惡的宮位，月亮在此加強了

私隱性，所以星象反映的都是當時人難以啟齒，不想被人知道，甚至是說出來都難以令人相信的事情。

筆者本著有碗話碗，有碟話碟的無畏精神，第一件要爆的就是命中人有色迷心竅及濫交傾向。基於月亮入於性愛宮位，不論男女都十分關注性事，其情慾強，特別好色，時有瘋狂做愛的念頭，而且月亮不穩代表伴侶眾多，身旁不乏愛慾的提供者。

一般而言，八宮有行星的人都易有強烈的本能性直覺和第六感，月亮在此更是準確預感和心靈感應的表示，這些人不但想像力驚人，對於別人內心還有透視能力，如像懂得讀心術一樣，有些還有神通的可能，事關命主十分關注死去的親人，想了解他們的死後情況。正因為此，占星家普遍認為月亮八宮均容易成為神秘主義和心靈研究方面的專家。有利的是，月亮有另類治療的功效，還有自然修復人心的能力，這些人十分容易獲得別人的信任，讓人跟你交心，傾吐祕密，從而幫助別人治療一些內心傷痛，藉此解開心中的鬱結。

月亮八宮者對於生死探求有著非一般的熱情，這方面就要追索到，因早年面對親人死亡而帶來的傷痛和悲傷。還記得太陽在八宮有喪父之意嗎？如今月亮在此，角色便由父轉為母，或是妻子，可見這個星象十分邪惡，此是中式術數所謂「刑母剋妻」的命格。另一個情況，假如母親不是早喪，則代表長期相隔或根本一出生就母親不詳，總之大家緣薄，你卻因此而時時刻刻都想念她。

正因為命中人心中有著傷親的烙印，他們容易抑鬱、情緒低落、歇斯底里，有時甚至有自殺的念頭。另月亮在此也代表怪病、心癮或其他不良習慣。

但命運奇妙之處就是有凹必有凸，八宮親人的死亡，命主受到心靈上的傷害，取而代之就是獲得物質上的補償，這些正是妻母的遺產及保險金，特別是房屋或固定資產的承繼權。另外，八宮為共產主義的宮

位，所以這些人多有機會與人合作做生意，月亮在此代表對公產極為重視，有掌管公家財政的欲望。再說，就算妻子沒有遭遇不幸，如是男方則有賺女人錢及得妻財之意。

總括而言，八宮的財性巨大，但進財手段陰私，多少也會牽涉糾紛或引來是非壞名。

【第九宮】：九宮之意大至可以分為兩個層面，分別為內與外。「內」為內在心靈及精神上的滿足，月亮在此即是說這些人十分重視心靈上的成長，特別喜歡追尋真理，對於宗教信仰、哲學命理、人倫道德及相關領域都特別感興趣，並熱衷於靈修及自修活動，精神食糧對於他們來說可謂非常重要，星象反映的是「學術研究者」的類型。

但是，九宮原是個客觀和理性宮位，如今被主觀及情緒化的月亮主導，這些人對於一些原則和道理便可能存有偏見，或其見解偏頗。譬如說，他們理想可以上天堂，所以信了基督，但同時又希望酒肉穿腸過，可以隨心亂性去做自己喜歡的事，又信了佛教，可見這些人易有雙重標準甚至是矛盾想法。

九宮是探求「未知」的領域，必然沒有前車可鑒，沒有預設立場，可是月亮一星只信經驗，因此他們只會選擇地相信，或憑主觀直覺而下定論。如此一來，屬於大成學問的九宮便因月亮的小家小氣而大打折扣，甚至可以這樣說，月亮九宮主的只是「小道」，是通識不是學問，是小計不是大謀，他們甚至看不到重點，只見樹而不見林。

「外」是旅居外地的喜好，月亮在遷移宮，總認為外國的月亮特別圓，戀棧外方生活是必然的，因此這些人經常穿梭各地，關心遠方的任何事，有舉家移民他方的衝動。據統計，月亮在此的移民指數極高，這些人對異地的適力強，在任何環境下都能生活，並能夠與當地文化融為一體，旅居國外反而讓他有一種家的感覺。

如是男方，一來可能在外地及大學認識其終身伴侶，二來更可藉女方而獲得事業提升，又或是因姻親關係而獲得優勢，事關九宮是夫妻的兄弟宮，星象示意與外家關係密切是可以理解的。而安全感之反面是危機感，為什麼他們留在本地會感覺危險，旅居外方反而安心，是否離開都是迫不得已？由此引伸，月亮九宮的一生，未知、不明、不可預測的特殊際遇特別多。

　　【第十宮】：月亮十宮的人，天生對名望和地位充滿憧憬，這些人的理想高、有目標、有夢思，對事業有高要求。事關只有名譽能為命主帶來安全感，他們渴望有傑出表現，理想獲得他人的認同和欣賞，這些人不用鼓勵也會自發圖強，以不斷滿足月亮對於追求地位的訴求。

　　這些人從少到大，就立志要成為一位備受矚目、出色知名的公眾人物，月亮在後天宮位代表關注事情，所以這些人對於地位和名望看得特別重，很在意別人評價，非常著重個人的外在形象。星象顯示他們畢生都在致力推動相關建設，要走自己的路，要照亮周圍的人，甚至其人在尚未成功之前，仍會透過虛疑映射及其他助力，例如認識一些知名朋友、外在裝扮、開名車和好享受等等，無所不用其極務求把自己弄成好像很有實力的樣子。

　　事實上，月亮十宮者確實不難取得名望地位，在社會上享有一定的知名度，給人專業形象。事關月亮的直覺和細心，對公眾及人心有一定的敏銳觸角，他們知道市場需要什麼，懂得怎樣包裝，怎樣發揮個人優勢，怎樣取悅群眾等等，懂得攪形象工程都是月亮的天賦。另行星在此，代表命主只會做喜歡做的事，他們不只是追求表面的成功，更要為人帶來深遠的影響，其成就和專業要令人永記心中。

　　所謂：「太陽主貴，月亮重富」，行星在此有「因富知名」或「因名生利」的特色，所以月亮十宮的人熱忱社交活動，愛拋頭露面，這些人愈有名氣，財利就愈廣，但基於月亮的小眾性，他們較傾向行業及專業領域內揚名，並不奢求成為大眾偶像及明星的一類人物，另從政及從

事內務都是命主的所好。有趣的是，還記得月亮在二宮的幫人方式是借錢，因此十宮的人便傾向出面，他們要幫一個人，多數是以威名及人格作為擔保。

但話須如此，這些人的成功也得來不易，尤其是上半生的仕途不順和下半生的事業危機，最常見的是，如早年多次的創業失敗，或工作常無緣無故被人辭退，甚至是中年的就業危機和創業困難等等，然而他們經歷過眾多波折，可能面對過的失敗比每個人都多。再者，月亮不穩會為人帶來事業多變，他們容易受到外部環境而影響，因而從事眾多不同類別的工作和生意，這些生意又會因為潮流及風氣改變而產生波動，換言之，他們的成功在於大氣候、大環境，星象有「時世做英雄」的意味。

不過，皇天不負有心人，正所謂：「有危才有機」，「月相」的轉變就有如他們的事業縮影，當中年過後，這些人的事業就會煥然一新，此後便會漸漸地、保守地，甚至是被動地作出行車路線的改變。當中定必困難重重，但月亮的適應力強，總能排除萬難，逢凶化吉，一步一步的向前邁進。此外，這些人的成功更有可能由妻子及家人合作牽頭，助你打出一片江山，當中又以家庭生意及個人護理，或以人為本的服務就最為合適。

不難設想，十宮月亮的代表人物是擁有一定身份地位的女性，是個事業女強人，可見這些命格的貴人為女性，如是未婚者或打工一族，在工作上也容易受到年長女性的關照。最後一說，從來都未曾跌倒，只能算是幸運，跌倒後能再爬起來繼續前進，才算是實力。

【十一宮】：月亮在十一宮與其他人士宮位的理解相同，泛指人脈廣，人際關係好，容易與外人建立深厚情誼。由於宮位的人物對象為陌生人及一般的團體之友，月亮在此即是說明此人重朋友如家人，會深情投射在團體當中，社交活動也能為之提供安全感，社交圈又以女性為主。

雖然說她們的人際魅力十足，不難與人混熟，但疑心重及情緒化始終是命中人的死穴，只要是熟人的一句玩笑或無心話，都能將之開罪或令她們敏感起來。加上月亮的想法多變，貪新忘舊，只會認為人家妻美，隔離飯香，她們只會對新朋友熱情，對舊朋友討厭，又當新人變為熟人之時，相同的想法又會再度出現。此「初善終惡」的態度便是導致盤中人的情誼不深，人際關係上反反覆覆，交友的新陳代謝不斷快速循環下去的原因。

　　須知道，月亮宮位的所有人士變遷，必然會帶動命主心理及情緒上的反應，常見情況是，由於月亮和海王星都有著軟性欺騙之意，所以命中人一生必多遭遇被人背叛出賣的事情，最普遍是別人對之有所隱瞞，不跟你直腸直肚，甚至是刻意的不讓你知，但你卻不好怪人，事關反轉豬肚就係屎，你都是這樣的一類人。

　　十一宮除了團體關係，亦主個人理念，月亮在此則代表她們沒有什麼人生目標，更正確來說是指人生目標常變。又難怪，近朱者赤，近墨者黑，月亮只會為了依附而依附，因圈子常改變，當然目標也會變，似乎「沒有目標」或「多多目標」才是月亮十一宮的人生目標。

　　【十二宮】：十二宮是繼八宮之後，第二個不想告訴別人的宮位，此宮主管的心事，私密性均和自己相關，與別人無尤。

　　月亮在福德宮，尤其強調了情緒多變，心靈脆弱，容易受傷，時有神經過敏反應，心靈空虛和孤單寂寞普遍是星宮者慣常的心理狀態。這些人缺乏自信，內向害羞，很怕陌生，常大驚小怪，他們不擅表達情感，不愛與人打交道之餘，更害怕別人的眼光，然而外間一切風吹草動都會觸動其敏感脆弱的神經，令之產生不必要的無謂猜想。

　　另月亮在此，人的私隱度高，命主很會隱藏個人的情緒和想法，常見他悲觀失落，滿懷心事似的。當星座的人遇上困難，只會選擇退縮及逃避，絕對不會勇敢面對。再說，這些人不切實際，只愛空想夢幻，完

全沒有可行性和實踐力。

不過，這些人有的是仁慈善心，願意服務大眾，肯為大家犧牲付出。另她們的直覺性強，有非常想像力，易有特殊靈感，能夠感應到別人的需要，其心靈溝通能力極強，可見月亮十二宮也非沒有好處，有利發揮心靈及思想上的創造力。最後，星象亦暗示著不倫之戀的可能，這些戀情總是秘秘密密，不便公開，也不易被人發現，不明和地下戀情是星象特色。

補充閱讀：月亮的魔力

美國有一位精神病專家做過一項系統性研究，發現謀殺案和性侵犯的案件，在月圓之夜發生的機會率遠高於其他時間，同時發現精神病的惡化都和月的盈虧有關，由此便提出「生物潮」理論的假說。他們認為月亮引力對海洋潮汐產生的影響，也同樣適用於由大量水分造成的人類，當人體內的水分失衡，過多水分令人神經膨脹，令人興奮，過少的就會導致神經緊縮，令人抑鬱。此外，人的情緒、感官和欲望，也會因「月相」改變而產生一定程度的影響。

另說，今年 2017 年，筆者在個人網站分享了 8 月亞洲月蝕的推算，當中以經濟為主，但在隨後的時局觀察，出奇地發現今年的自殺率奇高，眾所周知，香港是個自殺不普遍的城市，除非是出現嚴重股災，投資嚴重失利之外，否則，絕不可能個個月都有相關新聞報導。當中有兩件比較轟動的例子是教育局副局長的長子在寓所墮下，另大陸女星全裸陳屍在一家酒店草皮上，而更令筆者感到恐怖的是，引述本地的一份報刊：「一名 58 歲女子昨日在荃灣圓玄學院，疑跳入化寶爐自盡……家人亦透露她最近情緒抑鬱，警方正循自殺方向調查。」

看完這些令人不安的新聞後，即時要轉個話題，月亮也有正面能量，早在春秋時代，中國人就發現了「月華」的神奇力量，亦關注到滿月與個人命運間的奇妙聯繫，因此古人十分喜歡祭祀太陰，「滿月」即月圓之夜更是拜月祈福的重要日子，尤其是中秋，月亮乃最大最圓之

時，古代的天子與貴族大臣們都會舉行祈福活動，自此之後，就形成了中秋這個中國傳統的「重要三大節日」。時至今日，世界上依然有許多民族崇拜月亮，通過祈福將好運與之聯繫在一起。

　　有趣的是，西方人發現月亮帶有魔性，中國人反懂善加利用，藉月之能量來增強自身的吉運，西方魔法師認為月圓是施行魔法的最佳時機，而中國人則以之作許願祈福之用。

西洋占星III《行星編》

第四章・水星 ☿

水星

守護星座：雙子座、處女座（第三、六宮）
廟：雙子、處女　旺：水瓶　利：獅子　陷：人馬、雙魚
屬性：中性
心理：智能 Intelligence
週期：88日一周天，7日一星座，日行4°
身體：大腦、雙手、肺部、神經系統
人物：學者、中間人、聯絡人
逆行：每年3-4次，週期約21天

神話

水星的希臘守護神為赫耳墨斯（Hermes），亦即是羅馬神話中的墨丘利（Mercurius），傳說中祂是宙斯與邁亞（Maia）的兒子，其形象是頭帶翅膀頭盔和手持眾神權杖，祂雙腳有翼，因此步履如飛，在奧林匹斯山擔任諸神的傳令使者，「信使」之名便由此而來。

身為信使的赫耳墨斯負責擔當神界與人界之間的通訊，祂又是穿越邊界的旅行者之神，還是亡靈的接引者，除了冥王哈帝斯之外，只有他能穿梭冥界，幫助死去的靈魂到達冥府，祂還經常化身凡人下界幫助需要保護的人。

信使亦因為祂的機智和狡猾而成為了盜賊和牧牛之神，事關祂出生的第一天就偷去了哥哥阿波羅的一群牛，而且赫耳墨斯擅長辯論與發明，據說祂發明了鑽木取火，還發明了樂器七弦琴。祂足智多謀並多才多藝，與文學、詩詞、賽跑、拳擊、音階、度量、商業等有關，正因為此，赫耳墨斯也是智慧和商業之神，亦成為了運動員的守護神。

赫耳墨斯的聰明近乎狡猾，一次的拯救行動顯示了祂的睿智，話說宙斯的愛人寧芙仙子被人捉走，對方派了百眼巨人看守，赫耳墨斯奉命迎救，祂先給巨人唱悅耳動聽的歌，然後說些冗長乏味的故事以哄他入睡，之後用月牙形的彎刀砍下了他的頭，最後成功救出了人質。故此，占星家常把水星與其他巧妙詭計的事跡相提並論。

行星特性

中國人稱水星（Mercury $\male$）為「辰星」，此星是太陽系中第二細小行星，也是除了月亮之外，第二顆公轉最快的星體。水星在占星學上屬於中性，沒分男女也沒吉凶之分，它是介乎天與地、神與人、男與女之間，變化須視乎所處環境而定，「穿針引線」正好說明水星的中介性，與及「點與點」之間的聯繫特色。

每一顆行星都有一個角色，水星屬於一個不太顯眼，擅於遊走在各

人事之間，藉以保護自己及取得最大利益的人。首先，他功於心計，不太有個人立場，懂得根據實際情況而定，甚至在某些時候，他為求自保可以與敵同行，與什麼人都能合作得來。但以水星慣性，總是跟隨著作為太陽的主角一起行動，但有時也因為勢所迫而逃離太陽，陷主角於危難而不顧。不過，他總會在最後關頭回到主角身旁，甚至找到援軍為他解圍，然而一般大方的太陽都不會記責水星的出賣，太陽和水星就是保持著這樣的一種微妙關係。

要了解上述故事，就要從太陽與水星的關係說起，水星作為內行星，是和太陽最靠近的星體，在地球角度觀察，它總是在太陽附近，就算在遠日區段也不會超出太陽的 28° 範圍。所以在占星圖上，水星常與太陽同宮，或只會落在其前後一宮的位置上，說它是太陽的親密戰友或隨從就是這個原因。

由於水星的軌道位於地球內側，所以它只能在晨昏之際才出現星空，絕不會在子夜時份出現。雖然水星與地球距離不遠，光度也很強，但礙於其距離太過接近太陽，除非日全食，否則在強烈的日光下是很難見到水星。正因為此，觀察水星的時分只能在凌晨或黃昏，而古人不明水星，以為是兩個不同的天體，所以水星又有兩個別名，日出名「晨星」，日落叫「昏星」，此點稍後還有補充。

在占星學上，水星主要有三大功能，第一是獲取資訊的能力。水星可以幫助吸收新知，學習新事物，激發個人增長見聞之心。先說，人要聰明先要學習，此星能讓人對知識產生興趣，會激勵人去學習新技能，讓技術領先，成就多元化地發展，令你搖身一變成為一位「通才」。水

- 水星只是資訊的搬運工，它不會創造，不會製造新聞，不似時下的傳媒，沒有新聞就自己創造。

星有一心多用的長處，它的吸收力強、轉數快、易上手、腦筋靈活，行星能把事情管理得井井有條，清楚高效，學習自然快人一步。

在神話中，赫耳墨斯的移動速度極快，祂有能在世界某一個角落，瞬間轉移到另外一角，甚至在人間和冥界穿梭，事實上，水星是唯一能夠通過任何界別的人，即使眾神之神宙斯也須藉祂傳遞信息給世間上的凡人，由此引伸，水星的第二功能是交換意見，它代表上下階層的溝通媒介。

水星喜歡向人表達個人想法，分享見聞心得，激發傳播欲望。有利的是，水星的天賦就是用簡單的語言去解釋一些高深難明的道理，它的強項是分解和分析，有能將複雜難明的學問解構成顯淺易明的小知識。此星並具有辨識天賦，可以自行判斷什麼是客觀的好與壞，什麼是有價值無價值？什麼是必要不必要等等？因此，別人提供的資訊到底有沒有用，從水星角度便可一目了然，有用的保留，無用的刪除，當人有了分辨能力，「智力」便由此而來。

水星的第三功能是適應環境，神話中信使的缺點就是不能停留在同一個地方太久，因此水星很喜歡到處去，或在一項任務中跳到另一個新任務或新話題，而且是少有貫徹始終完成單一項目。正因為此，水星對於新潮流、新趨勢有很大的敏感度，此星可以幫助對周圍環境有更多的認知，不怕陌生便可快速地融入新環境。水星能讓人時刻都保持著興趣，對新環境充滿觸覺，對新趨勢保持警醒，這星會幫你掌握四周變化，隨局勢而作出相應對策。

當人有了隨局勢改變的認知，便不自覺地發展出洞悉市場的能力，所以水星在商業上也扮演著極其重要的角色。行星一來可以為你出謀獻策，教你如何展開業務計劃，二來幫你協商溝通和達成合作協議。再說，神話中的水星是個騙子，祂經常撒謊，並有著優越的商業管理和談判技巧，並希臘人認為商業總伴隨著虛偽和不實，往往把豐厚利潤和高超騙術畫上等號。

本質上，水星主管個人心智、思維和想法，一個人的求知欲及學習能力，語言和文字能力，溝通及表達能力，或是判斷力及智商（IQ）都可從水星的狀態得到啟示。看一個人聰明與否，可以由學習能力，解決問題和創新能力入手，顯然水星三者皆有，此是腦筋、智力和技能的代表行星。

　　水星反映的是一個「智能」系統，它象徵知識由學習到總結的整個流程，此系統之複雜，包括學習、收集、規劃、交流、感知、推理、語言和行為等一系列過程。此外，在心理學上「智能」涉及意識、自我、心靈和潛意識，而水星代表的只是「意識」部分，即是清醒和理智時候作出的判斷，所以水星表現最是客觀理性，是理性人格的外在表現。

　　還記得《星座編》白羊章節提出過的「死亡遊戲」嗎？此是說兩個亡命之徒的賭命遊戲，類似俄羅斯輪盤的博奕法，假設遊戲博奕者的水星同時失效（如水星逆行），他倆都會死！可想，假如沒有理性判斷，只憑意氣用事，偏激情緒便是構成危險的主要原因。然而，以水星星性，做任何事都一定有他們的理由，其決策理智絕不憑情緒導向，只有「合理性」才是讓他們採取行動的依據。

　　從上所見，水星只講道理，不講人情，因此對於人物來說便缺少感情色彩，相反，行星搵人著數的機會多，被人陷害的機會基本沒有，水星之所以令人覺得沒有情義就是這個原因。不過，沒有情義卻不等如沒有朋友，再講，水星也是顆兄弟星，此星的狀態也涉及到兄弟、手足和同輩之間的關係，加上行星是媒體及中間人角色，直接反映人與人相互的溝通交流，是否了解彼此意願和立場。

　　水星的多變性是聞名的，它不但是兄弟星，又是學習星、技藝星、機械星、商業星、傳播星和五感星。水星星座能夠指示出一個人的好奇心所在，當一個人找到好奇之事並用心鑽研，便不難發展出一門專業出色的技能，並得利於水星的靈巧機變，行星的巧技性強，講求關鍵連繫，與機械原理不無多樣。水星的流動性也是促進商業發展的重要元

西洋占星III《行星編》

素，行星有從商及理財頭腦，擅長商業買賣，營運周轉。水星代表多元化，行星不論落在什麼宮位都有多門路、瓣瓣掂之意。此星亦代表交流、交易、發明、傳播和運轉，在事情上，水星的速度有能加快事情的步伐和節奏，在人生而言即是轉變機會。有趣的是，水星亦都是小愉之星，辯才一流的他有能令黑說成白，所以演說和銷售都是行星專長。

　　聰明在現代社會可說是成功的必備條件，智力可算是獲得理想的最有效方法。又從赫耳墨斯的神畫故事所見，祂小時候就用計偷了哥哥的一群牛，當時的牛等如財富。水星又偷了金星的神奇腰帶，從而獲得令別人喜歡自己的能力。祂還偷了火星戰神的長矛，即示意外交比戰爭更能有效解決爭端，還有海神波塞冬的三叉戟，這意味以健談來換取別人的情誼。最後，水星還偷了宙斯手持的權力球，即是說祂可以用智力來得到世界的所有。

- 腦袋之所以圓，那是為了滿足我們不斷轉換思路的需要。

　　在星盤上，如水星處於強勢（**廟旺或宮頭位置**），即是說此人好動、靈活、多變和機敏，當然上文所講的「智能」亦同樣出眾，若然再獲吉相支持，這些人更是聰明絕頂、博學多才。此外，水星本身淘氣，行星的人生動活潑，跳皮風趣，易興奮雀躍，而且是非、八卦和多嘴都

是行星強旺帶來的表現。相反，如廟旺水星配的是硬相者，則代表不穩而帶來的破壞性，例如善變、無常，樣樣識但無瓣掂，並容易神經緊張，更差者代表為人狡猾奸詐，常有欺騙偷竊的企圖。如水星處於弱勢（利陷），則代表此人反應遲緩，不求改變，對新鮮事物感到抗拒。

焦糖星命　窮則變，變則通，通則久。宇宙是永恒的，但世間萬物卻是變化著的，在變化無常的世事面前，循規蹈矩只是死路一條，唯有順應自然變化才能時安處順，流水不腐。做人應當像水一樣順應時勢，在變化中求生存、求發展，只有變化才能帶來出人意料的勝利。

東西大距

　　這是個只屬於「內行星」（水星和金星）才有的內容。「內行星」雖然光亮，但並不容易看到，原因是從地球角度，兩星經常靠著太陽，水星和太陽角度不會多於 28°，而金星則不多於 48°，所以必須要在日出、日落而有大角距的時候才能看到。這個大角距學名叫「東、西大距」，古人不明水星，所以把日出東大距之水星名「晨星」，把日落西大距名「昏星」。 金星亦有同樣情況，日出叫「啟明星」，日落叫「長庚星」。

　　合指一算，水星和太陽只有相合，最多相隔一個星座（28°），沒有其他相位產生的可能。金星與太陽彼此最多相隔兩個星座（48°），可以產生的相位只有「合相」、「半六合」和「半刑」。而水星和金星之最大角距為 76°，最多相隔四個星座，除了以上三相，還可產生「六合」相位。

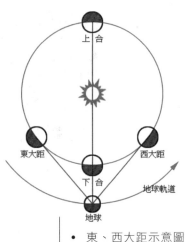

● 東、西大距示意圖

西洋占星 III《行星編》

行星逆行

近年來經常聽到「水星逆行」，更有些危言聳聽話水逆之時會引發股災，究竟行星逆行（Planet Retrograde）到底是什麼？

須知道，占星學是以地球角度作為行星的觀察位置，因太陽系各行星的公轉週期不同，軌道長短而有快慢之別，只要行星在某角度上看似比地球移動速度緩慢，在視角上便呈現不動及倒退的視覺效果。這個情況如像開車，當身旁有一輛速度較快的車經過，自身就彷彿有溜後的感覺，這就是「行星逆行」。

占星學上的所有行星，除了太陽和月亮外，所有星體都有「逆行」。

當逆行發生時，原本向東運行的行星會先停下，這個時間點稱為「留」Station，然後退後向西運行（SR），占星以 Retrograde [R] 表示，之後當地球在軌道上超越行星之後，看起來又恢復正常由西向東的運動（SD），占星以 Direct [D] 表示。

嚴格來說，行星逆行可以分為四個階段，（一）先是由順行進入逆行點，（二）進入逆行，（三）逆行進入順行點，（四）回復正常順行狀態，我們稱之為順、留、伏、逆的四個運動狀態。一般而言，行星順行是正常模式，代表星性可持續發揮，此時我們可以順利的表達自己，直接行動。相反，逆行時代表力量受到限制，當行星開始逆行，星性便會混亂、反覆、停滯不前，繼而產生矛盾角力，甚至退縮到原起點，當競爭一論過後，又再重新開始，此時（順行）方能一如既往，順利進入快車道。

宜在此強調，由於「留、伏」是一個轉角位置，此時可謂非常重要，所以逆行或順行發生的前後一日，當其改變方向時，相關影響力最強，情況尤其明顯。

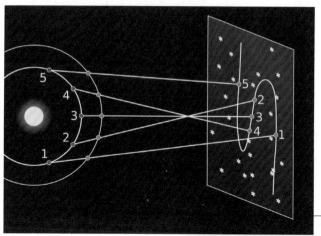

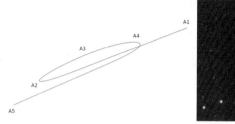

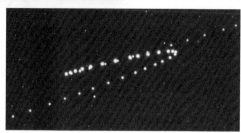

西洋占星III《行星編》

　　在本命占算方面，每個人的星盤上或多或少總會有一兩顆行星正在逆行，逆行行星表示難以發揮力量，甚至某程度上還會帶來負面影響，但不是說其人沒有該行星的能力，只是不特出，不顯著而已。在事情方面，行星逆行亦代表過早發展及未成熟的項目，由於經驗及能力不足，第一次定必不完美，甚至失敗，相關事情便有蘊釀後重新再來，有後續發展的意味。所以古人常言：「喜事齊來，禍不單行」即是說所有福禍都絕不可能一次性，只有愈來愈好或愈來愈差，要小心回馬槍的出現。

　　假如一個人星盤上有很多逆行行星，如是四顆或以上，即是說此人的意識模糊，他們做事不按常理，會深度傾向以本能及潛意識來做決定，此時更應該參考月亮和海王星，與及十二宮的狀態。

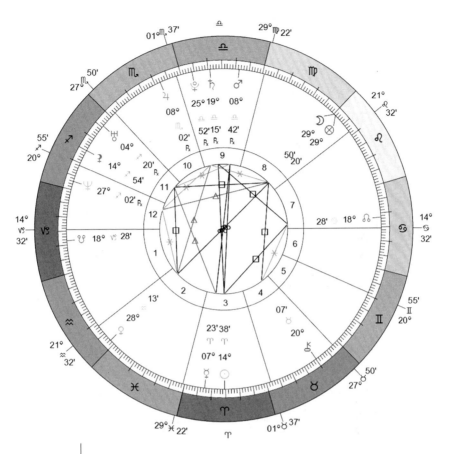

- 這個星盤上共有六顆行星逆行，分別為火星、木星、土星、天王星、海王星和冥王星，盤中人大多數時間都很正常，做事有一定的合理性，但有些時候，尤其是面對壓力之時，她的所作所為甚會讓人難以理解，事發過後連命主也不明白為什麼當初會有這樣的決定。由於逆行會阻礙星性發揮，再加此盤金星被受截奪，盤中多達七顆行星都失去應有的發揮作用，此時八宮月亮便深深地影響著命主的行事意圖。

水星逆行

水星逆行是個常見現象，平均每年出現3-4次不等，每次為期三個星期左右。

水星逆行 (2018 ~ 2025)	
23/3/2018 ~ 15/4/2018	14/1/2022 ~ 4/2/2022
26/7/2018 ~ 19/8/2018	10/5/2022 ~ 3/6/2022
17/11/2018 ~ 6/12/2018	10/9/2022 ~ 2/10/2022
5/3/2019 ~ 28/3/2019	29/12/2022 ~ 18/1/2023
8/7/2019 ~ 1/8/2019	21/4/2023 ~ 15/5/2023
31/10/2019 ~ 20/11/2019	23/8/2023 ~ 15/9/2023
17/2/2020 ~ 10/3/2020	13/12/2023 ~ 2/1/2024
18/6/2020 ~ 12/7/2020	1/4/2024 ~ 25/4/2024
14/10/2020 ~ 3/11/2020	5/8/2024 ~ 28/8/2024
30/1/2021 ~ 21/2/2021	26/11/2024 ~15/12/2024
29/5/2021 ~ 22/6/2021	15/3/2025 ~ 7/4/2025
27/9/2021 ~ 18/10/2021	18/7/2025 ~ 11/8/2025
	9/11/2025 ~ 29/11/2025

　　凡水星掌管的範疇，如思考、寫作、溝通、學習、表達和判斷，換言之，凡是必須深思熟慮的事情，在水逆期間都會受到阻礙。在水逆日子，人的思想變得混亂、善忘、反應遲緩、集中度及判斷力變差，心神恍惚容易迷茫，此時與人溝通談不上，難以達成共識，嚴重者更會引起誤會和糾紛。此時什麼都總是一拖再拖，或有些本來十拿九穩的項目，但最終竟因一些小失誤而不能成事。

　　據個人經驗，水逆時真的容易與人溝通不良，很多時都會因為一些少事而引起紛爭，雖然吵架說不上，但有話不投機的感覺。在時事方面，水逆常導致交通阻滯，通訊失靈，眾多和電子有關的東西都變得不太可靠，甚至時有所見，在水逆期間的空難報告特別多。

　　基於商業都是水星所管，此時商業交易不順是肯定的，尤其是簽約及文件事宜好事多磨，如無法如期交貨，或行程一拖再拖，外出多遇阻滯，因此坊間便有水星逆行易生股災之說。

西洋占星III《行星編》

個人星盤而言，礙於水星的理性不顯，命中人便傾向用直覺和感性方式來行事，加上水逆帶來表達上的困難，代表溝通不良，語言能力薄弱。另外，這些人多數在青少年的學習時期已遇上巨大困擾，成績不如理想有普遍可能。

但要澄清，有水逆星象的人不是說有智力問題，只是他們在早年的不上心（未開竅），絕對不是智商不足的表示。相反，理性不足卻有感性補救，口齒不靈卻強化了他們在文字方面的研磨，所以這些人的書寫能力普遍比言辯較佳，據說水逆盤盛產大作家、大文豪就是這個原因。

要留意的是，水逆之時人易腦閉塞，鑽牛角尖，常詞不達意，此時更應該認真地停一停，想一想，謀而後動。再講，行星逆行皆有再接再厲之意，此逆行可比喻為「屈膝」，好讓在順行前把過往累積的經歷消化，或從中再作修訂評估，稍後才能作出「躍起」的動作。

沒有「因」就沒有「果」，水逆之重複必然有其過往忽略的理由，這些問題很多時都是因為個人的草率、魯莽、疏忽所至，這些缺點和問題有如電腦程式的 Bugs，若然未報只是時辰未到，但總有一天要爆發出來。正因為此，「水逆」期間更應深思反省，從長計議，是找出錯誤的最佳時機。

假如從擇日的角度考慮，水逆時的而且大事不宜，不過，假如此事是用來更正，例如是裝修的話，反可作吉論。

水星掌丘

水星丘位於小指根部，星丘掌管一個人的口才、社交、財運和商業頭腦。如水星丘飽滿隆起代表人機智敏銳，口才佳，善察言觀色。其交際手腕之強可以見人說人話，見鬼說鬼話，左右逢源不得失任何一人，此是應變能力及社交能力良好之表示。

水星丘也是個商業掌丘，豐隆者代表有商業頭腦，擅尋找商機，利於經營，亦直接反映財運特別理想。可是，水星丘不主儲蓄，財源屬於動態，所以這些人只擅長買賣交易，以財政靈活多變為大前題，換言之，水星丘是以錢搵錢，做生意或投資理財的專家。相反，如水星丘低陷者，代表缺乏金錢觀念，人不世俗，較莫財是可以想像的。

　　如果星丘過於發達的話，這些人易口舌招尤，言多必失，亦代表他們為求財利可以不擇手段，為人花言巧語，虛多實少，是個爾虞我詐的人。

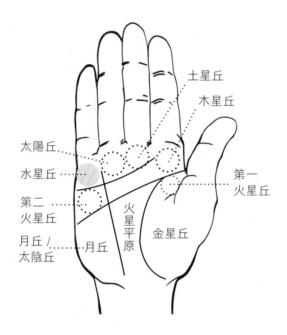

水星宮位

　　「水星宮位」反映想法、喜好話題、好奇心之所在。另這些人喜歡與誰交往，對什麼資訊特別靈通都可從宮位得知。有關「水星星座」的內容，將在下書與對星組合一同解說。

【第一宮】：未正式解說第一宮之前，必須讓大家知道什麼是「知性」，常聽聞水星是顆「知性」行星，究竟「知性」到底是什麼。《維基百科》說「知性」是介於感性、理性之間的一種情感狀態，以腦中具有的知識作聯想對象，同時運用感性和理性邏輯的思維方式。筆者認為以上解說十分學術，難以令人理解，亦不易融入占算之中，所以在網上再找，綜合各方觀點，得出「知性」是聰明敏銳，頭腦清晰，明辨是非，明白事理之解釋，以上所說，正是水星立於一宮的性格特色。

水星在上升星座的人，天生有高智商是肯定的，甚至從他們的外表也能看出一副天之驕子的模樣。這些人不但睇得又打得，不論學習能力、語言能力以及學業成績，甚至是先輩父母的寵愛，與及上司貴人的關照都明顯優於常人，容易少年得志是水星立命的常見現象。補充一說，水星在事情上有提前作用，在命宮而言即是早行大運。

水星本身的好奇心強，立於命宮主人求知意欲旺盛，喜歡追求新鮮刺激而陌生的事情。這些人不論到了什麼年紀都滿有孩子氣，特別喜歡新奇好玩的東西，對於新意念、新方式、新發明，對什麼流行性事物都很感興趣，就是由於有這貪新忘舊的想法，所以命主總是不斷努力求知，絕不讓自己落後過時。

水星不但好學，也是個反應速度奇快的人，其消息靈通，觸角敏銳，吸收力強，工作效率高，技能易上手，可能別人三數天的工作，命主一天便攪掂。更厲害的是，星宮的人能一心多用●，可以同時處理多樣事情，事關他們可以將工作化繁為簡，緩急有序地完成手頭上的所有作業。

水星的人十分怕悶，對於沒有挑戰及智力含量的工作都不感興趣，不喜公式化的他往往不安於內，常見他們坐立不定，無聊時到處是非八卦，愛周圍找人傾偈談天，到處尋找熱鬧話題等等。這些人可謂十分長氣，其話語滔滔不絕，可以喋喋不休的大講特講。他們不但好辯，還十分狡辯，事關他們為了表現自己的真知灼見，水星也時有虛構及誤導性

內容，以此自圓其說。

　　水星立命的人頗為自負是肯定的，由於他們腦筋活、轉數快、效率高，心底裡便自不然產生自以為是的念頭。還有聰明者多自負，總是以個人利益為先，因此這些人普遍數口精，十分計較，自私自利的心態嚴重。一個人假如把自己看得太重要，對別人便少有關切憐憫之心，只不過水星的人傾向默默鄙視，表面上也會掩飾一下個人的驕傲，可想在龜兔賽跑的故事裡，明顯水星就是這隻兔仔。

　　要留意的是，星宮者有頭威無尾陣的趨勢是明顯的，尤其是中年過後的優勢便會逐漸消失。礙於水星的應變力實在太強，過份活躍的腦力，導致人經常改變念頭，所以這些人性格善變，反覆無常，易心浮氣躁，飄忽而沒有責任心，當遇上形勢不妙，他們只懂推卸和逃避，講過不算數是命主的常識。誠然，看似絕頂聰明的他，卻沒有什麼原則和立場，這些人容易受到別人及環境而左右，當講者無心，聽者有意之時，其想法便會變得搖擺不定。須知道，當人沒有承擔，就算有什麼宏圖大計，沒有貫徹此終的決心和堅毅的實踐力，想成功也只不過是空想。

　　【第二宮】：水星作為一顆商業行星，落於財帛宮可謂非常吉利，這意味盤中人有商業頭腦，具市場觸角，對財富有強大的創造力。更重要的是，水星給人無窮無盡的進財意欲，對金錢遊戲玩之不厭，他們的理財能力高，懂得開源節流，善用資訊和資源，絕不放過任何可以發達的機會。

　　先說，水星二宮的人普遍能夠以演說、寫作方面的才華來謀生，這些人大多擁有高上學歷，或是擁有某方面的專業資格，然其頭腦聰明，策劃力強，對數字和金錢上的理性，正是他們在創富路上無往而不利的最佳武器，懂得運用聰明才智去賺錢是星象的第一重點。

　　水星有很強的從商意欲，這些人眼光獨到，有實用的價值觀，對於他們而言，彷似每件東西（包括人）都有他們的價格，能夠看穿這些

內涵值正有利他們討價還價，以最少的代價買入最超值東西的原因。除了買嘢，他們的銷售能力同樣一流，憑其三寸不爛之舌，懂得消費者心態，便有能把普通產品賣出天一樣的價錢。

　　水星的另一特色，就是懂得善用別人的知識和經驗，甚至是借用別人的銀紙為你進財，不說不知，水星二宮的人善於借力打力，甚懂運用財技，利用借貸及槓桿去放大回報，甚至是利用市場的波幅變化，以最少的錢去賺取最多的財富。此外，水星既為雙子的守護星，在此也代表進財有二路，有收入出元化的特色。

　　不過，水星二宮也不是毫無缺點，在個人而言就是過份的功利主義，由於太過著重成本效益，所以命主在性格上的斤斤計較，錙銖必計是肯定的。只會認錢不認人的他，就算交朋結友都是以利益為導向，「講金不講心」正是此人的座右銘。還有，水星的自負不比太陽少，他們容易聰明反被聰明誤，認為自己有能預測市場的所有節奏和波動，所以也時有做出錯誤的投資決定，只不過是水星轉彎轉得快，知錯能改，能夠及時修正而已。

　　雖然說水星財帛的人賺錢容易，但是他們大多沒有固定積蓄，事關水星的流動性導致人坐立不安，落於財帛宮即是有「有錢身痕」！如果他們找不到合適的投資，就會胡亂花費在其他不太明智的東西上，務求令到手上沒有多餘閒錢，才會讓他們乖乖的冷靜下來。同時水星的不定性，加上行星周不時逆行，亦代表財務變化急劇多端，又因投資涉及風險，市場變化萬千而導致破財或有「時富時窮」的情況出現。但有趣的是，這些人對小錢計較，對大錢卻看得很開，可能……這就是生意人的性格吧。

　　最後，水星落於財帛即是說終身都要為金錢而煩惱，就算他們已是億萬富翁也會拼命賺錢，想賺盡世間的一分一毫，終身遊刃在金錢世界是星象要告訴大家的事。

【第三宮】：水星在後天宮位的各種意義均離不開思想和表達，當中的表達方式主要是「寫」和「說」。此外，行星落入宮位的後天人物，例如本宮所指的兄弟和同輩，便是命主最常表達個人意見，找他們「聊天」的主要對象。

先強調一點，占星家十分強調水星主「溝通」，但筆者傾向用「傾偈」來形容，事關「傾偈」可以是有意義的交流，亦可以是純粹為了打發時間的隨便閒聊，與嚴肅的「溝通」程度不同。同樣地，又不可用「傾訴」來表示，「傾訴」有用心聆聽之意，此乃月亮和金星的行為，嚴格來說，水星較多是用腦去傾，講完就算，並不會用心去印記。了解完水星的「溝通」模式之後，相信在稍後其他人物宮位的運用，一理通自然百理明。

言歸正傳，水星在這個宮位，其人的聰明程度簡直可以用「古惑」來形容，這些人口甜舌滑，風趣鬼馬，尤其話頭醒尾。其口才了得，懂得見風轉舵，能應對不同類型的對手，與人交際很有一套辦法。水星兄弟宮的另一特色，就是這些人十分無聊，關注別人是是非非是他們的所好。其人所認識的朋友，不論結婚、生仔、分手、嘈交，都是他們的八卦範圍，可見這些人最適合作為「天文台」，或是情報收集站，是個收風多料之人。另這個宮位，童年生活可謂過得非在自在，精靈活潑的他常跳跳紮紮，到處遊走，沒有一刻可以令他安靜下來。

水星三宮的人很喜歡上學，他們能寓學習於娛樂，視增廣知識為一大樂趣，對什麼新事物都感好奇雀躍，正正因為有此輕鬆愉快的學習心態，所以這些人在早年學業上都容易有不錯的成績和表現。但要留意，水星落於學習宮位，假如這些人不是數理及邏輯推理方面特別強勁，就有可能是常常轉校，星象有頻頻改變學習環境及方式的意思。

水星落於兄弟宮反映命主與兄弟的關係還算不錯，至少是個可以「傾談」的對象，有相當多的真摯好友。可是，水星多情而不長情，他們只會對新朋友熱情，對舊朋友冷淡，「不念舊」是水星本色。加上水

星在朋友間的呈強好勝，自以為是的辯論方式，與之一旦發生意見分歧，命中人就會以更多的話去打動對方，如果對方仍無法同意，就會不斷的繼續游說下去。不難發現，水星三宮比命宮的人更要長氣多話，這些人大利以口生財，或許真的可以成為出色的談判專家。

最後，這個宮位的多言，也同時反映此人「得把口」，這些人講就天下無敵，做就無能為力，畢竟水星就是一顆不務實事的行星。

【第四宮】：以水星的理性、善變、無情和不穩，與田宅宮需要感性、滋養、長情和穩定的要求完全格格不入。而且，上文曾提及水星有貪新忘舊之性，此星不論入於任何宮位，基於沒有情義維繫，相關人士都有「初善終惡」的下場，可見水星在此是個不受歡迎人物，落於田宅宮並不理想。

水星在此，代表人有不太有想家的念頭，其人對家庭及宗族關係的意識淡薄，傳統觀念不濃厚，這方面類似西方人的全完獨立傾向。家庭對於他們來說，可能都只是用來睡覺的地方，事實上，這些人真的不常在家，有事沒事總要出外，向外不內向是這些人的普遍心理。水星田宅還有一個特點，就是經常搬遷，又或其早年跟隨父母到處生活，否則年紀輕輕就有離家出走的念頭，總之與家不投緣都是水星帶來的負面效果。

一般而言，水星是一顆興趣及溝通之星，落於田宅宮的表面解釋是對家庭很感興趣，和親友能傾得來。須知道，水星有興趣的是理性話題，他們與父母對話當然是有的，但只屬閒話家常，並沒有促進親密的作用。但問題來了，水星好辯，落於田宅反而易與親人不和，如有不良相位更代表口角不斷。同樣地，這些人亦不太念祖顧宗，除非是一年一度的新春年拜，否則與其他親戚往來，最好可免得免。

這個宮位的人可以說是個遊牧民族，他們沒有落葉歸根之心，不輕易有成家立室的念頭，就算命中人婚後擁有自己的家庭，有了小朋友，

也不會以家庭為重，仍舊故我獨行，不論男女都不會因為家庭而局限了自己的理想。

最後還要一提，所謂：「家衰口不停」，水星的辯才一旦用於家人，得出的結果十分簡單，就是與家人常常爭吵，無論誰勝誰負都只會為家庭帶來破壞，所謂：「贏了場交，輸咗個家」就是這個星象。

【第五宮】：一般而言，水星落於親人宮，是指他們好奇相關人物的事情，另外，其「溝通」的認真程度也會視乎宮位代表人物的尊卑長幼而定，當然對方身為前輩或是事務合作者，其態度相對謹重是肯定的。如今水星落入的是子女宮，這個「溝通」便可理解為一些較為輕鬆隨意的交談模式，而廣東俗語所謂的「吹水」更能反映其不太正經，甚至是基於「八卦」心態而獲得資訊的方式。

先說，五宮既為戀情宮，水星在此反映命中人喜歡冰雪聰明，具有一定知識水平的情人類型。水星喜歡說話，盤中人傾向和異性溝通，在心智層面上互作交流，或共同討論一些興趣話題與及分享生活中的點點滴滴，換言之，他們的戀愛是「談」出來的。的而且確，這些人絕對是個談情說愛的高手，無論是講情話或寫情書都是一流的，而且水星極富情趣、點子多、多花樣招式，總是給人帶來不同的驚喜。

水星五宮的另一特色是早戀和新鮮，這宮暗示著盤中人年紀輕輕就談戀愛，是個桃花早開的星象。不過，這個五宮的小情侶並不容易修成正果，事關水星喜歡多元化、新鮮刺激和嚐試，要求頻頻換新的，所謂：「拜得神多自有神庇佑，溝得女多自有女朋友。」因此上帝便一如所願給他頻頻更換情人，給予各式其色的伴侶，給命主眾多不同的戀愛體驗。由此可見，宮中人對愛情並不忠實，說他們是「情聖」甚至「花心蘿蔔」一點也不過份。補充一點，水星有年輕化傾向，所以在女性方面，也代表和年紀較輕的人拍拖。

除了戀愛，五宮也是個才華宮位，而水星的才華在於聰明和智力，

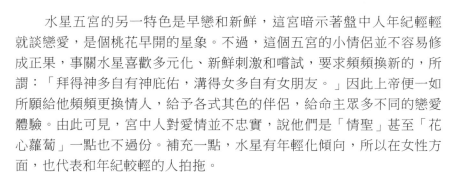

所以這些人十分喜歡一些腦力競爭性游戲，例如是棋藝、獨數、填字和猜謎等。另外，玩樸克牌或是打麻雀都有可能是他們的興趣專長，加上五宮本身是個「偏財位」，水星在此代表機會率，因此這些人好投機博奕，或有智慧型欺騙的傾向，當然他們亦可從事股票分析以及投資類別的工作而謀利。

本質上，水星落於什麼人士宮位，與相關人物都沒有好下場，此宮水星與子女的情況亦同樣如是。在玄學上，子女緣弱的情況大概有：（一）沒有子女，（二）與子女不親近，（三）子女多病痛。不過，在非極端情況下，卻反映作為父母十分重視兒女的教育，注重親子溝通，會親身教導子女。更有利的是，如水星的相位良好，反代表命主可跟年輕人合得來，或可成為一位小學教師，然而他們的子女亦可能非常聰明。

【第六宮】：水星落於第六宮，情況比第四宮要理想得多，事關水星理性，主管商業，喜歡在工作中求知，加上行星承繼了守護星座處女熱心投入工作的特性，如今落於事務繁忙的第六宮，就最能有效在工作上發揮一心多用、高效和具邏輯條理的優點。

水星六宮的大方向，就是特別容易成為老闆的得力助手、中間人或代理者等角色。無他的，一來盤中人做事勤奮幹練，有敬業樂業精神，另一方面就是他們機智醒目，懂得隨機應變，處理人際關係確有一手，可見宮中人如此辦事得力，便是不難得獲上司賞識的主要原因。重點是，水星本身就具備上下協調協的能力，在職務上便特別有利作為高層與下層的溝通橋樑，因此一般水星在職業宮都是以中層職位居多。

不過，礙於水星的多樣性和不穩定，假如盤中人並非從事多元化和不同類型的工種，便代表頻頻轉換工作。當然，水星如得獲吉相支持，代表工作愈轉愈理想，反之，硬相代表原地踏步，魚過塘都係瘦，只是為了改變而改變而已。

六宮又是個健康宮位，一般情況下，水星代表健康中性，身材略瘦，亦示意這些人有保健意識，十分關注自己的身體。還有，水星導致的問題完全和心智狀態息息相關，例如想得太多容易神經緊張，缺乏休息而造成身心疲累，又或因機能失調而造成內分泌不正常，當中以敏感及頭痛最具代表性。有趣的是，水星在此又代表身手靈活，當中又以雙手最具特色，另外，所有神經系統和反應觸覺，例如「五感」都由水星掌管。

【第七宮】：水星落於七宮有利也有弊，一般而言，星象對於感情不利，但用於事業卻大利。還有，如作為低下從屬角色則有利，但若然雙方地位平等則無利。

占星家一向視水星夫妻宮為離婚星像，事關水星是一顆不穩和不會付出的行星，加上水星的溝通只在於消息的分享和交換，卻無助促進男女情愛關係進一步昇華的作用。假如七宮人物是命中人的合作伙伴，不存在「愛」的感覺，其關係反能好好地維持下來，倒可與命主作為長期而密切的交流對象。

水星七宮的人有早婚和多配偶傾向，基於行星的好奇心強，如今落在婚姻宮位，即是說他們勇於試婚，常有結婚的念頭。可是，這些人在終身配偶的選擇上，雙方可能沒有什麼深入了解，沒有經歷過一些刻骨銘心的遭遇便急急腳步入教堂。就算他們在戀愛時覺得如大家何合拍，可是相見好同往難，因水星的相處方式是用腦不用心，心智成分比感情成分居多，可想這對夫妻一旦結婚，日夜朝夕相對，情況便有如電影《史密夫對史密妻》，主角兩人每天都在鬥智鬥力，都在想盡辦法隱瞞及欺騙對方，而不是坦承互諒，互相支持和包容。

水星七宮的另一特色就是「年輕」和「短暫」，這些人的配偶多數為卑微、低下的人，他 / 她可能是青梅竹馬或識於微時，可能是同學、同事，如是女方更有可能下嫁少男或後輩。可能因為另一半心態年輕不成熟，第一婚多數都是以失敗而告終，然其婚姻時間也十分短暫。不

西洋占星III《行星編》

過，你又不用替他們過份擔心和難過，事關這些人離婚不久又會有新的結婚對象，不要忘記「改變」是水星的特性。

假如水星在命宮反映我的意見，在對宮反映別人意見，是個人見解的對立面的話，即是說水星七宮極具濃厚的爭辯色彩。此爭辯角色如是夫妻，便是家衰口不停，夫妻立場針鋒相對，雙方爭執不斷，並常因小事而爭吵，話語說得越多就越沒性趣。再想，水星傾向為對方理性分析，而不是金星的感性調和，所以有水星作為配偶，他的角色更似「軍師」多過自己的「愛人」。

有利的是，從「軍師」角色再度引伸，水星七宮的人反而有利從事顧問方面的工作，為他人籌謀獻策，或在對奕上（**法律糾紛**）提供意見。的而且確，宮中人的人際關係確實良好，容易從合作者身上獲得好處，以理性客觀的角度為客人分析，教人打勝仗是他們的專業。最後，水星在此也利於銷售，或作為公關及中介人。

【第八宮】：第八宮的水星給人非議及負評較多，行星在此反映人的想法異常，看似存有許多不可告人的秘密和陰謀，然其人作風表現也不夠正氣，常有偷雞摸狗、陰陰濕濕的言行舉止，星象的私隱及神祕色彩尤其濃厚。

一反常態，水星的多言在此變得無效，盤中人傾向深思、寡言，常保持著冷靜和疏離的態度，不輕言表態是命主特色。基於八宮掌管神祕之事，即是說這些人容易被神秘不明的事物所吸引，喜歡研究事物深層及隱晦一面，並希望能夠知道過去和未來，熱愛研究別人背後的企圖或動機。在此，關於偵探、靈異、生死、心理及玄學等相關領域都是他們所感興趣的範圍。

水星八宮的另一特色就是「性幻想」，他們不但多「想」，還喜歡與人傾談這方面的話題，常講黃色笑話，或以相關言語騷擾別人，甚至寫夜遊報告都可能是他們的興趣專長。不難設想，這些人如身為師表或

第四章・水星

95

為人上司，也很大機會跟自己的學生或下屬陷入不倫關係之中。

八宮也是別人錢財的宮位，水星在此代表善於財務計劃或是調度資金，擅長處理他人的財政事宜，如獲吉相者或可成為基金經理及財產代理人，為他人打理財富。可是水星又是一顆小偷之星，行星帶有軟性欺騙，因此如遇不良相位者，主其人心術不正，立心不良，對別人錢財想入非非，常窺探人家的財寶，這些人甚至會挪用公款，沒有經過合法授權便動用人家錢財，因此這個宮位常涉及財務糾紛，或碰上爭論也會被捲入其中，嚴重者甚至惹上官非壞名。

八宮也是個意外之宮，水星在此代表常遭遇上小意外，或少年時體弱多病，另易患有抑鬱症及其他精神方面的困擾。

【第九宮】：從一宮到第八宮，水星者都有「言多必失」和「初善後惡」的不良反應，但在九宮開始，水星的缺點都因為人物的疏離而變得不太負面，甚至可因「人面廣」而變成優勢。

水星九宮的人比三宮者更喜歡讀書，學習能力特強，更愛深研學問，這些人普遍有活到老，學到老，不斷進修求學的精神。又因九宮的遷移性，當時人易有出國留學的機會，擁有高等學歷為大多數，而且他們的外語能力強，懂多國語言的不為少數。這些人的性格樂觀開朗，有海闊天空的視野，加上人有道德修養，多高見評論，從而給人博學多聞，一副知識份子的模樣。

水星在九宮所關注的話題都是國事、外事、天下事，這代表一個人把自己的眼光跟思緒都投放在眾人及跟未來有關的事物之上，當一個人事事關心，其心胸和世界觀自然變得更加廣大。再者，盤中人一生都常有涉足他國的機遇，是一名國際化人士，例如早年的出國留學，畢業後在事業上的出外工幹，甚至是人到老年，仍常常喜歡到處旅行來增長知識見聞。另一些跟宗教、倫理道德或是有哲理意涵的理論，也是水星九宮者一生都在追求的學問。

星宮者在表達上的優勝之處，就是擁有崇高理念在背後支持，他們特別喜歡教導別人，分享奇聞和發現，指導人生目標和方向。基於他們具親身經歷，因此在傳播理念的時候便極奇自然，具有強大的說服力，因此這些人利於出版、寫作、新聞及大眾傳播有關的工作，另教師和評論家也十分合適。

【第十宮】：水星是智能之星，其專業必然涉及知識和腦力，另行星包含了讀、寫、說、思、編等主要內容，總之凡是需要深思細研、靈活變通都乎合水星的工作要求。此外，水星在名譽宮均離不開以下三大特徵：（一）傳播性，（二）流動性，（三）多元化，只要在事業上能滿足其中一點，成功則指日可待。

水星十宮之人有處理消息的天賦，他們擅長收集情報並妥善整理，將各項資訊井井有條地分門別類，並將之歸納和系統化，當中尤以文字方面的分析最優，因此職業如媒體、新聞、出版及寫作都是水星十宮的專利行業。又因水星有交換和中介意味，不講原則更是其優勝之處，即是說這些人不論從事什麼產品、服務和職業都沒有規限，命中人既可從事消息資訊上的傳播，例如教師、講師及電台 DJ 等，又可以是實物貨品的運輸和傳遞人，或是上下協調的中層管理人員，亦可以是產品服務的代理人或經銷商，甚至銷售和代言人都是水星十宮的職務範圍之內。

這個星宮還有學歷至上的特色，這些人為了提高個人成就，甚會不斷地努力求學，鼓勵自己考取更多的証書，發表更多的論文，然其目標都是為了從專業中帶動財利。這些人有演說方面的天分，加上其交際力強，人面廣自不難在社會或圈子上享有一定的名氣和地位，水星在此有「以名生利」的特色。

還有水星十宮，多才多藝和多兼職都是明顯的，這些人普遍不獨一職，更可能擁有多個不同身份和角色，例如他是作家，又是教師和商人。負面的是，水星的不安分，假如盤中人不是周身刀，張張利，便有頻繁轉業的傾向。

此星宮的另一特點就是流動性強烈，有非常繁忙之意，若然他們並非從事訊息或貨物上的傳遞工作，就有可能是經常需要到處去，或有廣泛接觸人群的意願，總之外勤、外務、出差，或是商業貿易和旅遊業都是水星十宮的主事範疇。

最後一說，水星的多變也示意在工作上訊息萬變，潛藏著很多不可遇知的可能變數，此時水星則代表命主反應迅速，做事靈活彈性，有隨機應變的能力。正因為此，安定對於水星來說卻沒有好處，反之，只有在複雜多變的環境下，才能發揮水星的優勢。

十宮名譽宮遇有少量沖刑甚是吉利，代表因壓力而來的推動力，如水星遇有硬相，即代表事業常有阻礙或中斷，不順之意尤確，但往往因為這些變化，水星才能因緣際會而得到充分發揮。再講，星宮的人具有良好的組織及計畫能力，對於他們來說，成功絕非偶然，而是源自其精心規劃和步署，只不過水星計劃絕非一帆風順，但他們勝在懂得及時修正，在變幻中找出成功竅門。

【十一宮】：水星落於任何宮位都容易與相關人士發生口角衝突，每每都有言多必失和與人反目成仇的下場，可見水星對於愈親密的人就愈多不良反應。但有利的是，十一宮代表的人物多數與命主素未謀面，大家不用投入什麼真感情，話題合適的一伙，話不投機的分開，加上只在於理性知識上的交流，避忌相對較少，當時人便可暢所欲言，無所不談。

鑑於水星的溝通性質，落於交際宮便十分有利與人展開交流活動，這些人話題多，交遊廣，社交力強，見人能八面玲瓏，長袖善舞，善於在不斷流轉的社交圈打轉。此外，喜歡交朋結友的水星愛分享理念資訊，行星在此有舌戰群儒的意味，事關這些人喜歡在眾人面前演說，滔滔不絕地分享個人見解和心得，又或是熱衷參加一些研討會和團體活動，從朋友團中獲得社會資源或商業資訊。由於水星普遍口才了得，對圈內活動熱情投入，便不難快速成為團體中的活潑分子。

本質上，水星十一宮都是有理想大志的人，懂得利用團體來實現個人目標，有豐厚的人脈關係更可謂是他們的優勢。但礙於水星善變，其立場也容易受到影響，更會隨著周圍環境及活動圈子改變而改變。同樣地，這些人也不拘泥於一黨一派，為了達到成功，今日可以是左派，明日可以是右派，後日可行中間路線，因此在這些人的生命中，相識滿天下，知己沒幾人，新知舊雨不計其數。

【十二宮】：十二宮是個純感性的宮位，水星的理性在此便變得無用武之地，可見這些人的想法均是以情感而非理智決定。加上水星的失效，導致命中人普遍缺乏自信，不太喜歡表露個人想法，有隱藏及自我封閉的傾向。另行星在此，對外界的適應力相當麻麻，他們不喜歡與人交流分享，也不能以清楚和有條理的分析去了解及表述問題，溝通不良之事便時有發生。

此外，行星的特性如邏輯、速算、高效和數學在這裡都顯得不太靠譜，所以這些人易因小失大，經常為了瑣碎事而操心，但卻容易忽略了真正重要的事情，換言之，這個宮位的人「不醒目」。

可是，這個水星不利於急速表達與及外界的溝通，但卻加強了其人的心思和幻想力，其寫作能力比口辯可能更勝一籌。事實上，這個宮位的人很少開口說話，喜歡藏而不露就算是遭人誤會，也不會主動為自己辯護解釋，反而星宮的人喜歡獨自研究與學習，能夠埋頭苦幹做事務，是實事求是而非口水多多的類型。最後，如果這顆水星再遇上不良相位，則容易引發負面聯想，或有神精緊張等問題。

補充閱讀：行星匯聚

2016 新春時分，早上約五時半至日出前仰望星空，可以發現有五顆光亮非常，明顯出眾的行星排列於天空上，這五星就是水星、金星、火星、木星和土星。當中以金星最閃亮，其次是木星，而呈橙紅色的火星及黃色的土星也很易辨認，但礙於水星較接近地平線，加上亮度較暗，需要細心觀察才能看到。

由於此天文現象出現於「立春」時份，因而引起世人的關注和迷惑，報章媒體成勢引述一些玄學界人士的見解，並將五星在黃道上的慣性說成是百年難得一遇的「五星連珠」，當時譁眾取寵，導人迷信之說可謂不絕於耳，當然，寧恐天下不亂正正是新聞人之一貫手法，這樣才能突顯出新聞價值。

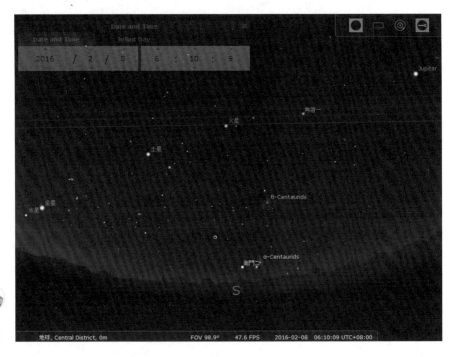

　　從地球的角度，行星繞日公轉時有在黃道上排成陣列，也時有會聚成群的可能。而占星上的「會合」，或天文上的日蝕、月蝕；水星凌日、金星凌日；金星合日、木星合土星等都是「合」的天象，星學上將三個或三個以上的行星接近統稱為「行星會聚」。事實上，五星橫跨數個星座是常有現象，一點也沒有特別之處，假如五星的匯聚角度少於30°（一個星座）才算是罕有的「五星連珠」，肯定的是，星群的匯合角度越細（>20°），天象便愈為罕有。

「行星會合」的天象除了經常被占星家用來預測政權更迭，還會用來預測全球性天災和嚴重人禍，然而真正的「五星連珠」事件，筆者手頭上有很多資料，相關話題在《運限編》再作補充。但以個人之見，2016 的「行星匯聚」沒有所謂的吉凶之意，但假如從觀星的角度出發，確實上是個美境。

西洋占星III《行星編》

第五章・金星 ♀

金星

守護星座：金牛座、天秤座（第二、七宮）

廟：金牛、天秤　旺：雙魚　利：處女　陷：白羊、天蠍

屬性：吉、冷、濕、陰

心理：喜好 Love

週期：225 日一周天，20 日一星座，日行 1.5°

身體：喉嚨、肺、腎臟、腰

人物：情人、伴侶、姊妹

逆行：每年半一次，週期約 45 天

神話

阿佛洛狄忒（Aphrodite）是希臘神話中的美神，在羅馬神話中為維納斯（Venus），此神掌管美麗、愛情和性慾，並同時執掌航海與及人世間的所有情誼。

據說愛神是由烏拉諾斯的陽具和大海融合後，從泡沫誕生而出，所以希臘語中「維納斯」也是泡沫的意思。阿佛洛狄忒是天神選美大賽中的冠軍，祂被視為擁有最完美身材和樣貌的第一美神，獲得了象徵最美麗的金蘋果。

由於愛神天生麗質，眾神天使對她非常愛慕，所以其追求者眾，甚至是祂的父親宙斯也曾追求過她，但卻遭到拒絕，宙斯一怒之下竟把女兒許配給又醜又瘸的火神赫淮斯托斯（Hephaestus），不過阿佛洛狄忒所愛慕的是戰神阿瑞斯（Ares），並與祂生下了丘比特（Cupid）和依洛絲（Eros）。丘比特擁有愛神箭，依洛絲則擁有愛神戒，兩者都是愛情的象徵。維納斯有感於宙斯的不忠和愛拈花惹草的性格，不希望女兒重蹈覆轍，乃設計了愛神魔戒，希望女兒在找到真愛時，將魔戒套住對方，令他成為自己忠貞不二的伴侶。

但矛盾的是，這個媽媽只准自己多情，卻不許女婿花心，一方面愛神本身已有火神和戰神作為丈夫，另外祂亦與其他神祇，甚至是和人間男子等眾多愛人育有兒女，因此在神話中，愛神又是多產及豐饒的象徵。當大家看完這段神話之後，才知道其實結婚戒指是女方送給男方，才能有效發揮永恆愛情的神奇魔力。

行星特性

金星（Venus ♀）是天上第三耀眼行星，此星早在蘇美爾人時期已備受尊崇，認為行星與帝王的命運有關，並是僅次於木星的吉星。金星與水星都是內行星，從地球角度所見，行星時常都在太陽附近出現，此星與太陽不會超出 48°，即最多分隔二個宮位，行星同時分有東西大距，東大距日出叫「啟明星」，西大距日落叫「長庚星」，中國人又稱

之為「太白金星」。

　　說個故事，金星在占星學的角色為美麗的千金小姐，是「白富美」的代表人物，她本身十分欣賞太陽，並對他表慕傾心。太陽和月亮本為一對是眾所周知的事，所以在這段三角關係中，金星和月亮都是情敵。可是，金星始終善解人意，接受了日月為天生一對的事實，她不但沒有嫉妒對方，更時有幫助兩者調解不和，間接有助維繫他倆之間的感情。雖然金星沒有得到成熟穩重的太陽，可她的追求者眾多，得到雄偉壯健的英雄火星深深愛上，時時刻刻都保護著她。

　　月亮和金星同是女性／陰性行星，兩者感性，重視精神感覺，有「水元素」特質。如嚴格細分，月亮屬於妻子，金星屬於情人，行星反映命主的愛情觀、戀愛運、人際交往與及對待情誼方面的態度。假如月亮代表心目中的理想妻子，金星就代表心目中的最佳情人，此星是個人內心小女孩的投映，在男性星盤上反映愛慕的類型，代表心目中的女神形象。在女性而言，則反映在情人面前表現出來的感情特質，所展示出來的女性魅力，與及其情感需求之所在，如何吸引獵物（求愛）的方式等等。

西洋占星III《行星編》

　　宏觀意義上，金星代表「愛」與「被愛」的需求，此星情濃蜜意，兩情相悅的意味甚濃。而金星意欲主要發揮在精神上，卻不在肉體，加上行星有濃厚的道德觀念，其性傾浪漫柔情，象徵清純聖潔的情感接觸，所以如是未婚者或初步交往，看好感對象首重金星。再說，金星所謂的「愛情」應理解為「喜好」，因此除了親密情人之外，行星的代表人亦可以是合作者、結合人和協調人，甚至是供應者的角色。

　　從「喜好」再度引伸，行星又與興趣嗜好和開心好玩之事有關，只要能令人愉悅都是金星夢寐以求，這些人會不斷地找尋一些能令自己保持心情愉快的活動，可說「尋歡」是行星天性，所以金星宮位也反映個人喜好及興趣事項。

金星的另一大特徵就是美麗，在希臘神話中，維納斯既是「美神」又是「愛神」，與其說金星掌管愛情，倒不如說她善於制造吸引力，藉此讓人對自己產生好感和愛意。

金星具有圓潤美化的修飾力，具時尚設計和風格，有美化協調事物的能力，行星象徵包裝過、美化後的人格表示。本質上，金星在星盤上的主要作用是發揮令人喜愛自己的魔力，這個漂亮女神會帶領你，教導你如何粉飾裝扮，如何展示自己最美一面，如何散發出個人魅力，變得格外迷人。因此看一個人愛不愛美，貪不貪靚，儀容外表出眾與否，甚至其誘惑度、取悅力和凝聚力的強弱，金星的狀態尤其重要。加上整個希臘時代都在推崇精益求精，從他們的建築、雕像、油畫和馬賽克來看，都包括了美輪美奐的工匠精神，所以金星也是顆「藝術之星」。

中式術數而言，金星可稱為「桃花星」，桃花的廣義包括美麗、人緣和異性。金星在外給人美貌、品味、氣質及藝術才華，在內則告訴你什麼是「美」，行星能強化人對美的感受，加深對美麗事物的鑑賞力。因此我們喜歡什麼，認為什麼才是美，或被什麼吸引都是由金星負責。而金星對美麗的判斷，大都離不開和諧自然、高貴優雅和潔淨芳香，基本上所有人世間認為的「美事」都是金星所喜悅的。

「桃花」的另一定義為「人緣」，金星本身有協調性、順從性、依附性、親和力和親密感，所以行星喜歡合群，渴望與他人接近，熱忱與人建立伙伴關係。事實上，金星很怕孤單，定要人有相伴，因此行星會驅使人與人建立情誼和關係，鼓吹你主動去尋找志同道合或加入一些興趣團體，認識有共同價值觀的夥伴。所以盤中人如何跟人打交道，如何與人合作或建

立關係都可從金星星座獲得。

金星是眾行星之中，交際能力最為出眾，行星的人話語婉轉溫柔，潤滑平和，就算意見不合也不會給人不適感覺。更溫馨的是，金星每每能站在對方立場著想，凡事以人為本，將心比己，以心致誠。從白羊相對天秤而言，金星總能從多個不同角度作出考慮，務求找出兩全其美的中間平衡點。因此當星盤上金星氣質特別強烈之時，這些人有能讓周遭氣氛變得和諧，讓大家感覺良好，由此可見，金星不但反映著男女關係的好壞，也能夠反映個人的社交能力和整體人際關係的結合度。

金星之所以這樣受歡迎，也和行星喜歡分享與及愛享樂的天性有關。說實在，金星是個切切實實的享樂主義者，並是一顆聲色之星。此星令人渴望享受閒情日緻，只要是能夠令人放鬆休閒的東西，例如美食、音樂、色彩、藝術、舞姿和娛樂，或是官感上的歡愉都是金星理想追求的生活態度。如此一來，金星熱愛與人傾偈，訴說生活中的點滴，分享一些開心愉快之事，例如去了那裡玩，吃了什麼美味大餐之類，可見行星能給人幸福愉快的感覺。

但礙於有此享樂至上之風，這些人只管食渴玩樂便會給人無所事事，好食懶非，嚴重者更有放縱、縱慾，以及不斷推卸拖延的傾向。並由於金星的自轉速度非常緩慢，其一天相等於 243 個地球日，比金星的一年還要長，所以一切需要效率及盡責的工作，切勿交與金星執行。

正因為此，金星不利事業，行星只會做自己喜歡做的事，或最合乎個人值觀或主觀意願的工作，你不用旨意他會專心投入不好玩或苦悶設限的事情上。

為什麼金星不喜歡工作，原因它是「財星」而不是「權星」！金星掌管資源運用，有獲得及凝眾資源的吸引力，它代表物質財富、固定資產和奢華享受。在先天而言，反映個人的價值觀、金錢觀和追求富足的態度，金星宮位能夠反映一個人的理財方式、賺錢能力、個人得益與收

稼等等，此行星也會告訴你，擁有什麼才會讓你覺得心滿意足。

金星講求「自愛」，假如理解水星為「得不到」（不停流動），金星就是「完全擁有」的意思，由此引伸金星有強烈的操縱和佔有慾，但行星採用的是軟式手法。有趣的是，在整個古希臘時期的戰爭，幾乎都是由爭奪美女而引起，最知名的例子可算是特洛伊戰爭（Trojan war）的海倫。

本質上，金星是一顆緩慢而穩定的吉星，而急速、忙碌、偏激和波動是行星接受不了的，所以金星有促進事物的穩定性，有緩和衝突的作用，此方面如落於財帛宮代表財政穩定，在人士宮象徵關係和諧，在田宅宮主生活安定等等。

不要以為只有水星才是商業行星，其實金星也有一定的商業價值，它給人更好的交涉技巧，有助個人想法更容易被人接受，另外評估和微調都是行星專長。一般的商業交易，買方想低買，賣方想高沽是必然的事，在此金星能讓你冷靜客觀，一方面告訴你現實情況，促使你叫價合理，另一方面給你耐性與對方磋商，細心聆聽，找出別人話語背後的底線，從中嘗試找出一個公平，你我都能接受的中間價或令雙方更為接近的意見。由此可見，金星只走中間路線，絕不依據主觀意願來作出判斷，又不是刻意來張就或取悅對方，可見尋求共識、取得平衡是行星本意，「雙贏」是金星原則。

原來在占星學上，一個幸福美滿的婚姻是與個人財政劃上等號的，事關「愛情」和「金錢」都由同一行星所掌管，這個關係尤其在開始和結尾之時表演最為特出。不難設想，當戀愛開始，男女相方總想把最好的東西送給對方，但隨著時間的推移，感情出現裂痕，甚至決定分開，當夫妻在法庭上對峙或打算分手時候，便變成了希望在對方身上分得最多的心理，可見金星的精神性與物質上也有巨大關連，因此如星盤上的金星狀態良好，不但感情和諧，財來易得，此方面與中式術數以「男命以財為妻，又為錢」的看法可謂不謀而合。

- 金星光度極光，行星只有在清晨及旁晚可見，上圖以普通智能電話拍攝，可見此星極為明亮。

金星逆行

金星平均每年半逆行一次，每次為期大約個半月。

金星逆行 (2018 ~ 2025)
5/10/2018 ~ 16/11/2018
13/5/2020 ~ 25/6/2020
19/12/2021 ~ 29/1/2022
23/7/2023 ~ 4/9/2023
2/3/2025 ~ 13/4/2025

金星的本質如愛情、喜好、社交、愛美的追求，或是金錢、價值觀、審美觀與及人生享受都會受到逆行而變得無感及遲鈍，或關係之事停滯不前，當中以感情影響最為直接，此時命主更有反思所愛，價值觀的調整，重新審視個人財務的念頭。

基於和諧、欣賞、親密、和洽有禮之星失效之故，這些人情感表達力沒有了，不善社交之餘，也不需要別人的認同，更不會站在別人的角度著想，因此金星逆行第一件壞事就是不利人和，此時易與人產生摩擦矛盾，容易發生紛爭衝突，脾氣不好人緣自然差。

在金星逆行期間，人不懂珍惜眼前，只想回憶美好的過去，對於那些人、那些事都特別懷念，也暗示舊愛及舊情誼的重現，甚至想與故人重修舊好，此時撞見故友或舊情人也是有可能發生的。本質上，金逆代表感情上的不穩或反思，此時遇到感情困擾，面臨分手或難題卻在所難免。不過，逆行就是叫你「深思」，這是重新檢視現有感情的時候，如此時能重新反思別人和自己的需要，說不定可想出另外方法，藉此改善和某人的關係或解開內心的鬱結。據個人經驗，金逆時期的而且容易令人冷感，個性變得現實，不希望和沒有利益的人往來，所有關於未來美好的希望都會消失。

另金星逆行會導致人的美感變差，從近乎完美妝容變為金逆時的不修邊幅，不講美麗是金逆的第二件壞事。此時一切與選美有關，如買衫、剪髮、造型設計，甚至家居裝修都容易選擇錯誤，直到金星順行才發現想像中不如美好。終歸到底，金星象徵的審美觀，逆行時不易正確地作出判斷，並此時個人的喜好亦會與前不同。總而言之，金逆切勿安排結婚、新合作、大量花費和作出關係的決定，甚至整容或家居修飾都不宜。

個人星圖上，金逆代表情感冷淡，情感不輕易表露出來，如行星遇上不良相位主當時人心態封閉，對人難以敞開心扉，需要很長時間才能與人建立情誼關係。但另一方面，這些人通常早熟、早戀，但不容易開

花結果，此外，人際差、與母親不投緣或缺乏異性助力都是逆行帶來之負面反應。

可是，逆行只是短期現象，金逆代表不擅表達卻不等於沒有感情，相反，這些人更可能用情深廣，其情慾放縱，桃花混亂，並易有奇怪的感情事，先天金逆反而是個多情種子的星象。

最後，當金星一旦回復順行，之前在感情上的緊張便會得到紓解，關係就會大大改善。

金星掌丘

金星丘位於大拇指的下方，在生命線內側，相對上是手掌中最肥美碩大的一塊肉。此掌丘反映一個人的健康和體魄，並有人緣及桃花方面的啟示作用。

金星丘宜發達飽滿，代表身體健康，精力過人，魄力十足。如金星丘紅潤飽滿者，其人感情豐富，心性仁慈和善，有溫暖熱心，他們性格熱情、大方、不計較，懂得關愛別人。再者，金星丘掌管所有「情」，此情不獨男女之情，連子女、家人、夫妻和朋友間的情都包括在內，可見擁有一個飽滿的金星丘，人緣好便自不然桃花暢旺。

水星丘掌管商業，金星丘則掌管財富，代表儲蓄和固定資產，所以如金星丘豐盈者十分重視物質的擁有，另他們很會享受，是富裕福厚的表示。

如金星丘過於發達者，主人好食懶飛，只管享受，其性需要也較一般人強，女命更主情慾氾濫，性慾不易滿足。相反，如掌丘過於凹陷的話，即表示此人身體虛弱，對愛情冷感，如是女性則反映生育能力弱，為不孕徵象之一。同時，平坦的金星丘亦表示此人為精神型，不太追求物質上的豐盛，缺乏同情和惻隱之心，並易有自命清高，不食人間煙火的想法。

西洋占星 III《行星編》

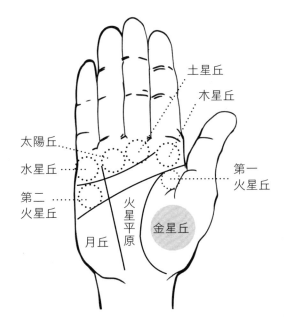

土星丘

木星丘

太陽丘

水星丘

第一
火星丘

第二
火星丘

火星平原

金星丘

月丘

金星宮位

「金星宮位」可說是生命上最舒適愉快的地方，宮位宏觀地反映快樂層面，此方面如喜好在哪裡，柔和軟性的關係，浪漫美感之所在，什麼地方可以找到愛人和付出自己愛的方式等等。有關「金星星座」的內容，將在下書與對星組合一同解說。

【第一宮】：金星既為占星學的吉星，當然有它的理由，此星不論落在任何宮位都好處多多，優點易被彰顯，但壞處卻不見得，如今立於命宮更是美麗、富足和福氣的表示。

金星落在第一宮以盛產俊男美女而聞名，這些人大都儀表優雅，人有秀氣，衣著打扮合適入時，一般外表甚為討好，以「天生麗質難自棄」用來形容就最為適合不過。此外，金星也為他們帶來了良好的人際關係，基於行星待人接物親切有善，談吐舉止大方得體，加上命主重視平等，懂得人情世故，能顧及對方感受，表裡內外都散發著一股溫暖的

親和力，從而給人很想親近的感覺。

　　說到親近，便不可不提金星乃「受寵愛」之星，這個宮位的人從小到大都受到寵愛，易討人歡心，然而父母、長輩及老師對他們都愛護有加。除了上級，在同輩朋友間亦同樣受到歡迎，事關金星的人有同情心，有樂於助人的心性，他們除了出錢出力去幫人，也會在心靈上給人慰藉，給人幸福平安的感覺。的而且確，金星主張皆大歡喜，強調快樂人人有份，他們善於製造溫馨和諧的氣氛，對於麻煩能以柔制剛，不著聲色地化解矛盾糾紛，有令場面緩和的能力。

　　花之所以招展，無非都是為了吸引異性，所以金星一宮的人不論男女均異性緣重，這些人基本上什麼都不做，都會惹來狂風浪蝶，通常都是人家主動求愛的為大多數。再講，金星怕寂寞無聊，無時無刻都想有人相伴，什麼事情都想找人分享，需要被愛包圍的感覺，如此一來，試問單是一個良朋知己又豈能滿足他們心靈及時間上的空虛，因此金星的人便時有三角關係的出現，又或因不懂拒絕異性而導致情人們的爭風呷醋。總而言之，「情」是金星立命者一生均離不開的話題，桃花太盛容易給人帶來煩惱是非。

　　有這樣的煩惱，某程度來說都是自找的，事關這個宮位的人性格優柔寡斷、沒有主見，更重要是他們依賴心重，傾向以他人的決定作為自己的決定，以他人的目標作為自己的目標。不過，說他們人生沒有目標又不全然正確，從金星作為藝術之星可見，立命的人確實有藝術天份，富審美眼光，大有利從事美麗相關的事業。

　　的而且確，這些人頗有美感和時尚觸角，什麼事都以美觀和舒適為大前題，容易被多姿多彩和精美細緻的事物所吸引，而且他們很捨得花費，尤其是用於能夠美化自己的東西上，例如化妝品、服飾、香水、鑽戒和靚手袋都是他／她的囊中物。然而，他們的打扮並非刻意給誰看，某程度上只是為了討自己歡心，是取悅自己的一種方式而已。由是觀之，就算他們只是落樓下買個早餐，都會先行飾心妝扮，務求以最美的

一面示人。

要留意的是，金星愛美是結構性的，所以盤中人的「自戀」程度尤其特出，他們總認為自己最是優秀，擁有的東西最具價值，並以此在別人面前吹噓炫耀，不自覺地流露出傲慢的氣息。

說金星命宮是個福氣之人是無錯的，無他的，皆因上天給他們安樂本性，這些人與世無爭，貴人力強，對錢財不著緊，對事業不擔心，他們追求只是奢華生活和享受無節制的浪費，工作對於他們來說都只是賺錢買花戴，還有一生無災無難，還要健健康康，長命百歲，人生如此，夫復何求，試問如果這些不是前世修來的福份，又該如何解釋呢？

【第二宮】：前文說金星是「白富美」的化身，如今落於財帛宮，當然彰顯就是「富」的一面。

相信這個星象令很多人夢寐以求，事關金星有平穩、累積和舒適性，落於財帛宮代表有豐盛的物質生活。更重要的是，這個宮位不太會為進財而憂心，是財來易得，有輕鬆舒服得財之意。但是，金星本質不主大財，在此更強調用來花費，當然有財可花亦表示身家有一定的豐厚。

無可否認，金星二宮的人確是懂得享受，他們有追求奢華生活的態度，每每要求食好往好，喜歡美麗、昂貴而不太實用的東西，例如名貴服裝、珠寶、首飾和擺設，還有收藏藝術珍品的愛好。如此一來，天生是個購物狂的他，一有錢就想花掉，錢儲不了多少，但價值珍品卻滿屋可見。再者，金星強調「佔有」，他們只想獨佔美麗而有價值的東西，但行星只懂實物，反之對數字毫不敏感，他們寧願儲黃金也不儲油印機印出來的銀紙。

在心態方面，這個宮位的金星頗為勢利，他們會以物質財富來衡量他人，比較喜歡與一些「富」與「美」的人來往。與此同時，他們有

著奢華不實用就是「矜貴」的價值觀念，是一分錢一分貨的忠實擁躉，認為貴就是美好並不相信價廉物美，就算買牙籤都以選購最貴牌子為大多數。

星象的另一重點是因感情而得利，宮中人的一生能與他人合作而獲益良多，例如合作做生意，亦可以是因婚姻關係而致富，甚至當時人本身出生富裕，家族有大筆財產留下。正因為此，命主對錢財疏爽，甚為揮霍無度，男性則對心儀女性慷慨大方，不介意花大錢來取悅女性，喜歡以錢財及實物來示愛。最後要說，對於這個美好境況的大前題下，金星絕不能纏上別的凶星或硬相。

【第三宮】：話說金星是一顆「桃花星」，它所落在的宮位，與相關代表人物的感情就愈好，如今落在兄弟宮，即是說盤中人與兄弟、姊妹和同學，或是鄰居的關係都特別親近，此乃重視「手足之情」的星象。

三宮是童年學習時期，金星的喜悅得到發揮，反映童年生活過得非常愉快，命中人不但得到老師的寵愛，也有眾多要好的同學一同學習玩耍，這些兒時玩伴甚至在將來長大後也時有聯繫，真摯情誼能長久保持。這些人也是一位和平主義者，命中人為了人際關係的和諧，本性傾向妥協和忍讓，不與人衝突也不會給人壓力，而且懂得關心別人，能顧及別人之所想，可見有他在的場合都能凝聚一定的人氣。

金星三宮表示有學習方面的興趣，這些人愛讀書，善詩文，好詩詞歌賦，尤其以美術、音樂、設計、藝術及文化方面的成績最為特出。金星在此容易擁有一把「好聲音」，他們說話動聽，五音齊全，語調適中，言談舒服，唸詩及演說特別動聽。再想，金星有美化和修飾之性，宮中人天生寫作力強，擅玩弄言語藝術，不論語文或文學都容易有出色的表現。除此之外，三宮的金星喜歡外出，鍾意周圍去，是外向活潑的類型。

在眾多宮位當中，金星在此發揮的愛情魔力最弱，男性的喜歡對象多數是青梅竹馬的兒時玩伴，或是鄰居故友，甚至有機會是表親戚關係。總而言之，三宮的情傾向親情，對親人的關愛多於情人。

【第四宮】：田宅宮和金星星性臭味相投，星象表示有一個溫暖和諧的家，亦反映居往環境及生活穩定。由於宮位基本上覆蓋了人生的所有階段（童年、婚後和晚年），得金星眷顧代表一生都能享受幸福愉快的天倫之樂，星象的幸福人生感覺強烈。

金星在此，愛家是肯定的，這些人喜歡待在家中，不喜外出，說他／她是「宅男女」一點也不過份。行星在此有效維繫家人的感情，當中所有家人如父母、兄弟、姊妹，甚至宗親、同鄉、民族及國家都是命中人情之所及。要強調的是，四宮是個女性為主的宮位，所以命主與家中所有女性，如母、妻、姊、妹、女的關係特別良好，然而這些女性對之亦特別關愛，助力也特別強。與三宮童年情況相約，金星反映命主從小就在一個良好的家庭中長大，多有美好的童年回憶，假如金星沒有遇上其他凶星及硬相位，家境富裕的意味便更濃。

這裡的金星主家居環境舒適，佈置裝潢美麗，地方清潔乾淨，家中充滿悠然氣息。的而且確，命主有安居樂業的訴求，嚮往與親密家人共渡美好時光，甜蜜溫馨和美麗家園都是你的渴求。幸運地，金星也告訴你此生多有機會享有豪華大宅，而「家」亦都是你的主要財富，一來命中人喜歡花錢美化家居，家中珍藏眾多珍品貴寶，二來也傾向投資房地產，把大部分資金都投放在樓宇物業上。

基於「喜好之星」落入家中，所以命中人會視所有家頭細務，如清潔打掃、洗衫煮飯為個人興趣娛樂，不難想像他們會為家人烹調食物，大都能煮得一手好菜。男性則喜歡賢妻良母的類型，拍拖對象多數為婚姻對象，但這個宮位傾向晚婚，但無礙婚後幸福生活。

金星四宮也意味著晚年生活過得舒適自在，退休之後過著富裕的生

活，兒孫滿堂，悠然自得。總括而言，「家」是命中人一切幸福快樂的泉源。

【第五宮】：這個宮位的金星，「愛」的意味最濃，並是最能夠發揮金星「情」性最大效力的地方。

金星五宮的人可以用多情種子來形容，事關這些人風流倜儻，有怡人風采，通常都是俊男美女，外表顏值甚高。他們天生就是大眾情人，有一種令人一見傾心的魅力，所以其追求者眾，愛慕者多，容易惹來狂風浪蝶。在心態方面，金星五宮的人生性浪漫，感性多情，無時無刻都渴望著愛，畢生都沉醉在愛情的感覺當中。

金星在此最具情濃蜜意，命中人的桃花旺盛，異性緣重，愛情之事隨手可得，因此一生的風流韻事滔滔不絕，戀愛經歷豐富萬分。但是，始終金星星性被動，星象不論男女都傾向保守和矜持，若然對方沒有意願，自己也不會作出主動，可見「暗戀」為大多數，所以你說他是「情聖」又未免不盡不實。此外，這個宮位還有愛慕虛榮的特性，命主一來「自戀」，二來特別「自信」，普遍愛出風頭，想被受關注，有做明星的心態。

金星五宮亦都是最有品味，最愛玩樂，最好享受的。他們為了追求以上所好，甚不惜一切，花錢花得很豪爽，遇上喜愛之事（包括情人）更不惜一擲千金，命主有「有千金散盡還復來」的想法，認為賺錢目的就是要令自己開心。

說到玩樂，這個宮位的人特別貪玩，不管是什麼游戲都會令他感到興趣，但在這裡，五宮更強調投機賭博，所以如是撲克、麻將、賽馬及六合彩都可能是他們的嗜好娛樂。不過，既然金星是福星，上天當然會給予庇祐，命主通常都有不錯的賭運。

五宮又為「子女宮」，金星當然代表與子女的緣份深厚，親子關

西洋占星III《行星編》

係十分良好，星象亦示意孩子的長相都很漂亮，女兒比男兒更為優異傑出，或首胎以女為先。

【第六宮】：第六宮的關係人物為同事與及工作上的所有伙伴，金星在此，不問便知命主與這些人的關係相當密切，而且感情極佳。

可以肯定地說，金星六宮的人在職場上是個受歡迎者，這些人特別有同事緣，無論高層、低層、阿哥、阿姐都很喜歡你。金星在此很有歸屬感，有家的感覺，這些人與同事關係有如兄弟，就算下班過後也會與之聯誼作樂。又因金星的幸運，代表職場上的貴人多，容易博得重要人士的歡心，反映工作順利愉快之餘，職業亦相當穩定，對任職機構很是長情，往往可以留業很長時間。

金星在職業宮的另一特性就是人際交往，命中人主要從事對人方面的工作，或涉及藝術及美感的事業。又因金星的優點在於協調，雖然他們在別人眼中並不是十分勤力能幹的類型，但做事圓滑有彈性，重質不重量卻是星宮者的優點。此外，他們選擇公司也要求環境舒適怡人，甚至是裝修、氣氛和人士質素也會考慮在內。

金星宮位是個浪漫溫情的場地，人們在此易生戀情，所以星象亦寓意辦工室戀情的出現，盤中人的配偶就有可能是由同事關係而開始。但六宮的性質相對卑微，這些人多數是同級同事，甚至是比自己低級的下屬，可見金星真的視人人平等，不會以職位高低來阻隔與人深入發展的可能。

最後要說，金星在此也是一顆健康長壽之星，反映人身體健康，小病小痛。唯一問題是因為愛好美食，加上沉迷享樂，缺乏運動而令人肥胖，又或是易有高血壓、高膽固醇之類的富貴病。

【第七宮】：金星七宮可謂是個強勢位置，從這裡開始，行星有將「桃花」轉變為實質價值的意義，從前喜歡花費，現在卻可從人際關係

中獲益。個人認為，金星在此比五宮更覺優勝，亦因宮位本質帶有一定的約束力，就算盤中人的桃花何其強勁，如何受到異性歡迎，都不致於寡情薄倖。

金星在此，擁有美好、幸福、甜蜜和長久穩定的婚姻關係是可以預見的，他們的配偶相當俊美和富有，而且彼此可能早已認識，相方感情進展順利，自自然然有情人終成眷屬，早婚是星象特色。更重要的是，星象示意不論男女都容易因婚姻而得到好處，一方面地位得到提升，另外也容易得到錢財的饋贈。但切忌有其他凶星與之同宮，否則美好關係易遭破壞，好事最終落空收場。再說，金星七宮的人就算婚後仍然追求者眾，因此只要遇上半點凶星都有機會破壞大好良緣，不過，命主就算多婚，金星仍會祝福他們，給予幸福生活，還有愈嫁愈富貴之可能。

七宮人物除了夫妻，也是合作者的宮位，金星在此代表貴人在外，任何合作者與合作方式都有能為你帶來可觀利益，有樂於跟人合作經營事業的意味。七宮也涉及訴訟與協商，假如有一天命主遇上了法律爭議，從不喜歡惹事生非的他，寧可選擇和解也不會據理力爭，因此星象又有最佳「和事佬」及「調解人」的稱號。星象正好說明，如果從事中介角色、中間人、經紀或代理方面的工作，這些人可謂是最佳人選。另外，命主也因交際手腕了得，容易與人建立信任關係，有處理人士關係的專長，也十分適宜從事公關、人事管理或銷售等工作。

【第八宮】：本宮金星與七宮的情況有些相似，星象強調與人分享成果，能透過婚姻和合作關係獲得巨大利益，或許這就是「旺夫」或「旺妻」的星象吧！但在這裡更強調愛的完全擁有，以及物質上的絕對掌控。

「福氣」可簡單定義為不勞而獲，不須勞心費力便可擁有，金星在八宮，這種趨勢就愈加明顯，甚至可以說，在眾多宮位之中，金星在此的人最懶惰，最不務正業，最是遊手好閒。可是，這些人又真的可以不用努力，事關命主只要和目標人士維持一段良好關係，就會有人帶挈發

財，或讓你事業更上一層，甚至是承繼人家的衣缽。再講，八宮是個主管少數極度親密的人士宮位，而且宮性的權力及財力資源極為豐厚，因此命中人只需取悅少數人，就能得到一人之下，萬人之上的特殊待遇。

在感情方面，這顆金星極為深情，事關宮位的欲慾與金星的情感產生聯動，一方面這些人情慾旺盛，佔有欲強，性行為就是她們在這段關係上的確立象徵，也代表婚後性福美滿。此外，命中人有先性而後愛的傾向，他們對於性徵特別強烈的人充滿好感，不難發現，八宮金星對異性的要求很高，如男性不是家財萬貫，權力滔天，就是要求女方性感漂亮，曲線身材，有魔鬼魅力。在精神上，命主卻極度專一，是個一生只求一戀的人，他們對喜愛的人絕對情深情長，甚至是非君不嫁，非卿不娶，不求同日生，但求同日死。可是，就是基於有此執著，所以命中人的嫉妒心重，只要意中人與別人走得較近，都會使之產生猜忌之心。

本質上，八宮帶有凶性，如今有吉星把關，便寓意凶中藏吉。吉性反映命主有能從配偶身上無條件地得到好處，此方面包括財富和權力，當然事主也有可能要在「性」方面付出。而壞處是，星象有隱藏內心感情和欲望的意圖，說白了即是不能見光的關係。這個宮位的人，你說她「旺夫」可以，說她「剋夫」亦得，事關八宮的死亡威脅依然存在，星象亦示意盤中人有可能因為愛人的離世而獲得遺產或巨額保險金，總括而言，這個金星有用秘密感情來交換利益的意味。

最後，金星在這個宮位一旦花錢上來，絕對非同小可，其財利之大，絕對不容小覷，而且這些人沒病沒痛，無災無難，這就是「福氣」之由來。

【第九宮】：九宮是個距離遙遠的跨國位置，金星在此反映情在遠方，在外易有奇妙情緣，命中人只有放棄故土，踏足異域才能得到幸福快樂。

金星在此，可以說是最具詩情畫意，最富浪漫情懷，事關星象反映

異國情緣。這些人容易在旅途中或外地認識自己的另一半，從而經常遠走他方，或為了「愛」而不惜代價地頻頻往返，當然嫁到外地便能一了百了，定居國外亦不足為奇。更重要的是，星象強調一拍即合，愛意在一念間出現，命中人可以在極速時間作出親密關係之確立，或作出情定終身的決定。

這個宮位的金星很大膽，喜歡探索不同文化，嚮往異國風情，一個人到處去是他們的愛好，星座的人熱愛旅行是肯定的。另外，命主在工作上也多有機會外出工幹，重點是，不論自由行或公務出差，命中人總是樂在其中，而且，似乎他們與外國人的關係，在外際遇和事業發展，甚至是享受和運情都要比本地理想。正因為此，假如命主沒有異國姻緣，則代表常有機會接觸異地文化，例如任職國際機構，公司同事以外國人居多，或者從事國際貿易等等。

一般而言，金星九宮的人文化程度普遍偏高，兼且具有良好的考試運，大都擁有高等學歷及優異成績。另宮位的人多有宗教信仰，事關代表愛好的金星與高層次探索的九宮聯繫，導致人對於知識、學問和哲理都大感興趣，然而這些人普遍態度開放，能從容接受新觀點、新想法、新見解。最後，宮中人亦容易被學識豐富，聞多識廣，充滿哲學觀的文化人士所吸引。

【第十宮】：金星在事業宮，即是說以人緣、美貌、感情來建立名氣，利用自身魅力和人際關係來達到事業高峰。這些人適宜從事一些交際應酬，表演娛樂，總之是面向群眾，需要拋頭露面的工作就最為理想。

金星十宮是明星偶像及大眾人物的星象，宮中人很有大眾緣，易得社會名聲，是個受人歡迎的格局，星象並有以名生利的特性。這宮位的人懂得包裝打扮，善於營造個人形象，對公共關係尤其重視，甚具外在吸引力，而且其態度親切友善，與什麼人都能建立深厚交情，以上所述都是宮中人在外所得的美名，是他們建立成功事業的資本。

除此之外，貴人力強和自己爭氣都是金星十宮的特徵，命主通常與父親、上司的關係特別良好，從而得到前輩的關照和提攜，或因婚姻或戀情在職場上取得優勢，地位藉此瞬速提升。

　　再說，命中人的奮鬥心強，常勉勵自己力爭上游，理想成為人中之龍，鳥中之鳳。更厲害的是，他們擅於以柔制剛，懂得利用人際關係和軟實力，然而他們獨有高超的外交手段，不用強權也會讓人心悅誠服，甘心情願為他們辦事。

　　金星在此，人的事業心比感情心重，對於他們來說，名譽及地位的渴求往往超越對感情的興趣，實際利益遠比浪漫愛情更加吸引，因此他們並不介意和金錢地位而結婚。男性傾向門當戶對的政治聯婚，女性則希望嫁給地位崇高的人士，藉以攀龍附鳳，好讓自己的成就和婚姻交織在一起。由此可想，沒有一定的身份地位和利用價值，命中人都不可能會愛上。

　　在職業選擇上，命主較適合從事文化、藝術、美麗和服務有關的工作，當中又以女性客戶群最為有利。

　　【十一宮】：所謂：「天時不及地利，地利不及人和。」金星在交友宮，就是人和關係的最佳表現。

　　金星十一宮的人相當有大眾緣，這些人人緣好，很受歡迎，有很多的擁護者，是個公眾寵兒。命主天生魅力過人，有明星風範，一直給人良好形象。特別是在公眾場合，總之在人多地方就愈能發揮其交際魅力，由上可見，這些人大可從事影視娛樂方面的工作，易有成名天份。

　　「知己滿天下」亦都是這個宮位的特色，與水星的交談不交心的態度剛好相反，雖然十一宮主管人際關係的最外層，但金星並沒有因此而對人冷落，不論是什麼人，命主與之相交都是以心相向，是真心誠意的

付出。如此一來，人脈廣和貴人多可以說是命主的最大優勢，他們認識的人眾多，形形色色不局限於單一圈子，加上本身對人好，每當遇上困難都會有人真心相助，這些情誼帶來的利益，不論在公在私，對人生都有很大的助益。

十一宮反映共同理念，命中人喜歡有樂觀前境，對未來有美好祝願的人士。金星在此，即意味男女相方都因為共同目標而相愛，但在這方面並不需要很大的理想，可能只是有相同見解，有共同的興趣和嗜好便可，其感情看來是比較隨意，沒有什麼機心和企圖。事實上，這個宮位的戀人通常都有相類似嗜好，很多時都是透過朋友及團體活動而認識，而且這些關係發展瞬速，可能只是一個興趣班，一次旅行，一場活動就能把他們串連起來。

須留意，宮中人有可能把友情和愛情混淆起來，對於他們來說，朋友（Friend）可以變成戀物（Object）而非戀人（Lover），而戀物也會有朋友的關係。因此宮位也有些慢熱和長情者，這意味可以由多年的老友而變為夫妻，畢竟十一宮的愛比較矛盾極端，感情可快可慢。

【十二宮】：金星在十二宮，大致可以用金星在雙魚座的情況來理解。

在性格方面，命主個性低調而內斂，不太喜歡引人注意，不會有過多的情感表露，也不會展現自己的虛榮心。由於心態封閉，傾向孤獨，這些人的朋友不多，桃花貴人的助力也不顯。但不是說他們毫無感情，相反，金星十二宮的人很溫和，其情感豐富，極具同情心，但他們的愛只會投向眾生，這些人有「先天下之憂而憂，後天下之樂而樂」的崇高理想，當看到弱勢社群遭遇不幸，有能的話絕對會施以援手，其潛意識喜歡幫助人，在他們身上看到的是「大愛」精神。

金星在這個位置寓意感情上的缺憾，缺憾反映在「遇人不淑」或「牽絆的愛」，命主不知何故總是愛上不應愛的人，戀上沒有結果的愛

情，甚至是被人欺騙，他們的一生總是不斷地找尋真愛，但結果都是一次一次的失望，星座易遭遇愛情上的挫折。另外的一個較好情況就是地下情緣，命主又不知何故，和戀人關係總是不便公開，可能是不倫之戀或是情人的身份神秘，可說「不可見光」和「戀情守密」都是金星十二宮的特色。

其實，這些人與你我一樣都欲望心重，渴望擁有財富、美麗及得到他人的讚賞，只不過金星在此的迷失，從而導致金星本性不易顯露而已。

補充閱讀：瑪雅人的末日論

說到金星，便不得不提瑪雅文明，其實「金星文化」即等同「瑪雅文化」，世界上各古老民族，唯瑪雅最懂得利用金星，他們的瑪雅曆便是以金星週期作為基礎。另一方面，他們欣賞金星也同樣畏懼金星，事關對於他們來說，金星的耀眼卻意味著戰爭的到來，甚至是毀滅的凶兆。

瑪雅文明曾預言 2012 年 12 月 21 日為世界末日，在這之前，這個題材甚至被拍成災難電影《2012》，從而引起世人對於末日的關注及恐懼。當然，這個末日預言並沒有成真，所謂的末日論，正確來說是一個大曆法的週期循環，代表舊時代過去，一個新時代降臨，這個時代也稱為「水瓶座時代」。

在了解「水瓶座時代」之前，不得不提及瑪雅曆法，根據瑪雅人的長曆法（Long Count Calendar）記載，2012 年 12 月 21 日將是本次人類文明終結之日。瑪雅聖曆《卓金曆》（Tzolkin Calendar）所描述有關「大週期」的預言，「大週期」指的是從公元前 3113 年起到公元 2012 年為止這段時候，地球以及太陽系正通過一束來自銀河核心的射線，這束射線的橫截面直徑為 5125 地球年，當我們的地球走出銀河射線的範圍後，整個太陽系將進入「同化銀河系」的新階段。

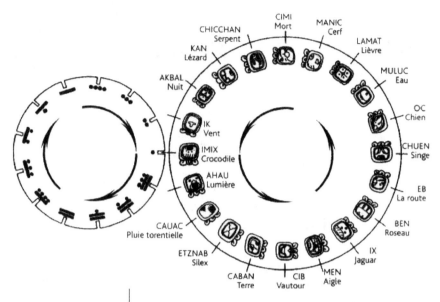

- 馬雅聖曆 ——「卓金曆」可謂是瑪雅人生活不可或缺的一部分,他們視聖曆為神聖事務的決策系統,這方面有如我們的「通勝」,舉凡生老病死之事、靈性上指引、農作時間與及日常生活事務,都會根據聖曆指示每天的不同能量時間來處理相關問題。

　　根據瑪雅曆法預言,我們所處的世界共有五次毀滅和重生,即所謂的「太陽紀」。按照這個傳說,現在我們正處在第四個「太陽紀」,而2012 年將會是「第五太陽紀」的開始。瑪雅人甚至認為,在每一紀元的結束都會引來巨大的毀滅和災難,據記載有洪水、地震、火山爆發、海嘯、巨風、陸地沉沒,甚至是巨人的出現、太陽風暴及兩極磁場變換等等。

　　巧合的是,2012 還有兩個極為罕見的天象和地理預測,甚至是屬於國家級機密,第一個是美國宇航局 NASA 預測地球磁極將於 2012 年發生顛倒,並太陽黑子預期在 2012 年達到最大峰值,屆時地球會發生強烈的厄爾尼諾現象,若然此危機真的發生,地球上的所有生命定必遭受到威脅。

西洋占星 III《行星編》

另一個消息，亦都是最具爆炸性，最有可能導致世人恐慌，就是兩個太陽的出現，第二個太陽就是太陽系的第九顆行星 Nibiru（Planet X），Nibiru 體積之大相當於木星，更可怕的是 Nibiru 在 2012 進入太陽系。在此之之前，政府和主流傳媒一直隱瞞此星的存在，直到 2016 美國宇航局 NASA 才正式發出官方承應。更神秘的是，原來 6000 年前的蘇美爾人一早已有這顆行星的記載，古代巴比倫稱之為 Marduk，據述其軌道交錯在我們的太陽系之間，公轉一週需時 3600 年。

• 兩個太陽與第十行星並非天馬行空之説，網上有許多資訊可供引証。

幸好，2012 年並非世界末日，然而瑪雅人的長曆法某方面又可能與「歲差」存有關係。在占星學上，春分點繞黃道一圈為一個「大年」（Great Year），倘若春分點只是移動一個宮位（30°）為之一個「大月」（Great Month），一個「大月」為 2160 年，即一個「大年」為 25920 年。回顧前文所述的「同化銀河系」，這是瑪雅人的一種天文概念，指每隔2.6ma（百萬年），銀河系中心的巨大黑洞就會與太陽系所有行星連成一直線。好奇一想，不知道這個 2.6ma 與 0.026ma 的週期（占星之大年）又存在某些神秘關係。

如今，經過兩千多年的今日，春分點已經不在白羊座，而是在雙

魚座尾部，正緩慢地逐步移近水瓶座。不過，春分點真正進入水瓶座的時間約在 2600 年，但鑑於占星學上行星有進入宮位的兼容度考慮，2012 雖然沒有「水瓶座時代」之實，卻有「水瓶座時代」之意。故此，瑪雅人所說的終結，其實只是說明了雙魚座世代的結束，另一個新週期的開始。

西洋占星 III《行星編》

第六章・火星 ♂

火星

守護星座：白羊座、天蠍座（第一、八宮）
廟：白羊、天蠍　旺：摩羯　利：巨蟹　陷：金牛、天秤
屬性：凶、熱、乾、陽
心理：欲望 Passion
週期：兩年一周天，兩月一星座，兩日行 1°
身體：肌肉、血液、性器官
人物：兄弟、競爭者、敵人、男朋友
逆行：每兩年，週期約 60 天

神話

古希臘人稱火星為阿瑞斯（Ares），羅馬人稱之為馬爾斯（Mars），祂是宙斯和赫拉的兒子，羅馬人視之為自己的先祖，認為其地位僅次於眾神之神宙斯。馬爾斯的形象英俊強壯，性格強暴好鬥，勇猛過人，戰鬥是祂的喜好。不過，馬爾斯在古希臘時代只管農業，但到了羅馬時期才單純作為戰神被受崇拜，認為是力量和權力的象徵。

馬爾斯崇尚武力，是英雄時代一位百戰不厭的戰士，祂頭戴插翎頭盔，手持長矛和火炬，顯露出雄糾糾英姿。戰神還有眾多手下，分別有愛畜兀鷹和獵犬，還有一輛四馬戰車，四匹戰馬分別稱為「燃燒」、「暴亂」、「火焰」和「恐懼」（拉丁語譯），另外，祂的四個兒子名叫「恐怖」、「戰慄」、「驚慌」和「畏懼」都是祂在戰場上的得力助手。

馬爾斯亦都是個多情風流之神，由於祂雄性魅力過人，所以能吸引萬千少女，擁有眾多情人，許多女性都為之生下兒女，甚至連美神阿佛洛狄忒（金星）都對祂情有獨鍾，也許「男人不壞、女人不愛」在戰神身上最能表現得淋漓盡致。

不過，看似孔武有力，勇猛無比的馬爾斯也非天下無敵，在攻打特洛伊城的戰鬥中，智慧女神雅典娜就曾多次把祂打得棄甲丟盔，相此雅典娜的智慧和謀略之下，戰神便顯得只有匹夫之勇。

行星特性

中國稱火星（Mars ♂）為「熒惑」，此星位於地球外側，是太陽系的第四行星，亦都是占星學上最後一顆個人行星。自古以來，中西方皆視之為凶星，認為與戰爭、衝突、暴力、劫掠、災難和意外有關。從占星標記是矛與盾的意象聯想，可見火星是好戰民族，這個標記日後並成為男性和權力的代表象徵。

先說個故事，假如太陽代表正義一方的男主角，火星就是其公開

的主要對手，代表邪惡的壞人角色。無可否認，火星性情凶猛，勇武過人，在故事中作為大佬（Boss）就最適合不過。但另一方面，火星又相當男子漢、大丈夫，具有體育精神，他與太陽喜歡公平較量，極之討厭卑鄙下三流手段，只會以光明正大的方式單獨對決。更讓人感到意外的是，原來處於敵對關係並曾經喜歡太陽的金星，反而對他產生傾慕之情，更與之一同相戀起來。

在占星學上，太陽和月亮是一對，金星跟火星都是一對，四顆行星分別代表著人們內心不同層面的男女特質。而金星和火星的性質完全相反，一個主動，一個被動，一個吸收，一個發放，彼此呈凹凸狀。此對星也有爭奪意味，如果說金星善於利用魅力去吸引人，從而達到被動取得的目標，如此一來，火星則是直接主動，以不問自取的方式獲得他們想要的東西，可見火／金有如硬幣的兩面，彼此吸引並互作補充。

火星在命盤上的首要任務是為人提供行動力、進取心和意志力，是個人欲望和野心的對外展示，火星知道要把理想變成真實就必須要有實際行動，鼓勵人踏出第一步而不是守株待兔，當人們有一個想法打算落實，這個付諸實行的動作就是由火星帶動。此外，火星會為人帶來拼搏精神，給人勇氣和膽量，既然稱得上戰神，當然是作風勇猛，膽大過人，這裡亦都是個衝動熱血的根源，火星會叫你拋開平日的小心謹慎，率性任意地一如寄往，無畏恐懼勇往向前。

火星有如此快速的行動力，除了因為有奮不顧身的性情之外，也和行星有果敢的判斷力有關。本質上，火星的想法十分原始和簡單，星性傾向直覺和率性，沒有深思熟慮，不講詳細分析，不顧及別人，也沒什麼風險意識可言。再講，火星的時間觀就是「NOW」，行星叫你不用猶疑，隨心率性找個目標，「現在」就去做！由此可見，火星又是一顆「權星」，它不但主管鞭策和執行，還負責嚐試及擁有最終的決定權。

DO IT NOW

火星的另一重點就是建設和創造，一方面星性有如興奮劑，行星會給人在精神上刺激，驅使你去接受挑戰和考驗，另一方面，它還可以給人在肉體上提供源源不絕的能量，記得《基礎編》的象限部分曾介紹過「火星效應」，這就是火星能夠給予運動員充分體力，與及有永不熄滅鬥志的最有力証據。由於體能和精力實在太過旺盛，故火星不勞不安，十分怕悶，一刻都閒不下來。因此他們常要郁動，要到處走走，要找事做，要無中生有，要創造事物，甚至是尋歡作樂，務求讓精力得以發洩出來為止。可想沒有火星，人沒有上進心，喜歡遊手好閒，無所事事，渾渾噩噩，不會追求興趣所好，人生便少了激情和故事。

　　說到找尋歡樂，火星的而且確爛玩，行星喜歡找些新奇、好玩和有趣活動，或能夠令人產生興奮雀躍的事情去做。試想想，一個人對於喜歡的項目一定努力，只有熱情才令人專注，透過激情才會變得卓越，當人完全投入相關事情之時，其表現必然十分出色，如果將這股熱情放在事業上，定必大有作為，況且，敢創業的人必定膽大包天，可見火星正是推動人成功的力量。然而，這股力量假如換了是志趣或嗜好，這方面的優異表現就叫做「才華」！由此可見，火星會從實踐理想的過程中，教人如何做到最好，從而煉就出個人的成就和才華來。

　　當中火星強調的興趣項目就是競技運動和博奕遊戲，從希臘神話中的描述可見，火星的競爭性、爭勝心，或是自尊心都很重。他們為了向外展示能力，不惜拼命盡搏，好勇鬥狠，豪無半點溫柔禮讓可言，只有勝利能給予行星快感，把對手擊倒是他的樂趣，可見「鬥戰」就是火星的主要娛樂。所以在星盤上，火星是我們內心的戰士原型，常以競爭者或征服者的角色出現。除此之外，「賭博」亦都是火星喜好，藉武力掠奪而取得別人的東西，或透過博奕取得的戰利品都是

- 根據希臘神話記載，大力神海格力斯（Heracles）是第一個贏得奧林匹亞比賽冠軍的神。

火星慣性獲得利益的手法。

　　既然稱得上戰神，戰鬥當然是他的天職，捍衛主權是他的任務，火星一方面為了生存，為了成功需要與人力拼，此外，行星為了捍衛個人利益和想法也不惜與人一戰。當命主受到壓迫威脅，這顆行星就會企出來，以個人立場發出嚴正聲明，藉此宣示主權，可見火星的武力除了用於侵略，還有防守及保護的作用。故此，看一個人性格主動被動，有否侵略性，參考火星的狀態尤其重要。

　　火星的另一個用途是宣洩情緒，尤其是和不滿和憤怒有關，又因「性急」是火星常態，所以行星時常脾氣暴躁，反覆無常，易高興又易生氣，經它表現出來的情緒十分猛烈。不過，人人皆有脾氣，而憤怒亦都是天生的原始情緒之一，非萬惡不赦，心理專家認為抑制怒氣不但沒有好處，更會換來反效果。須知道，想和平必須要有武力，想和諧必須要有怒氣，換句話說，抑壓憤怒即意味積怨的不斷增深，當怒火中燒而無法消洩，最終只會換來不受控的爆發方式，只要找到合適的表達方式人就會覺得很爽！而人之可以快樂，原因是忠於自己，對不滿及不快之事能作即時表達，之所以火星的人特別快樂就是這個原因。

　　最後談一談愛情，火星是本能及獸性人格的投射，行星只在乎食、色、性方面等生理上的基本需要，因此火星主管性慾，是一顆性愛之星。再講，火星有探索訴求，這方面暗示了行星熱忱尋找伴侶，與及在對方肉體上進行深入了解的喜好。並他們認為，得到了女方身體便等同佔領了敵方陣地，對於男性而言是勝利者的象徵。

WANT

- 多數人都在追求他們認為自己能夠得到的，而是非他們想要的。

　　在個人星盤上，火星能夠反映男性特質和雄性魅力，女性則是心目

中的英雄形象，或是理想保護自己，甘願被受征服的類型。同樣地，火星也看到一個人的性愛態度，在床上是攻還是受，是技巧型還是粗暴型等等。在此補充，火星在人際關係上不是善類，此星有雄性互搏，異性相吸之能。一般而言，火星宮位的人物主要是競爭者，或心目中的打擊對象，是挑戰別人的部分，但另一方面卻代表對之主動熱情、心目中有興趣的人物。故此，當我們討論婚姻領域之時，便要同時參看火星和金星的相位和狀態。

假如在非人命的推算上，火星有促進事情發展，也有啟動及觸發事件的作用。另外，行星的形狀剛硬尖銳，力量單一而偏頗，有破壞穩定狀態的傾向。總括而言，火星的推動力不單在思想上提供上進心，情緒上的熱情和興奮，連身體上的體能和精力，甚至是工作上的衝勁熱誠都是由火星帶動，可說行星是實踐理想和欲望的必備佳品。

永遠行動比不行動好，富人見到機會立刻馬上行動，原因是他們知道只要嘗試，就能憑實際情況而作出決定，最多失敗了便再重新較正，調整方向再來。可是窮人卻不是這樣想，他們認為必須完全掌握，要有 100% 肯定才會採取行動，結果，世間上根本沒有絕對的成功模式，他們就只好繼續觀望，在這段時候，富人已找到成功竅門，結果愈來愈富有，可是窮人呢，可能他們還在準備中！

火星逆行
火星平均每兩年逆行一次，每次為期大約兩個月。

火星逆行 (2018 ~ 2025)
26/6/2018 ~ 27/8/2018
9/9/2020 ~ 14/11/2020
30/10/2022 ~ 12/1/2023
6/12/2024 ~ 24/2/2025

凡火星掌管的範疇，包括欲望、熱情、勇氣、決心，或是權力和性慾，換言之，凡是需要身體力行與及和競爭有關，在火逆期間都會受到阻礙或拖延。

當中最常遇到的是行動受阻，一方面可能由於客觀環境所影響，例如真有突發事情阻礙了行程計劃，另一方面則和個人心態有關，此時人的欲望消減，感覺無力，活力大降，對許多事情都失去興趣，凡事隨緣，傾向不爭，這方面都和火星失去動力大有關係。此時應該避免開始新工作、陷入新競爭、引起新挑戰，也不宜做手術，只適合休養生息，甚至是和解昔日的衝突矛盾。

礙於一直鼓勵你向前的火星，如今一反常態，你愈是急進，他愈要阻止，讓人很是惱火，當人們發現想快但快不了的時候，便容易產生焦慮和緊張，又因精力得不到正確宣洩，便容易衝動做錯事，嚴重者甚至產生情緒失控的反應。

據個人經驗，火逆時期真的容易令人懶惰，但在此之前更多是令人急功，當理想的即時見效沒有出現，人會先感到不耐煩，繼而才有消極和暫時放棄的打算。

在時事方面，火逆期間人群易情緒激動，社會易生騷動和混亂，甚至有暴力衝突和性暴力增加的情況。另一發現，火逆期間股市交投量減，大市明顯沒什波幅，但火逆過後卻容易迎來一段小高潮，相關話題在《金融占星》再述。

在個人星盤而言，有火逆的人行動緩慢，較沒野心，不夠爽快，你或可說他們性格慎重保守，深思熟慮才會行動，但沒有鬥心和競爭力依然是其致命傷。或許，這些人真的很慢，但他們很有耐性，肯花心機在事情的細節上，有慢工出細貨的心思。這些人亦要留意自己不能被催促，多一點的推力也會令之情緒失控，易因小事而大發雷霆，他們平時看似沒有脾氣，但事實卻非如此，「燥底」可能連他們都不自知。

西洋占星III《行星編》

最後，在火逆期間的事情都較難以掌握，突發事情層出不窮，計劃總是一拖再拖，所有打算開始的項目都無法啟動，或已開始事情會停滯下來，無法按照原定日期交貨等等，此時便不得不放慢腳步或重整步伐，當行星順行，僵局自然打開，火逆就當作是個人耐性大考驗。

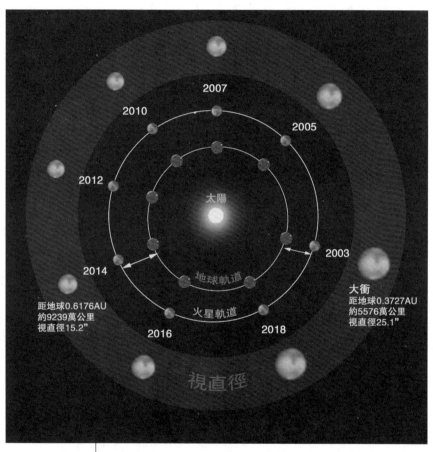

- 凡火星逆行之年都是火星大沖或火星近地之年，此時行星非常明亮，星等最多可以到達 -1.4。（上圖的火星逆行期為2003年07月29日，2005年10月01日，2007年11月15日，2009年12月20日，2012年01月23日，2014年03月01日，2016年04月17日和2018年06月26日。）

話說紫微斗數有一個忌格名為「火鈴夾忌」，代入占星即火星、冥王星所夾之宮位如化忌，如是財星主失財，沒有財祿則主災病。巧合地，在占星的卜卦技巧中也有相同的技法，名叫「包圍」（Besieged）意指某一行星被兩凶星，如火星、土星和計都在前後位置，被夾之星則處於不利，代表行星關係的人正處於危險或困難之中。

火星掌丘

火星丘分為積極（第一）和消極（第二）火星丘，積極火星丘位於大拇指旁，介乎金星丘與木星丘之間，此星丘類似火星（陽火）星性，而消極火星丘則位於手掌外側，介乎太陰丘與水星丘交界，此星丘類似冥王星（陰火）之性。

積極火星丘豐隆飽滿的人，天生勇敢，積極主動，喜歡冒險，有很強的競爭力。他們只會奮勇向前，不會退後，有不斷開創，不怕失敗的精神，可以說是個天生勇者。基於此位置介乎金星丘與木星丘交界，反映對權力及欲慾方面有強烈渴求，這些人熱愛挑戰，而且爭勝心強，這都是出色運動員及軍警應有的掌相。相反，如積極火星丘低陷無力，代表為人怯弱，消極被動，對任何事情都提不起勁。加上性格優柔寡斷，做事猶豫不決，即使眼前見到機會仍不會及時把握，直至錯失大好良機才感後悔，所以沒有發達火星丘的人，成功的機會便相對較少。

消極火星丘與積極火星丘的特徵剛剛相反，此丘發達的人很有耐性和自制力，其作風穩健，絕不冒進，凡事能以冷靜理智的態度來著想，而且能忍辱負重，有不屈不撓的堅毅精神。這些人不會創造但善於守成，一旦遇上突發危機能處變不驚，善於沉著應戰。再講，消極火星丘的人很有計劃，每每瞻前顧後，高瞻遠矚，永遠都有後備方案，極富風險意識。最後，基於星丘夾在水星和太陰丘之間，在此更強調在財富方面的守成和積累能力。

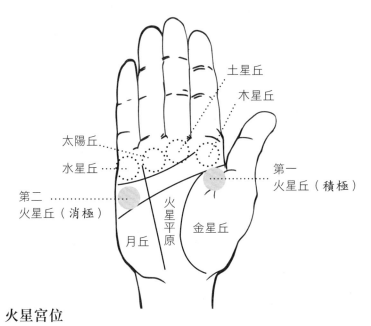

土星丘
木星丘
太陽丘
水星丘
第一
火星丘（積極）
第二
火星丘（消極）
火星平原
月丘
金星丘

火星宮位

　　「火星宮位」是一個精力、體力和實踐的位置，是命主積極熱心的地方，並是自信心來源與及推動力之所在。此外，一個人的原始欲望，野心和衝動，甚至脾氣、好勝心和競爭力，連生命可能遇到的災禍都可從這裡得知。有關「火星星座」的內容，將在下書與對星組合一同解說。

　　【第一宮】：火星在命宮強調了白羊座的勇敢進取、直接主動、愛冒險和高競爭心理，另易與人爭執和易生意外都是星宮者的命運特色。

　　火星立命的人主動熱情，率性豪爽，很有主見，他們很是自我中心，其所作所為全都是以滿足個人意欲為先，不會因為避諱別人而故作模樣。從正面角度，一向坦誠真摯的火星完全沒有半點機心，絕不口是心非，講一套做一套。何況，火星是行動型行星，當時人每每言出必行，只要心裡有念頭便會馬上行動，為了所想會主動出擊，他們總是精力充沛，體力過人，無時無刻都要渲泄，沒有一刻能停下來。

火星在此令人野心欲望大增，命中人享往權力和威名，永遠覺得自己最叻，視自己為世界中心，愛在同儕中扮演領袖角色，有想當老大的念頭。同樣地，火星的佔有欲過人，命中人要求絕對掌控，愛管事管非，見什麼有趣事都想插手，如遇有阻力不惜以強力消除，會採取非常強勢的態度應對，此阻力如是人為，便不惜與人直接對抗，不禮讓之餘，更會得勢不饒人，務求一切都由自己話是。

火星一宮的人確是好勝，這些人敢作敢為，作風強悍，表現霸道，敢爭天下第一。對於他們來說，「勝利」就是成就，「競爭」是生存意義，並是個人價值的認同。正因為此，宮位的人喜歡挑戰，熱忱發掘新事物，他們的敢闖與大無畏精神往往能把握住每一個機會，可見火星精神卻大有利於現代競爭激烈的商業社會。

火星人性格威猛，也不太可能配上一個嬌小身材，一般而言，命中人不論男女普遍身材碩大，外表粗獷，有強健體魄，男性是大丈夫，是個很 MAN 的類型，女性則為女中豪傑，是個巾幗不讓鬚眉的強女子。

要留意的是，宮位的人個性急進自私，性格剛烈，行動魯莽衝動，脾氣暴躁火爆，易與人發生爭執磨擦。由於過度追求爭勝，星座的人蠻不講理，剛愎自用聽不上意見，也不會顧及他人的權利和感受，處理任何事情都顯得粗支大葉。再者，火星令人反叛，富有侵略性，給人暴力傾向，這些人愛唱反調，特別喜歡與人對著幹，別人說東，他就說西，總是導致關係不和為止。常見他們為了少事而口角動武，加上火星強調先發制人，絕不坐以待斃，常常因一時衝動而大發雷霆，可見這宮的人絕不好惹。

或許是天命之使然，給予了頑強鬥志和無比決心，加上自視過人，所以這些人沒有什麼人緣助力，一切只好靠自己，人生甚為刻苦孤單，所謂：「無敵最是寂寞」就是這個意思。但他們並沒有因此而感到氣餒，更執信命運由我不由天，深信憑一己意志能夠改變命運，可見這些人有逆天想法，有與大自然搏鬥的衝勁，甚至是明知不可為而為之，他

們遇上什麼敵人也不會投降，遇上什麼困難也不會認輸。火星立命的人天生注定要故我獨行，要走與別人不同的路，星座的人之所以成功，全憑個人努力，又因嘗試總是帶來失敗，當人能夠克服所有困難，再接再厲，總有一天能夠成功。

最後，火星與危險及意外有關，可想命中人性格衝動魯莽，只有力量缺乏技巧，並時有與人打鬥的傾向，意外損傷之事實在所難免。在健康方面，通常他們身上多留有傷疤，男易有禿頭，又因體質躁熱，經常有頭痛、發燒和上火的毛病。

【第二宮】：火星代表推動力，作為助燃劑，落於財帛宮即是說人有強烈的金錢意欲，對物質有強烈渴求，星象示意人有賺大錢的志向。

這個宮位的人是個財富野心家，他們喜歡賺錢，火星告訴他們要努力不懈，不介意辛苦，不介意忙碌，也不惜任何代價，盡一切辦法去取得財富。基於火星屬於體力型，所以他們的進財方式普遍是以出賣勞力為主，星象有多勞多得的意思，若然是從商的話，則反映行業競爭激列。如格局高尚者，這些人甚至可以以權謀私，運用自身權力來取得巨大財富。

再說，火星脾性不太適合受僱於人，行星傾向個人工作或自行創業，務求當自己的老闆，有利的是，此處的火星有企業家魄力和精神，有白手興家的志向。

火星努力賺錢的背後，原是為了個人爭勝的價值觀所致，事實上，這些人認為有錢大晒，往往會將金錢視為權力象徵，並希望透過賺錢來證明自己的能力，以財氣來展示個人威望。此外，火星二宮的人在消費上也很衝動，只要見到喜歡的東西就會爭先搶購，不會比較價格之餘，最鍾意就是新穎的貴價品，喜歡一步到位傾向洗腳唔抹腳，通常一有錢就很快花光。

火星財帛還有兩大特色，一是急功近利的心態，二是財來財去的際遇，火星既為占星學的凶星，落於任何宮位都有很多不利之處。先說，火星有搵快錢心態，星性短視、貪多，務求以短暫密集的方式進財，件件計、鋪鋪清、快收錢就最為理想。另行星附帶了侵略和危險性，宮中人不惜以大膽冒險的方式求財，當中的最佳例子就是「賭博」，假如火星的狀態不良，這些人便以搶劫、霸佔或威脅等強硬方式以求財利。

話雖火星有暴富機會，但隨之而來就是暴敗可能，原因是火星只管賺錢，完全沒有守財能力，無法守住財資是其硬傷，星象的「先得後失」之應尤其明顯。又火星主發突然和嚴重，在財帛宮註定一生必遭遇多次財政危機，不過，戰神的個人之處就是「打不死」，星座的人能再接再厲，有永不言敗精神，無論怎樣大的困難都不能打敗他。

【第三宮】：火星之所以喻為凶星，當然和它的破壞性有關，落於人士宮位不利人緣是肯定的。火星宮位的其中一大含意就是命中人的「主戰場」，宮位人物代表其主要競爭對手，如今火星落於兄弟宮，可見這些人與兄弟、姊妹、同學和隣居的關係都不好，這些人小時常跟兄弟吵架，長大後也跟同輩易生衝突。

先天而言，三宮是個思考和表達的宮位，受到火星刺激，命主想法激進，喜歡與人在意念上鬥智鬥力，或是挑戰別人的想法。可是，火星並不聰明，雖然他們對於思考充滿熱情，但行星的想法主觀、簡單而偏面，很多時只能夠反映個人立場，並不具合理客觀的討論條件。正因為此，當他們處於下風便會老羞成怒，隨之而變成罵戰。火星在此反映個人頑固、霸道、不懂變通、自以為是，老是鑽牛角尖的缺點，所謂：「秀才遇著兵，有理說不清。」可想別人對之如何多加解釋，命中人都不會接受。

說實在，火星三宮的人並不博學，他們有考取第一的意願，卻不具備考取第一的資格，試問一個缺乏耐性，讀書只有三分鐘熱度，一旦挫

折就想放棄的人，成績又怎會理想？況且，三宮代表學習時期，火星在此即是說明讀書運差，學業成績不理想。反之，火星是破壞之星，說他是個壞學生，是班中的搗蛋王，是老師的剋星，似乎更乎合星象表示。

說完思考，現說表達，火星在三宮的表達模式，可以用直接、尖銳和火爆來形容，好處是心直口快，直腸直肚，絕無半點空言妄語，如得獲良好相位的支持，代表詞鋒銳利，有雄辯之才，言語具說服力。相反，如凶相則代表好出口傷人，有好譏諷及爭辯傾向，其言詞每每不留餘地，直刺他人要害，所以火星三宮的口舌是非尤多，爭端常因他而來。正確來說，火星在此的中性解釋是透過文字、語言或觀點來表達自己的立場，藉此建立威信，且不論是好是惡，這些人的說話都能激發他人採取行動，也絕不排除打你一身。

最後，火星落於任何宮位，場景示意有可能發生意外的地方，而三宮代表日常活動及短途旅程，可見「貴人出門招風雨，惡人出門招災禍」，如見火星在此，緊記乘車切勿坐在車頭位置。

【第四宮】：火星所在之處不單影響人緣，也代表際遇不良的環境，如今要說的田宅宮，暴力對象是家人，也代表童年時的自己，星象亦反映家庭及居住環境惡劣，總括「家」是命中人一生之中最為用力並著墨最多的地方。

火星四宮的人對家可謂又愛又恨，「愛」是因為個人的野心、擁有和安全感全都在此，無論家族大小，親屬多寡，命主都會把所有精力投放在家事之上，建設家庭是他們的使命，保護家園是他們的責任。說到建設，宮中人喜歡佈置家居，對於安樂蝸的營造充滿熱情，有些人更可能略懂金工、木工，很多時家居維修和裝飾都由他們一手包辦。從家的觀念再作引伸，這些人有可能是團體或企業的創辦人，又或許是某政黨或國政的支持者，因此火星四宮也普遍是個愛國及民族主義的鬥士。

而「恨」方面，宮位的人雖然勞苦功高，竭盡所能，但家族的繼承

權或命中人理想得到的東西往往與他無緣。事關星象告訴我們常有家庭糾紛，如果家族有錢，必有爭產風波，若然無產就是爭權奪利，總之家中常常吵吵鬧鬧，雙親不和的情況時有出現。

田宅宮的代表人物為母親，命中人與母親不和是可以想像的，可能童年時母親的脾氣差，不懂管教，只知體罰，以打的方式來代替愛的教育。本質上，火星宮位帶有強迫性，可想其父母必然充滿權威，什麼都要管束，什麼都不讓人嘗試，只要是有半丁點犯錯，父母便會家法侍候。

四宮又代表個人的安全感所在，火星在此，除了父母親特別惡死之外，也代表個人情緒不安，易生突發脾氣。正因為此，命主年紀小小就想獨立，或有離家出走的念頭，他們很想有個安樂蝸就是這個原因。假如和母親關係良好，則代表少年時常流離失所，居住地多歷變遷，以及居住環境惡劣。

要留意的是，四宮的家代表婚後家庭組織，礙於火星宮位身為「戰場」，是所有是非、鬥爭、暴力的來源地，火星在此暗示家居不寧，與親戚疏離，而男性易有家暴傾向，女性則有婆媳糾紛，命中人的親子關係也不好，星象的人如不是早結早離則有不婚傾向。

西洋占星 III《行星編》

在玄學的角度，家道衰落，人丁單薄，這都和先人的風水墓地有關。此外，如田宅宮不良，也易遭小偷光顧或遭遇凶災，在處理房產物業亦多生麻煩支節。最後，火星四宮又主晚年孤獨，親人疏遠，正如他所願，家只一人便真的可以完全獨立自主，可是，假如有其他吉星同宮，如是木星、金星倒不為忌，雙星組合在下書《運限編》再續。

【第五宮】：火星在五宮有利又有弊，「利」是很有創造力，另易有飛來艷福，「弊」是感情多變，是個風流種子。

火星似乎在所有戀情宮位都離不開激烈愛情的盼望，本質上，這

些人對所有異性都感好奇，對之都易生興趣，他們對於目標主動熱情，毫不掩飾想佔有對方的意圖。而且宮位的人對愛情態度急切，不太講求思想上的交流，他們務求興之所致，隨手方便找個人來調劑一下。重點是，火星五宮的人大多性慾旺盛，熱忱尋找伴侶無非都是為了滿足個人強烈的性需要，可見星宮人們的戀情大多數都是由性關係開始。可是，火星的消耗模式是一次性，亦即是說命中人只喜歡一夜情，或說其情緣非常短暫，伴侶頻頻換畫。說實在，很少有一而再，再而三的火星，當時人濃情過後便很快退熱，然後又會有新目標、新戀人的出現。就算他們已婚，在婚後也會慣性地出軌，可見火星五宮一生伴侶眾多，情場經驗相當豐富。

這個宮位的人一般具有強健的體魄，由於精力過盛，除了在性方面的消耗之外，也可以透過遊戲娛樂來作渲洩。落於五宮的火星，不多不少沾染了守護星太陽的才華和愛表現習性，所以火星會把所有精力都投放在創作、表演或玩樂上，有些較好情況，就是其才華得以發展成個人事業。

此外，宮中人的興趣多，交遊廣，應酬和聚會有約必到，更往往都是活動的發起人。不難發現，這個火星比其他宮位更耐不往沉悶，當時人喜歡在平淡生活中攪攪新意思，藉此尋找刺激，製造歡樂，務求生活充實，令到人生更是多姿多彩。

須知道，火星本身的娛樂必然帶有競爭性，所以星座的人只喜歡激烈運動或是損人利己的玩意。當人們視興趣娛樂為怡情放鬆的時候，他們卻視之為爭鬥的戰場，就算只是去唱 Karaoke 也會當作新秀唱歌大賽認真看待。而且火星在遊戲中只能贏卻不能輸，因為打倒對手才能為他帶來快樂，輸了便甚為無面，更可能會因此而大發雷霆。本質上，火星五宮的博奕意味濃厚，星象富投機主義，可想一些對奕運動，如足球、War Game，或是賭博都有可能是他們生活中的一項專業娛樂。

在子女方面，火星在子女宮反映的是兒子，命主可以是先生男，後

生女，或女兒眾多，但男兒只得一名。換句話說，星象說明命中人只重視兒子，或在其生命中兒子比女兒具更大影響力。有趣的是，今次的受害者或許是盤中人，事關星象表示孩子不聽話，兒女難管教，兒子反而成為了你的剋星，另一方面你亦非善男順女，只要孩子不聽話就換來藤條炆豬肉，對子女管教不善亦都是導致日後父子反目成仇的主要原因。不過，假如這些人是教官及體育老師則不忌。

【第六宮】：火星不利人和，卻大利事業，尤其是個性化，不太需要與人合作的事業。如今火星落在職業宮，即是說命中人的重心及推力都放在工作上，他們相當拚命勤奮，理想在職場上取得權力和主導，甚至混淆了工作和生活，可說盤中人是個不折不扣的「工作狂」。

火星在六宮的事業有三大特性，一是個人化，二是體力勞動，三是工具的運用。宮中人大多是個「能者」，能者做事專注，力量高強，他們不用一兵一卒，只須單槍匹馬，任憑個人能力殺入敵陣，便可殺人一個重手不及。火星在此反映個人力量和獨立工作，什麼事都由一人完成，有不依賴別人的心理。

所謂：「能者多勞」，所以宮位的人總是精力充沛，體力過人，他們盡心盡力，非常專注埋首在工作上。火星在此強調體力上及規律性作業，其力量在此消耗得很慢，從而變了持久耐力，假如這些人是專業運動員，則長跑比短跑更具優勢，可見如有適當的工作量給予消耗，宮中人絕對是個很勤奮的僱員。

此外，星象亦暗示工作有一定的危險性，或是工作環境惡劣，命中人亦都是工具運用的能手，尤其與機械操作或涉及熱加工處理的工作有關。

今次火星的主戰場是職場，可想這些人在工作上易與人衝突，視同事為敵人，並以擊敗他人為己任，若然身為上司則以強權管理，可想他們大都與下屬關係緊張，與同事關係一定不好。若然再加上惡劣相

位，則有可能被下屬員工擺上台，合力地把你拉下馬來。之所以命主的能力高強，凡事一腳踢，便是由於沒有得力助手，欠缺同伴及下屬助力所致。

視「生活就是工作」的火星來說，基本上沒有所謂工作和私生活的概念，所以其朋友不是同事，就是客戶，都是在職場上認識的，或許盤中人會經營一些小店，像是 7-Eleven 模式天天都要看舖就最為理想。要留意的是，火星只會給人勞累和煩惱，盤中人完全沒有優閒享受及養生補健的意識，若然長此下去，定必弄壞身子，易因操勞過度而生病，從眾多例子可見，宮中人十有八九都有嚴重的職業病。

六宮主管健康，火星相關的疾病包括發燒、炎症、燒傷、割傷、頭痛及肌肉勞損，另宮位的人易在工作上受傷，有急性病發的可能，總括而言，星象正反映的是一條「勞碌命」。

【第七宮】：火星在人士宮位只會帶來惡意破壞，今次在「夫妻宮」可以說是人際關係上的大災難，事關宮位不但主宰婚姻，也主宰和所有人的合作。

不難想像，火星七宮是個離婚星象，由於對手明確，所以本宮的火星比田宅宮更易造成明顯衝突，如男性則有打妻傾向，就算沒有出手傷人，火星也會給人帶來巨大壓力，時常顯出咄咄逼人的樣子。另女方也喜歡引狼入室，偏偏鍾意強悍好勝而沒承擔的男子作為終身伴侶。從多種跡象顯示，宮中人似乎缺乏自制能力，為人衝動魯莽，很少事情就易生怒氣，動不動就與人反目決裂。再講，火星星性桀驁不馴，任何穩固關係都約束不了它，甚至是具法定效力的條文都不會遵守。

火星在「別人宮」對人主動熱情，他們是關係中的建設者，基本上所有合作都是由當時人一手促成，或作為團結事務的發起人，婚姻的情況亦同樣如是。他們亦容易成為關係中的第三者，喜歡介入別人的事務，甚至是爭奪別人的愛侶。須知道，火星的建設就是為了破壞，這些

努力建立出來的關係，全因命主的自私偏見，加上本身基因帶有攻擊性，因此很快就會與人不和，從而由合作變成對抗，由愛侶變成仇人，由同伴變成敵人。

本質上，火星七宮即是說人有操縱別人的欲求，他們會通過主動侵犯來肯定自己，並希望以戰勝者姿態令人屈服，可見與人發生矛盾衝突是達到火星理想的必然過程。而且這個宮位的人有雙重標準，他們愛話事，愛自定標準，其潛意識就是漠視議協，認為自己第一優先，這方面只要能理解「大美國主義」，星象的意義便能不攻自破。

雖然說星象的離婚率極高，命主不懂珍惜，但有一個例外情況，就是配偶早喪，反代表此人一往情深。說實在，宮位的人無論幾多婚都不容易白頭到老，尤其是早結早離，從命理角度來看，可以說是「剋夫／剋妻」命格，較為理想的情況便是晚婚。

補充一說，行星有它們的時效性，一般火星主早段，行星效力在35歲前便幾已耗盡，又因年少氣盛，不懂與人相處，便容易因一時衝動而破壞了大好良緣，關於行星運限將在下書再說。

【第八宮】：疾厄宮是占星學上的三大凶宮，火星在此增強了宮位的凶性，星象的大體主義為暴力傾向、極端主義、性的絕對佔有、反合作和意外，筆者並沒有聯想到有什麼是正面的。

火星八宮的人心態悲觀，深信「人性本惡」，他們的世界大都灰色一片，認為人世間多災多難，生命是為了贖罪，而生活是受苦的。在他們的潛意識裡，抑壓了很多憤怒，可能是童年時的不快回憶，例如輕常被人欺凌，或受虐待，導致長大後有一股暴力傾向。

再說，這種暴力傾向並非四宮、七宮的吵吵鬧鬧般小兒科，而是有殺人如麻、殘暴不仁的凶狠思想。

西洋占星 III《行星編》

這些人一方面信「天」，另一方面又不信「邪」，火星在此即說明不甘於命運擺佈，理想征服和掌握自己人生的所有，所以宮位的人對神秘學甚感興趣，喜歡探究能夠主動改變命運的方法。嚴格來說，玄學命理這歸類於「宿命」的哲學並非宮中人的喜好範疇，他們傾向無限制的激底改變，或不惜借助其他怪力亂神之術來為自己借運，我所說的是：「養鬼仔、種生基、巫術、降頭、神通法術」之類的方法。

可見，這些人的思想極端，假如以減肥來作例子，宮中人傾向斷食數天以達到速成效果，以火星八宮的意志，的而且有可能作出這樣的急性行為。有趣的是，當他們一旦達到既定的減肥目的，卻會舉辦一場狂吃嘉年華，藉此來宣佈個人的勝利。除此之外，這個宮位的人欲望極重，尤其是性方面有瘋狂需要，他們會以性愛來表示完全佔有對方的主權。

假如八宮是個「他人財」的位置，火星在此則是「敗家仔」，是個倒米壽星，宮中人十分霸道，要求獨食，理想盡佔人家財。他們為了爭產不惜拚過你死我活，爭得頭破血流，如果我得不過，你都沒有，就算一拍兩散都在所不惜。可惜的是，就算成功爭到，這些人在此也少有承傳而得來的好處，事關火星的先得後失，在那個宮合位都同樣管用。常見的情況是，夫妻兩人為了置業安居，打算開聯名戶口一同儲蓄，命主卻夠膽死把共有的儲蓄拿去澳門大賭特賭，可見這個星象關於「內戰」，是命中人為了完全佔據別人的資源而戰。在商業合作上，也會出現個人或被人虧空公款的情況，總之星象代表因他人而破大財，因此火星八宮一生多遇財務糾紛，「因人財困」的意味甚濃。

所謂：「多行不義必自斃」，五宮火星代表突發事故和嚴重意外，八宮代表死亡，暗示重大的傷害性，此方面和刀傷、流血和手術之事。加上星性急促、突然和暴躁，並有高溫熱力和光度等特徵，因此如火災、爆炸和車禍都潛伏著火星身影，最後，星象也暗示著長子早喪的徵兆。

第六章・火星

【第九宮】：火星九宮反映人在智慧和信仰上有強烈追求，並有在異地努力掙扎求存的命運際遇，火星落在眾宮位之中，以九宮傳奇色彩最為濃厚。

火星和九宮守護星座人馬的性格相乎，彼此兼容，大家都不受拘束，喜歡探索，有強烈冒險精神。火星在此的推力，令人喜歡學習求知，而人馬的思想靈活彈性，不會死守一條門路，所以這些人對學習充滿熱誠，對相關興趣學問都有一定的探討。當他們了解過眾多學說，挑選過後便會得出一門完全屬於個人的信仰，此時火星便由學者變成推動者及守護者的角色。

所以火星九宮的人大都有堅定信念，具個人立場，是個狂熱的宗教份子，他們對於推廣個人信仰甚為積極，喜與理念相乎的人組成勢力聯盟，藉此一同排斥外來信仰。

火星在此的敵人便是其他異見者及異教徒，他們為了個人所信，不惜與人大動干戈，與不同文化觀點產生摩擦矛盾，可見星象的人有「十字軍」的影子，弄不好更有可能成為恐怖組織。

火星在信仰宮位代表人很主觀，很有個人的一套想法，甚至其信念偏執並非主流，但火星具爆炸力，加上人馬精神，所以其觀點極具感染力，命中人有煽動群眾之能，可見如命格良好者，甚不難成為一些極端信仰及理念的發起人。

受到天命所指，這些人本身已有離開本國的想法，有熱切探討別地的衝動，有侵略別人領土的意願，有些情況更可能是迫不得以地離開，可想大航海時代的航海家，西進運動的美國人，甚至是被賣到舊金山的中國僑胞都有這樣的命運。所謂：「人離鄉賤」，火星在此亦告訴在外的際遇辛酸，生活絕不好過。

可是，擁有這種命格的人只有在國外才有建樹，在異地才能發揮火

星的最強一面，若然是移民海外者，肯定是僑鄉宗親會的成員，他們有帶領自家民族對抗本地人的精神，並會視在異鄉建立本土文化為己任。

最後，火星在遷移宮容易發生交通意外，另他們也缺乏安全意識，不怕進入一些高危地區，可想這些人「客死異鄉」比「悶死家中」的可能性更大。

【第十宮】：眾人一向視火星為凶星，無非都是因為他們過於好強呈勇，行事激進，喜歡進佔，一副強搶豪奪和侵略本性有關。但火星在名譽宮卻一反常態，此處是最能展示其野心魄力的位置，宮位強調了權勢、企圖、壯志雄心，並突顯出有恃無恐的執行力，然而他們在汲汲營營追求名利之時，通常都會為人帶來巨大的聲望和威勢。

火星在十宮，對個人事業的推動力很強，這個宮位的人拚勁十足，專業高效，會揭盡所能爭取成功，毫不畏懼任何競爭和挑戰。這些人普遍作風強悍霸道，有強烈的支配欲，已決定之事基本上沒有人可以改變，在大業上絕不容許有半點阻力，對於阻礙自己的人，誓要將他消滅，總之在成功路上，遇人殺人，遇佛殺佛，過河築橋，見山劈石，直至把所有阻礙都清除為止。

所謂：「商場如戰場」、「弱肉強食」和「對別人仁慈即是對自己殘忍」，這些觀念對於宮中人來說特別管用，礙於火星的重點是競爭，但冠軍只有一個，不是你死就是我亡，因此不主合作，也沒有合作共贏，是「零和」遊戲，是踩著別人屍體往上爬的行動。星象主張獨當一面，代表專業獨立的工作，是屬純發揮個人意志的事業。

星象亦強調高度體力和危險性，工作如運動員、軍警、建設者和醫生，另職務的負責人、工作小組的隊長、企業的管理者，總之任何需要行動力或作為帶頭領軍的人物都屬於星象的主事範圍。另外，如是女性，則喜歡已有成就地位，富有權力的野心家。

十宮的代表人物為父親和上司，火星在此一來代表父輩都為權力人士，掌有生殺大權，二則反映父子不和，並可能導致日後的反目成仇。命中人長大過後，如是僱員則易與老板或權威人士發生衝突，如身為領導則強權管治，對下屬要求絕對服從，而且宮中人有能反客為主，野心勃勃地不斷往上爬，總有一天能超越前人位置，甚至令到昔日的上級變成自己掌控的下人，所謂：「長江後浪推前浪，一代新人勝舊人。」最後，命中人一旦得勢則聲名大噪，一旦失勢則聲名狼藉，失運時易生是非壞名，有如江河日下，一去不返。

【十一宮】：先問你信不信火星會熱心幫人，並從事義工團體方面等工作？信者正確，不信者亦都正確！

與過往情況一樣，火星在社交宮位有主動熱情交友的特徵，如今十一宮是個社團位置，代表盤中人有投入於團體活動的積極態度，反映他們喜歡結交有共同理念、興趣和嗜好中人。基於火星的完全投入，盡心盡力，命主便不難為成為團體中的重要人物，在圈中發展和冒起的時間相當之快。火星在此表示人有成為團體領袖的欲望，喜歡被人抬舉和崇拜，他們需要朋友的支持來滿足自己當「大佬」的心願。說穿了，這些人就是利用朋友圈來物識自己的跟隨者，廣東俗語便是「收嚹」。

火星和太陽在十一宮有些相似，這些人一般具有義氣，肯幫人，見人有難絕對不會見死不救，甚至是第一個企出來捍衛朋友的人。本質上，太陽講名譽，火星講霸道，一般是以「權力」助人（金星用財力），例如為人擺平一些爭執事，或幫手 Call 馬一齊搬屋等等。然而，他們對朋友熱誠，目的只是為了增加朋友對自己的忠誠度，藉此換來對方的真心投誠而已。

可是，火星在交友宮即是說命主把社交圈當作戰場，然而他們的朋友都是頗具脾氣，頗有自我風格的人，甚有資格成為命主的對手。所以如宮位的人遇上不被干涉，或不被操縱的人士，就會與之發生爭執衝突。再講，宮中人有如狼群中的領袖，他們不容許圈內有「逆我者」，

西洋占星III《行星編》

為了迫人就範，甚會不惜一切方法將之威脅，務求把他趕走。

矛盾的是，雖然說「順我者生」，但始終火星的控制欲實在太強，對自己人的要求也未免太過苛刻，作為他的朋友受氣實在所難免。假如圈中人對他稍有微言，也會被視為下一個的排斥對象，須知道，十一宮代表最無關痛癢的人際外層，大家的地位相等，合則來不合則來，如此一來，為什麼我要受你氣？所以，火星以十一宮的仇家最多，與人針鋒相對的情況最為嚴重，這些人終身都沒有人緣助力，事關所有認識他的人都有潛質變成敵人。

星象亦反映人的理想崇高，有抱負，並不會只想不做。無可否認，他們通常都有具體落實的可行辦法，但可惜人心高傲，缺乏人緣助力，如果只是一些個人的卑微理想倒不難達到，若果牽涉萬眾齊心，眾志成城，宮中人卻完全沒有這方面的能力。最後，火星在水瓶的地盤，有推翻現存事物的理想，有採取流血革命的決心。

【十二宮】：這個宮位的火星，有如惡人被困進了惡人谷，龍游淺水都要遭蝦戲，星性不易顯露之餘，也有「暗戰」的意味。

十二宮可說是火星最不利的位置，行星處於最弱狀態，心性欲望大減之餘，連脾氣、進取心、競爭力全都沒有，從前的主觀、第一優先變成現在的客觀、讓你行先。行星在此失去了行動力，情況有如被困監獄、意外傷殘、遭人禁錮，總之就身不由已，缺乏行動力可言。他們完全處於被動狀態，只有一直被捱打，全無還手之力，無力感重。

嚴格來說，十二宮的火星不是不能動，而是「暗動」，其實他們的所有行動都在私下進行，行動帶有隱密性。因此在情緣方面，命中人對於喜歡的人不敢追求，但卻有很多不能公開的戀情。這些人只能從事幕後工作，或在宗教慈善方面上發展，才有較為理想的成就。

同樣地，火星在此只會暗中地憎恨他人，就算有何不滿都不會表

現出來，反傾向以小人方式在別人背後偷襲，或利用陰謀詭計陷人於不義。最常見情況，命主會刻意在人前發牢騷，或利用讒言非語，讓身旁的人都替你不齒，以借刀殺人的手法讓人給你報復。

十二宮的火星很敏感，常疑生暗鬼，總認為遭人在背後扯腿，說自己的閒話，有這樣的想法無非都是多行不義，樹敵眾多所致。宮中人雖不與人直接對抗，但笑裡藏刀，暗箭難防，這些偽裝的侵略比明刀更令人感覺無恥。

這些人的夢想通常帶有破壞性，文中開頭曾說脾氣的過度抑制，不但對自己身體不好，過度的抑壓只會換來不受控的爆炸。由於十二宮是潛意識的地方，可能是母親懷胎時受到壓迫，因而植入了不爭和抑壓情緒的潛意識，因此這些人表現平靜，很少讓自己脾氣表露出來，對於個人的欲望也傾向隱藏心底。

可是，火星始終有欲望，心裡總有自己想要的東西，行星落在雙魚地盤即意味渴望消除與別人之間的仇恨，不受到排斥，理想達到彼此完全沒有界限的境界。

補充閱讀：熒惑守心

中國古代稱火星為「熒熒如火」，因其位置、亮度時常變動，讓人無法捉摸，因此古人稱之為「熒惑」。古人似乎對於紅色的星曜都特別存有戒心，尤其是過度閃亮和飄忽不定的行星，認為它們具有攻擊性，有侵略意味。

在中國古代，凡是漂忽不穩定的星體皆稱為「客星」，客星與主星的最大區別就是傳統與反傳統之爭，正統代表千古不變，反之主事變幻無常，不守常規，更甚者還會顛覆原有基礎，引發混亂。

正因為此，火星在古代占天學上被視是為一大凶星，主殘、疾、喪、飢、兵等惡象，並常與旱災、疾病、戰亂、死亡相關，所以「熒

西洋占星III《行星編》

惑」又有「赤星」、「天罰」和「執法」等別名，在西洋占星上，火星也代表著鬥爭、略奪、凶危及意外。

「熒惑守心」的「心」即是廿八宿的「心宿二」（Antares），古稱「大火」或「流火」，即西方天蠍座的心臟。然而英文的 Antares，分別由 Anti & Ares 兩個字合併而成，Ares 是希臘神話中代表火星的戰神，可見「心宿二」是反戰神的意思。

「心宿二」主要有三顆星，古代均以帝皇喻之，中間一顆最亮星對應皇帝，旁邊的兩顆對應太子和庶子。而「熒惑守心」的「守」是說明行星逆行時，在視覺上的停留狀態，基於此情況會在天上延續數天，看似火星在「心宿二」的位置徘徊不動，窺探帝星，因而兩星的接近如像對帝王的威脅和凌犯，令不安感大增。據《天官書》記載：「熒惑為孛，外則理兵，內則理政，故曰雖有明天子，必視熒惑所在。」因此，「熒惑守心」便往往視為「大人易政，主去其宮」即對當權者來說，不是皇帝駕崩、失帝位，就是大臣叛變謀反、諸侯作亂，代表輕者失職，重者喪命的徵兆。

從上所說，「熒惑」須要在心宿位置停留，實屬非常罕見的天文現象，上一次發生的時間為 2001 年，下次要等到 2095 年，因此世人對此現象皆極為重視。據說歷史上其中一次最明確的記載，就是秦始皇的駕崩。此外，《漢書》記載：「綏和二年春，熒惑守心，二月乙丑，丞相翟方進欲塞災異自殺，三月丙戌，宮車晏駕。」說西漢成帝綏和二年，因懼怕「熒惑守心」逐下令賜死宰相，妄圖轉移禍應，宰相翟方死後不久，漢帝突然暴斃，始後，王莽稱帝，漢亡新立。

不知是巧合與否，「熒惑守心」的效應，不多不少都應驗了帝黃駕崩之兆，例如梁武帝、後梁太祖、後唐莊宗、元順帝等古代君王，當然，生死由命，富貴由天，星象乃是外應，「熒惑守心」只是當中比較著名的一種星象而已。

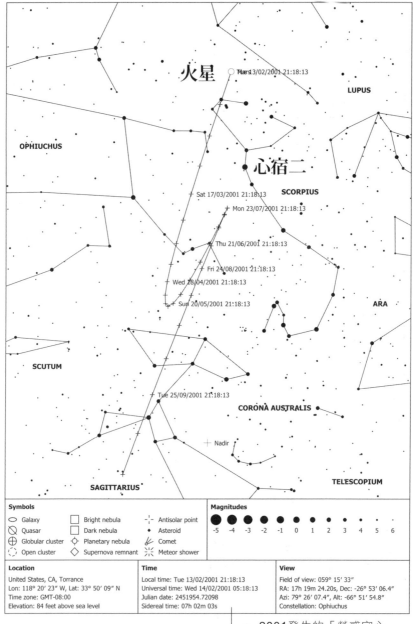

火星　　Tue 13/02/2001 21:18:13

LUPUS

OPHIUCHUS

心宿二

SCORPIUS

Sat 17/03/2001 21:18:13

Mon 23/07/2001 21:18:13

Thu 21/06/2001 21:18:13

Fri 24/08/2001 21:18:13

Wed 18/04/2001 21:18:13

Sun 20/05/2001 21:18:13

ARA

SCUTUM

Tue 25/09/2001 21:18:13

CORONA AUSTRALIS

Nadir

SAGITTARIUS

TELESCOPIUM

Symbols

◯ Galaxy	☐ Bright nebula	-¦- Antisolar point	
◌ Quasar	☐ Dark nebula	◆ Asteroid	
⊕ Globular cluster	◇ Planetary nebula	✦ Comet	
◌ Open cluster	◇ Supernova remnant	✳ Meteor shower	

Magnitudes

● ● ● ● ● ● ● • • • ·
-5 -4 -3 -2 -1 0 1 2 3 4 5 6

Location
United States, CA, Torrance
Lon: 118° 20′ 23″ W, Lat: 33° 50′ 09″ N
Time zone: GMT-08:00
Elevation: 84 feet above sea level

Time
Local time: Tue 13/02/2001 21:18:13
Universal time: Wed 14/02/2001 05:18:13
Julian date: 2451954.72098
Sidereal time: 07h 02m 03s

View
Field of view: 059° 15′ 33″
RA: 17h 19m 24.20s, Dec: -26° 53′ 06.4″
Azi: 79° 26′ 07.4″, Alt: -66° 51′ 54.8″
Constellation: Ophiuchus

• 2001發生的「熒惑守心」

西洋占星 III 《行星編》

第七章・木星2

4
木星

守護星座：人馬座、雙魚座（第九、十二宮）

廟：人馬、雙魚　旺：巨蟹　利：摩羯　陷：雙子、處女

屬性：大吉、熱、濕、陽

心理：信念 Belief

週期：十二年一周天，一年一星座，十二日行 1°

身體：肝臟、臀部、大腿

人物：老師、教授、指導者、貴人

逆行：每年，週期約 4 個月

西洋占星III《行星編》

神話

古希臘神話中，眾神的最高領袖為宙斯（Zeus），羅馬人稱之為朱庇特（Jupiter）。宙斯的形象肅穆莊嚴，祂左手拿著雷電，右手托著權力球，出外時騎上大鵰。宙斯不僅是天空之神，還統治著神界和人間，祂能駕御自然，還掌管著神和人的命運。

宙斯原為克洛諾斯（Kronos）的最小兒子，其父親因推翻祖父烏拉諾斯（Uranus）而取得最高權力，但烏拉諾斯臨死前作出詛咒，說祂也會被兒子推倒下台。於是克洛諾斯決心把自己的所有兒女吞入腹中。宙斯的母親瑞亞不忍兒子被吃掉，於是以狸貓換太子的方式，用石頭換走宙斯。宙斯長大成人後，用瀉藥混入酒中給克洛諾斯飲，因而成功救出眾兄姊，從前被吞下的海神波塞頓（Poseidon）、冥王哈帝斯（Hades）、天后赫拉（Hera）、穀神狄蜜特（Demeter）和灶神赫斯提亞（Hestia）便合力聯手對抗其父，功成後宙斯便被推舉為眾神之神。

神話上關於宙斯的故事眾多，但基本上都是圍繞著其荒唐淫亂的風流史，祂有七位法妻，全都是祂的媽媽、姊姊和表姊妹，而且祂還有眾多情人，不論女神、仙女或是凡人皆無一幸免，甚至還有一些男寵。由於宙斯的桃花旺盛，其子女眾多，很多英雄人物都是祂的子孫和後裔。然而宙斯的功積是賜給人間法律，建立了王權和社會體制，祂的形象更是父權社會及中央集權制度的體現。

行星特性

木星（Jupiter ♃）中國稱為「歲星」，此乃太陽系中第五行星，是占星學上的第一大吉星（The Greater Benefic）。

說個故事，前文介紹了太陽的死對頭火星，今次要說太陽最有力的拍檔木星，本質上，木星的實力與太陽可謂不相伯仲，是故事中唯一能與太陽匹敵的人，但木星傾向扮演支援者的友好角色，只會在緊急關頭才出來支撐一下，為大家解困。然而，太陽和木星聯手時威力驚人，可以說是天下無敵，但木星有點清高，當大家一旦脫離險境，木星便會自

動離開，不爭半點功勞。

自美索不達米亞時代開始，木星即被視為地位最高，力量最強，影響力最大之神。它亦都是太陽系中的巨無霸，然其質量之大，比八大行星的總和還要高，其體積更是地球的 1300 倍，單是木衛三就比水星大，由於木星擁有如此巨大質量，科學家經已証實除太陽之外，木星本身都會發出能量。

木星有一個固態內核，外層被液態氫金屬包圍著，因此它是個很好的導電體，而且行星自轉速度極快（約9小時），可以想像木星是一個高速旋轉的巨大能量球，加上行星的導電效應，結果木星成為了太陽系中最強的磁場來源，其向外太空散發的輻射量要比它從太陽吸收還要多，此輻射範圍更可伸延至 6 億萬公里，即遠遠能夠覆蓋整個地球。

• 木星之所以有巨大能力，原因是它有潛質成為另外一個太陽，事關其質量已達行星極限，若然再給予一點質量，木星便合達到產生核融合反應的條件，繼而成為一顆恆星。圖乃 2017 年 2 月，美國太空總署宣佈發現了 7 個地球大小並適合人類居住的行星，而此星系的母星（即地球之太陽）略比木星稍大，名為 Trappist-1。

在占星學上，木星之所以視為最大「吉星」，一方面關係其巨大實力，二來無限量發放代表無私的給予，慷慨的饋贈，充足的支持。此星不講條件，星性全無副作用，它是個大慈善家，是個幫人者的角色，所

以木星不論落入什麼宮垣都好處多多，壞處卻不見得，如落在後天人際宮位，則代表可以從相關人士身上獲得益處。所以「木星宮位」第一告訴我們，在那裡找尋自己的貴人，在那裡最能得獲良機，此處並是個人最具自信和幸運的地方，可見木星的「貴人」稱喻絕非浪得虛名。

木星不停地發放能量，代表人有遠大目光和積極向外的擴張性，理想無限制地膨脹和伸展的決心。它是個建立哲學觀、宗教、信仰以及道德的角色，有將個人信念分享，將理念傳承，有薪火相傳的延續精神。在此，木星會鼓勵人擴大自己的理想，跨越不同的領域，作出多方面的嚐試，它並會指引前路方向，提供目標和機會。

有這樣的理想，全因木星對生命有極高的期許，此星會不斷地找尋、探索、發掘新機會，不甘於現在所得，不會讓人生的步伐就此而停下來。因此在占星學上，木星代表意識上的擴張和膨脹，行星會敦促我們吸收新知識，努力征服新領域，在質量上的不斷昇華和朝更高標準邁進。從本質上看，木星很貪心，行星追求多多益善，小小無拘，總認為越多就越好，其不易滿足的心態便是導致行星有多元化、色彩繽紛和內容豐富的原因。

木星代表著成長和哲學觀，它是智慧和靈性上的進化、開導和提升的過程，是追求更高層次的踏腳石。為了達到更上一層的目的，木星採取的手法明顯正氣和大道，例如是提高個人的教育水平，透過異方文化來增廣見聞，高等學養如宗教、哲學和文化方面的研究深造等，說到底，木星有如個人心中的一位賢者老師，它幫助你開竅，從生活體驗中引導你的智慧來。

文化內涵與道德修養是成正比的，因此木星也反映一個人的道德標準、信念、態度和願力，以及一切在精神上的追求。更重要的是，木星強調優越、崇高和公義，是真理、正信的守護者，世人所推崇的良好品格，例如中國人的美德「仁、義、禮、智、信」都是木星所推崇的，因此西方稱木星心理為「人的神格」。

- 木星每十二年環繞黃道一周，即每年駐紮一個星座，因此同年出生的人都是同一個木星星座。木星的吉性在於這班人的集體祝願和信仰，是吉利運情的反映，而「十二生肖」之由來亦都和木星有關。

從多方面所見，木星的精神性質強烈，星性不世俗、不政治、不好財，也不好色，看似不食人間煙火。不過，行星符號的十字部首告訴我們，木星的物質性質同樣存在。試想想，假如一個人每天都要營營役役地為生計而煩惱，又何以有閒情日緻來研究哲學和生命方面的種種問題，這些事情一般都是「唔憂做嘅人」才會朝思夜想。在此，木星有如助學人，它給你獎學金，會給你安排所有生活所須，當中包括金錢和時間，當人不用擔心生計，便可了無牽掛地專注在學問上發展，或者說，只要你懂得運用這方面（學問）的專長，就可以從中賺取大錢，可見木星也是個「財神」。

木星又是個「閒神」和「壽星」，事關這個行星很得閒，看似常無所事事似的。的而且確，木星不會教你花太多時間勤勞工作，它只會叫人多想而少做，做事要「簡單而正確」，而不是急於開頭，勇於認錯，可想只要少走歪路，剩下的時間就可以好好學習，好好休息。可見木星既給你財富，又給你時間和空間好好享受，人生有如此的運道，該稱得上是有「福氣」吧！

西洋占星 III 《行星編》

木星一方面給人「福氣」，另一吉性在於「保護」，話說在火星和木星之間有一個密集的小行星帶，估計小星體為數多達 50 萬顆，得助於木星的巨大質量所吸引，這些遊離星體才不致撞向地球。再講，木星和土星都在明在暗保衛地球免受隕石襲擊，但土星用的方法是禁止、限制和封鎖，而木星則用疏導、引領和重新定向，主張較為自然柔性的手法。所以在占星學上，木星有「蔭庇」人們的意義，此星不會令人遭到嚴重傷害和打擊，也會幫助解除對自身的潛在威脅。

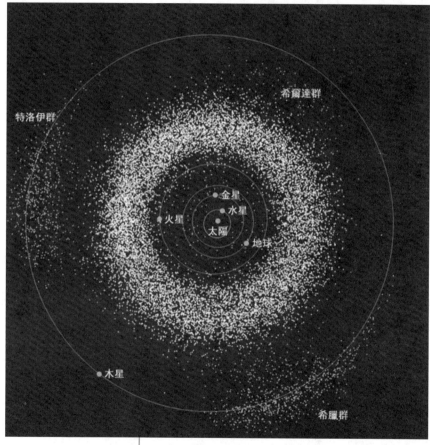

- 木星讓隕石遠離地球，某程度上給地球帶來一定的保障，占星學便以此作為保護者的角色。

當一個人遇到困境、阻滯和厄運，木星能給人堅強信念，以樂天的心態去面對困難，它會一直陪伴你，叫你「唔洗驚」，不要放棄，希望就在明天，這個給人堅持度過難關的力量就是我們所謂的「信仰」。更「正斗」的是，木星不但會鼓勵你，還會為你製造機會，讓你在心灰意冷之時見到曙光，而且木星機遇有能讓人華麗轉身，在似乎要失敗之際得到一種突然助力，或在接近放棄之時令人重拾信心，在疑似山窮水盡疑無路的時候，給人看到柳暗花明又一村。假如要從上種種跡象作出解釋，或許，這就是叫「幸運」吧！

最後，木星看似優點眾多，它能給人不可思議的運氣、良好機會和巨大成就，其功能卓越，無可挑剔，但木星依然存有負面性，就是行星的「過量」行為。由於木星本性大方，給人的東西只會有多無少，漸漸而來便導致人心不足，得隴想蜀，令人的期望往往過高，就算何等佳績都難以令人滿意。此外，在木星把信念推銷給別人之時，也有誇張浮誇之嫌，事關行星不論正信或迷信都喜歡吹噓一番，以它的慣性，只有「吹大」卻沒有「吹小」。

補充一說，木星一曜在玄門術數上可謂大名鼎鼎，而且星性都是共通的，行星在紫微斗數上是貴人星曜「天魁」和「天鉞」，在四柱八字

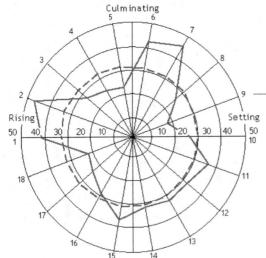

- 法國人高奎林研究火星效應時，也發現其他行星在合軌中線的代表性，火星代表運動員，還是醫生和總裁的行星，而木星則可成為演員、學者、記者、編劇和故事創作人，另月亮可以成為作家及政治家，而金星則是音樂和藝術家之星。

上是「日貴人」和「夜貴人」，在大六壬神數是「陽貴人」和「陰貴人」，另有別號為「天乙貴人」和「玉堂貴人」。說到底，木星在中西方玄學都是一個很大的題目，其衍生品均有機會在各種不同類型的術數上出現。另外，讀者有否發現，一顆木星為什麼會有兩個貴人，答案卻關乎木星的另一個分身「太歲」，此點稍後再有解說。

木星逆行

木星平均每年逆行一次，每次為期約四個月。

木星逆行 (2018 ~ 2025)
9/3/2018 ~ 10/7/2018
10/4/2019 ~ 11/8/2019
14/5/2020 ~ 13/9/2020
20/6/2021 ~ 18/10/2021
28/7/2022 ~ 23/11/2022
4/9/2023 ~ 31/12/2023
9/10/2024 ~ 4/2/2025
11/11/2025 ~ 11/3/2026

凡木星掌管的範疇如幸運、信仰、擴張和探索，換言之，凡是有關事務擴建，或是個人學習和提升，甚至是出外旅行，在木逆期間都會受到阻礙。在木逆期間，個人的擴張速度會明顯減慢，不論在進修、工作、生意或理想的實現都感到不如預期，或消耗比原來更多，資源和精力花費更大，此時事情無法繼續擴展，容易令人感到迷茫，甚至是失控，懷疑方向錯了或發展已到盡頭。

木星的過份樂觀，往往令人輕視了問題的困難度，而且貪得無厭更是危機的主要成因。逆行的作用就是為了遏制行星的盲目擴建，嚴控產能過盛，讓人減慢擴張步伐，經深思後撥亂反正，打好基礎然後再上。此外，木逆之時亦不宜出國遠行，在學術上易惹爭論，也有可能遇上法律問題，甚至是財務上也有困難，問題須視乎所在宮位的性質而定。木

星是幸運之星，木逆即說明關係之事沒有好運，所以在木逆期間大事不宜，擇日採用為忌。據個人經驗，木逆時期的運情表現並非真的太差；反之，此時心境卻風和日麗，內心胸有成足，腦海中卻有很多計劃，只是潛而待發，等待東風的到來。

在個人星圖上，如果發現木星逆行，代表這些人的態度審慎，樂觀情緒受到抑制，不太輕易看到其開心樂天的一面。另外，命中人多數沒有信仰，可能是個無神論者，在宗教、哲理，凡是有關精神上的話題都不感興趣。此人沒有空想，甚至連個人理想也沒有，對於他們來說，相信「睡覺」多於宗教是肯定的。事實上，木逆星盤即意味實際和慢熱型人格，這些人做事不急不躁，慢條斯理，傾向以不著痕跡、小步慢跑的速度來擴建人生，可見星座不發少年人，是屬於大器晚成的格局。

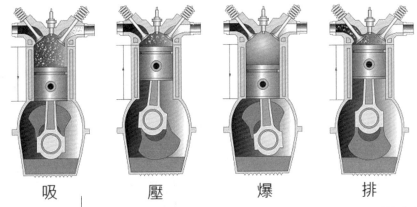

吸　　　　壓　　　　爆　　　　排

* 行星有所謂順、留、伏、逆的四個運動狀態，發動機也有吸、壓、爆、排的四個機械衝程，假如行星逆行是引擎的壓縮階程，它的出現就是為了產生巨大爆炸力而作出準備，假如理解這個關係，大家就不會視行星逆行為凶象。

木星掌丘

木星丘位於食指根部，丘位反映人的自信心及權力欲，進取精神與好勝心態，另外這亦是個道德信仰的位置。

木星丘發達飽滿的人，為人積極上進，有遠大志向，他們大都支配欲強，享往權力，而且忠誠可靠，有事業責任心，因此如星丘良好者，在事業上大不難成為管理階層，或在職務上擔當重要角色。更重要的是，星丘傾重精神上滿足，名譽和尊嚴對他們來說，比物質金錢更為重要。這些人不會為五斗米而折腰，從而給人品格端正，一副正氣凜然的正面形象。再講，這些人有著「君子愛財取之有道」的精神，定必以身作則，以高道德品行作為待人處世之道。

　　相反，如木星丘較扁平低陷，代表人沒自信，怯懦怕事，見機不敢嘗試，利益在前也不會掌握。事實上，這些人較順從，沒有野心也不愛表現，易妄自菲薄，假如星丘再有破壞符號，例如交叉紋，則表示此人毫無道德觀念，不誠實和愛推卸責任。

　　木星丘亦都是掌中的「偏財位」，所以如星丘豐隆紅潤代表橫財就手，財來易得，舒舒服服就能賺大錢。不過，這方面亦說明星丘飽滿的人冒險心強，有利的是勇於開拓，敢於接受新挑戰，而缺點就是過份自信，常有賭一把的僥倖心態。

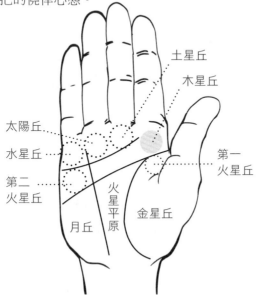

土星丘

木星丘

太陽丘

水星丘

第一
火星丘

第二
火星丘

火星
平原

金星丘

月丘

木星宮位

「木星宮位」代表幸運、財富和福氣之由來，並是個人信念之所在，或當時人最感自豪和優越的地方，另其主管機會創造及成功方向，及以何方式與人分享信念和利益。有關「木星星座」的內容，將在下書與對星組合一同解說。

【第一宮】：要判斷一個命局，有一件事可以先行確定，凡第一宮內駐有行星，盤主基本上都是強調自我價值的人，木星在此就更特顯出命中人的優越感，自我感覺良好，具個人的執著，事關他們人生最大的信念和幸運就是自己，亦即是說他們本身就是「自己的貴人」。

一般而言，木星入命的人給人印象都是正面的，這些人樂觀自信，心境開朗，為人心胸廣闊，恢宏大量，普遍是個幽默和輕鬆的人。更重要的是，宮中人行事光明磊落，情操高尚，有強烈的道德觀。木星賦於他們率性外向的個性，所以命中人總是精力充沛，活潑好動，他們崇尚自由，不受約束，經常往外跑，樂於參與各式各樣的運動，喜歡接觸大自然。

因木星的擴展性，導致當時人有不斷充實自我的渴求，他們喜歡學習，無論是萬卷書還是萬里路，總之是能夠增廣見聞及提升閱歷的事，都會令之樂此不疲。就因為有如此良好的學習態度，隨著年齡的成長，智慧和經驗不斷累積便成為了他們的優勢，因此木星一宮的人在事途上，甚有可能發展成為學者、導師、教授或指引者角色，並以宗教、哲學、命理上的發展尤其有利。

木星一宮的另一大特點就是朋友多、人緣好、關係廣，事關木星具有人際吸引人，一方面他們待人和氣，慷慨大方，另一方面也因為他本身就是「貴人」，所以易得人支持，個個都想和他做友朋。這些人不用刻意挑選，便自自然然吸引到一些良朋益友來建立社交圈，而且這些同輩好友也有可能與之組成合作班子，為他帶來實際利益。

另一個朋友多的原因，確實是由於他們「死好命」，常有「正見」（正確觀點）和「好運」所致。無可否認，星宮的人想法開明，視野廣闊，眼光獨到，如像有洞見未來的預知能力，有些時候和他們交談，便有聽君一席話，勝讀十年書的感覺，這些優點就注定了命主在交際圈上無往而不利。

「僥倖」也是命中人的一大必殺，木星一宮者樂天得來又大膽，他們只顧追趕理想，每每都低估了事情的困難度，次次都總是以下賭注的心態來作嘗試。就是這樣，撞板之事便頻頻發生，但得上天之眷顧，他們總有非常幸運，每每都能逢凶化吉，化險為夷。木星不但給之大難不死，還會給他們帶來絕地反擊，讓他們在機遇中不斷進步昇華。

在中式術數中，有一種叫「自坐貴人」的說法，解釋為自給自足，不用看人面色，憑個人努力就能做出成績來，這個解說用於此處也同樣合適。的而且確，木星立命的人生確是孤立無援，沒有人能夠庇蔭你，凡事都只有靠自己。可是，木星的優勢就在於此，筆者稱之為「自助餐」式的幸福，事關這些人的自我優越，不受到約束，加上本身有才，能夠為自己製造機會，是「為己謀不為人謀」之意，因此便不需要依賴別人。再講，他們有眼光，觸覺敏銳，能夠察覺時局變遷而作出相應計策，及早一步捷足先登，從而令自身處於極大優勢。如此一來，宮中人在人生道路上的好運，全都是由自己一手一腳製造出來。

不難發現，許多白手興家的人都是木星一宮者，木星在此不但提供眼光和運氣，它更似是個事業上的編劇和成功的設計者。宮中人能憑藉心中構想的故事、計劃及未來的美好報表，便不難吸引到一些志同道合和他一齊打拼。假如不是從商者，命主就算打工也容易晉升高位，木星的領導力讓人不論從事什麼工作都注定是首席第一，甚有高官首長的氣勢。特別是中年（四十過後），宮中人的大好運便會飄飄而至，此時名聲和地位便會呈三級跳的大躍進，換句話說，木星一宮代表有戲劇化的人生故事，並是晚發的象徵。

木星立命的人很有晚輩緣，他們除了自己積福，還會福澤他人，特別是惠及下一代，這些人易兒孫滿堂，桃李滿門。最後，木星在此也主人宅心仁厚，因而易得長壽，但要小心中年過後，「日日有食神」而令人心廣體胖，有中年發福之驗。

紫薇星命 真正的強者是在夜闌人靜的時候，才把傷心拿出修補，完事之後再塞返入去，當睡醒過來又是信心百倍。愈是堅強的人，就愈沒有靠山，因為他們就是自己的靠山，對於他們來說，成功沒有僥倖，幸運是由自己創造，天下是自己打返來的。

【第二宮】：財神到，財神到，好走快兩步，得到佢睇起你，你有前途。木星的吉性，不但可以為人雪中送炭，更可以給人錦上添花。此星若然與其他凶星同宮都能化解凶性，甚至是化險為夷，能夠把惡勢力引導去良好一方，但如果宮位已有吉星，便是吉上加吉，好事成雙，有數量上放大之效應，如今木星落入財帛宮便是大富的表示。的而且確，這是個繁華富裕，資本充裕，物質生活不虞匱乏的星象，這些人未必一出生就很富有，但經過多番努力，必然能踏上致富之途。更重要的是，就算當時人一時財政緊張，木星也會為他帶來祝福，在適當時候自自然然會有解決辦法。

木星的幸運也示意賺錢容易，進財易得，有 Easy Money 之稱。這些人的富裕多數以資本生財，懂得錢搵錢之術，也可憑藉專利而發達，行星在此有「特權」的意味。又因木星的擴充及多元化，代表進財之道事半功倍，還有多門路，財源多樣化的特性。但要留意，木星在此也有可能涉及欺詐，或言過其實，與商品說明不乎。

可能財富來得太輕易，再加上木星本質慷慨大方，所以宮中人對金錢不計較，不著緊，一來不會吝惜與他人分享財富，另外自己也有奢華浪費的習性。還有些情況，命主對將來的過度樂觀，便不管未來有沒有

收入，眼前都要好好享受，有先洗未來錢的習慣。

【第三宮】：木星三宮代表人有向外開放的性格，有良好的人際關係，兄弟同學對自己的助力尤其明顯，甚至他們能為人生帶來幸運和益處，此謂兄弟為「貴人」也！

木星在此，命中人普遍兄弟姊妹眾多，並與之感情融洽，與鄰居和親友也能保持著良好關係，他們容易得到親人及近朋的助力和幫助，能夠從這些關係中受益良多，在未來或有機會互作支持和勉勵，總括木星在人際宮位甚有「因人成事」之宜。

木星三宮反映人有美好的校園生活，這些人喜歡求知，另興趣多多的他經常四處走，熱忱參與眾多不同的課外活動。在學業方面，木星給人從學習中帶來樂趣，在書中找到黃金屋和顏如玉，找到人生價值，所以他們好學不倦，甚至養成終生學習的習慣。宮中人在唸書時已是品學兼優，事關木星在此給人帶來很好的考試運，讀書不用過份用功都能夠取得優異成績。

他們受到老師同學愛戴的原因，也和他們喜歡分享知識理念有關，事實上，這個宮位的人很聰明，頭腦靈活，話頭醒尾，十分開通，另他們的溝通力強，有寫作天分。更重要的是，木星三宮的表達方式禮貌得來具說服力強，木星沒有水星的多言，卻有精明通透的觀點，並富幽默感和哲理思想，他不太會直接明示，但卻能引導別人了解他的想法。無可否認，宮中人的博學多才是有目共睹，其言之有理，能在談笑間用兵，充滿謀者和大將之風。

【第四宮】：木星在田宅宮，所有福氣及幸事均離不開家庭和族人，命中人祖上有德，先人墓地風水好，所以家運昌隆，易得祖先庇蔭。這些人普遍出生在大家庭，其出生背景可能十分不錯，而且家族人丁昌旺，堂表兄弟姊妹眾多。

四宮的主要人物為母親，命中人與母親有緣，與母親的感情關係特別好是肯定的，但不是說他們與父親及其他族人相處不融洽，木星在此只是強調命中人的成長，價值觀及信仰的建立，很大程度上是建基於母親的教導和啟發。再者，木星在四宮，家族是命主的有形無形資產，族中的每一個人都有可能是命中的貴人，從雙親身上獲得幫助是星象要告訴大家的事。

　　木星四宮又主家居環境寬倘舒適，有大面積的生活空間，而且命中人的田產運特別好，可以買樓收租，或從事物業方面的工作。這些人亦有機會承繼家族財產，由祖上得到可觀的土地和物業。至少，亦不會因置業而煩惱，通常都是由父母比錢買樓首期，或索性送你結婚大屋，事關貴人給你是不用還的。由是觀之，宮中人甚有可能是個「有錢仔」，一出生就注定衣食不缺，受到萬千寵愛在一身。最後強調，這些人極有利在出生地發展，或從事家族生意，亦反映下半生的運氣奇佳，一生都過著幸福愉快的家庭生活。

　　【第五宮】：木星落於五宮，第一代表命主在生命中的多姿多采，有色彩繽紛的璀璨人生。須知道，木星本身就是顆貪玩、愛玩樂、追求快樂的吉星，命中人受到影響，嗜好極之廣泛，對於各種各類的活動都充滿興趣，而且在娛樂方面能擲一千金，名乎其實是個「遊戲王」。另行星在此，亦表示這些人很有福氣，基於五宮掌管享受，即是說他們的工作少，享樂多，較多閒情日緻來享受人生，某程度還暗示著物質不缺，有可能是「唔憂做」的命格。

　　五宮的木星亦說明他們很有愛情運，在情場上是個幸運兒，他們的戀情多，侶伴好，在感情關係裡永遠是個被愛的對象。因木星的多元化，代表同一時間擁有情人眾多，容易吸引獵物投懷送抱，這方面有如宙斯的桃花魅力，情來沒法擋。更有利的是，行星會為人帶來夢寐以求的理想愛情，又或者觀音兵眾多，收兵都收到手軟。然而，這些情人亦都是你的「貴人」，他們會在精神和物質上滿足你，或在事業上有巨大幫助。

另木星在五宮也有促進創作力的作用，可想宮位的人大多才華橫溢，多才多藝，尤其是在文化、藝術、哲學方面有個人心得，他們的作品豐富，在創作演藝方面有一番成就。同樣地，「產出作品」在命理上也代表子女，所以他們有子女緣，孩子教順，而且大都優秀傑出。然而，這些子女不但與命主投緣，更是其人的幸運和福氣，可想假如宮中人是位老師，就最能發揮其有教無類，薪火相傳的精神。

　　最後，亦都是最重要的，五宮是個博奕位，即都是偏財位，所以這些人很有偏財運，投機賭博大都是他們的專長。如見此吉星，大可到澳門大殺四方，現在正好回應前文，命中人的「唔憂做」卻大有可能來自其投資或投機方面的所得。

　　【第六宮】：木星落入職業宮代表工作順利愉快，事途一帆風順，在職場上無往而不利。這些人工作雖然忙碌，但木星在此主人熱誠積極，視工作為享受娛樂，能夠苦中作樂的他，假如有相關興趣專長的話，說不定大可以此為業。

　　在職務上，木星在六宮的主要性質是主導大方向，星象一方面代表版圖擴張，理想事業愈做愈大，卻因六宮這個先天宮位處女的小心謹慎，老是盯著細節，在工作質量上嚴格把關，才能減低命主在工作上出錯的機會。由於工作表現理想，因此命中人工作機會甚多，容易受到上級的肯定和賞識，從而加以晉升和提拔，甚至被人高薪挖角。補充一點，如木星流年入於六宮，命中人的職場優勢是明顯的，此時職位上的提升，名譽、地位和權力的增加，當然薪金收入也會隨之而水漲船高。

　　在人物方面，宮位的人能穿梭「神魔」兩界，不論是高層上司或是低層下屬，總之和工作上的所有人都能和洽相處，合作愉快，可見他們人緣好，職場魅力過人，普遍是公司裡的模範榜樣。事實上，木星六宮即是說人在職場上有傑出的領導能力，就算他們不是高層主管，也是個團隊的領導者。事關木星本身是貴人星，一來代表背後有高人支持，另一方面命中人也喜歡提攜後輩，可見木星的吸收和反射作用，在工作上

能吸引到很多人，上司和下屬都成為了他們的貴人，上上下下都為你所用，個個都以你馬首是瞻。

一般而言，這宮的人大多健康長壽，事關命中人普遍有著良好的生活習慣，不煙不酒，懂得知陰進補，病痛很少。但要留意，可能行星的人食好往好，加上不會鍛煉，因此營養過盛，肥胖及三高問題卻少不了。

【第七宮】：木星在夫妻宮，有讓人羨慕不已的婚姻是明顯的，這些人天生註定有美好良緣，其對象都是優秀的人，通常有不錯的社會背景。又或者，其配偶可能是外國人，或是與之生活背景完全不同的人。除了感情良好，命中人也可以從關係中得到許多實惠的東西，此方面譬如是名望、地位和金錢，可見星象有「因夫／妻而貴」的特色。

木星之多元又代表多姻緣，這些人易有婚外情，就算已為人夫／人妻仍然魅力過人，婚後依然追求者眾。有利的是，除非木星有很多兇相，否則這些人絕少有離婚的情況，他們就有如眾神之神「宙斯」，可以擁有眾多的太太和情人，是少數能夠享有「齊人之福」的命格。

七宮又是個合作者的宮位，這些情人如換上了商業合作伙伴，當然情況更妙，相信命中人的成就更為巨大。的而且確，宮中人之所以桃花旺盛，人緣甚好，絕是拜木星在人際宮位所賜。這些人喜歡主動與別人建立關係，而且行星表面上的樂觀自信，態度親切友善，易得人信賴，便是讓他在社交場合無往而不利的條件。假如宮位遇上凶星，木星也有能化敵為友，化干戈為玉帛。再者，木星七宮即是說對方都是正氣大方的人士，而且個個都是你貴人，會給命主提供很多的利益和幫助。

最後，就算命主要離婚或商業拆夥，這些人和前度或合作者都能保持平穩關係，或者作出和平分手，至少對方沒有打算報復的念頭。

【第八宮】：凡七、八宮佈有行星的人，都容易因為他人而獲得好處，但始終八宮的性質偏向陰私，名譽地位卻不易得，但物質金錢卻少不了。

木星在第八宮可以說是非常吉利，並是個有「陰德」的星象。先說，宮中人有優越的理財能力，極為適合幫助別人打理財務，或作為基金經理及從事審計方面的工作。這個宮位的木星十分有利與人合作，與人組成商業結盟，又因吉星貴人在此，即是說金主非常信任你，甚至可能因為你而得到某方面的幸運。

此外，宮中人的一生也常有機會獲得他人的饋贈，或因婚姻和合作而得獲巨大利益，但基於木星本性正大光明，這些巨額贈與並不一定涉及非法勾當，當中的可能例子稍後再述。

同樣道理，八宮有星的人對性愛都是情有獨鍾，木星在此亦代表命中人在這方面的需求很大。但他們視性愛為人類正常行為，是普遍男女之間的歡愉享受和慾念交流，感覺正氣大道，較沒有淫邪之意。的而且確，宮位的人絕對是個正人君子，其作風高尚，他們的所作所為或是進財方式，雖然冷門但絕對乎合正道。

在信仰方面，命中人對於生死很看得開，能夠從正面來思考生命的真諦，另這些人對心理學、玄學及神秘學方面都很感興趣，有些人甚至可以在宗教或殯儀業方面發展。一般疾厄宮有星者只要有刑沖忌相，人生都易遭遇意外，或因親人的離世而繼承遺產，可是木星的吉性卻能保佑這些人，在如何危險的領域都可保平安，大步檻過。說白了，這宮如是吉凶並見，便是從事救災救難的星盤，行星在此有能發揮救急扶危，解厄解困的能力，命中人如從事醫療救護方面的工作可謂有絕大優勢。

說了這麼多，相信大家應該心裡有數，木星在此之所以可以樂觀地面對死亡，並能從他人的不幸和死亡而得益，全因為宮中人正是別人的「救星」及「善終者」。

【第九宮】：九宮掌管信仰和智慧，宮性與木星臭味相投，所以宮中人特別喜歡求知，喜歡自我充實和探索人生。他們大都具遠大理想，易有宗教信仰，對研習哲理及文化充滿熱情，畢生都在追求個人成長和學問上的進步。

木星在九宮的人，所有名譽、地位和財富皆來自其豐富知識和高等教育，這些人是個學習天才，有言語天分，通常具有很高的學歷。更重要的是，宮中人的「考試運」大都不錯，不管是正規學制或是專業執照都成績驕人，不是博士也是碩士的級數，或是個高水準的專業人才。

木星在遷移宮，外地與命主十分有緣，亦都是其幸運之所在，這些人有出國留學的可能，或者在海外工作。有些甚至從小就去了外國讀書，當他們學成歸來之後，還大有機會從事與國外相關的事務。而且喜歡旅行的他，不論在公在私也經常穿梭於國際之間，搭飛機對於他們來說可謂是家常便飯。再者，外方人亦都是命主的貴人，這些人與外籍人士相處特別融洽，亦會因他們而獲得更佳的晉升和發展機會。

在信仰方面，宮位的人很有悟性，他們在靈修或研習之時很易得到啟發，這方面即是我們所說的「與佛有緣」。再講，命中人很有原則信念，具個人立場，基於他們有豐富知識和涵養，加上多年的經驗心得，很容易發展出一套完備的哲學系統。而且木星在此，代表人的精神影響力極強，可見如果他們在宗教、哲學和命理等相關領域上發展，必定有一番成就，換而言之，星象可說是屬於一些教主、思想家及教育家的命格。

【第十宮】：木星在事業宮是個野心家、決策者、領導人，是個具有重大影響力的人士，這些人通常業界知名，在社會上有著顯赫的榮譽和聲望，然而卓越、優質、超凡便是你的代名詞，星象絕是崇高身份地位的象徵，很容易在公眾人士的星圖上發現。

事業成功一般離都不開三大途徑，一是同輩幫助，二是後輩支持，

三是上司提攜，如今木星落在代表上司及父親的宮位，理所當然以上級的助力最為強大。的而且確，木星十宮者的形象專業，表現出色，有著很高的領導才能，他們在仕途上可謂一帆風順，無波無浪，其晉升速度有如乘坐火箭，有能用很短時間來達成別人多年都達不到的職位和目標。更重要的是，宮中人很有上司緣，十分容易吸引到一些高官首長的青睞，可見其人與上層關係良好，加上眾多貴人對命主不遺餘力的提攜，便是其事業上無往而不利的最有利條件。

木星此處的幸運卻非來自自身能力這樣簡單，無可否認，宮中人的條件確實優越，但更關鍵是與天運及當時的大勢環境，「時來風送滕王閣」就正好道出木星在十宮得到天時地利之便。一方面，宮中人的父親、長輩可能是個有頭有面的權勢人士，他們的感情良好，在公在私也會盡己所能將之推上高位，另一方面命中人又十分爭氣，他們對於個人要求甚高，會努力不懈的奮發向上，畢生都在追求在事業上的擴張，有成就專業的精神。

木星在此也有傳播信念、推廣政策和大眾事務的特色，這些人大都從事對外事務，工作性質主要面對群眾，並以代表者及發言人的角色為大多數。而木星的中段力量，代表命中人的事業在中年會有突破性飛躍，此時地位平地一聲雷，亦會因為巨大的成就而帶動財富上的可觀進帳。

【十一宮】：與其他人際宮位解釋相約，木星在交友宮的廣義是人面廣，人脈眾，而且此人際助力非常巨大，所謂：「天時不及地利，地利不及人和。」木星在此即是說此人很有人緣助力，認識的朋友全都是自己的貴人。

嚴格來說，木星在此有「質和量」上提升的意思，一方面命主好交朋結友，其社交圈廣，相識滿天下，首先代表在數量上增多。事實上，這宮的人有著多多益善的交友心態，無論富人或是窮人都能一視同仁，與不同階層都能建立良好關係。再者，他們的興趣廣泛，熱衷參與各種

不同類型的團體，和不同社交圈都有緊密連繫。雖然說宮中人不會「大細超」或作選擇性交友，但木星在此即說明這些朋友非富則貴，大都是有頭有面，屬於上流社會的人佔大多數，可見星象也有高質素的意思。

因木星之故，宮中人的理想都是宏大的，慶幸地，行星的吉性卻容易令人願望成真，有著心想事成的祝願。況且，木星在眾人宮位代表有能團結大眾，能鼓勵群眾為自己作出行動，記得先前曾說命中人易結交到位高權重，並對自己慷慨大方，認真願意幫助你的人。如此一來，命中人要錢有錢，要力有力，只要他們有概念，有想頭，就能輕易發起群眾活動，以合眾力量來完成個人理想。

【十二宮】：木星落於十二宮可謂非常吉利，行星在此屬於強勢位置，所以宮中人絕對是個幸運者，是個享有「天福」的人。但是，星象在此的吉性不在於俗世上的富貴榮華，而是在於精神上的心安理得，代表命中人一生順遂，每每能隨遇而安，不遇凶危和困擾，這是個前世多作福，今世得福報的命格。

一般而言，所有行星落在十二宮，星性都不甚明顯，如今木星的情況也同樣如是。因此星宮者的樂觀積極都不會表現在面上，反主性格冷靜和低調，喜歡獨處和沉思，傾向過著一些平淡隱世的生活。而木星的幸運，只有在遭逢危難的時候才會發揮作用，正因為此，這些人通常都有一些離奇際遇，在生活中常遭遇困境和挫折，但憑藉堅定信念都能轉危為安，化險為夷，在絕望中見到光明，往往都是大團圓結局。

此外，這些人有化敵為友之能，能把當初對自己存有偏見的人轉化為對自己的助力。

事實上，宮中人的德行實在令人佩服，他們很有善心，為人博愛慈善，會悄悄的付出，默默地幫忙有需要的人。對於他們來說，沒有東西比幫助別人（或叫積陰德）更能為他帶來心靈上的慰藉和滿足。

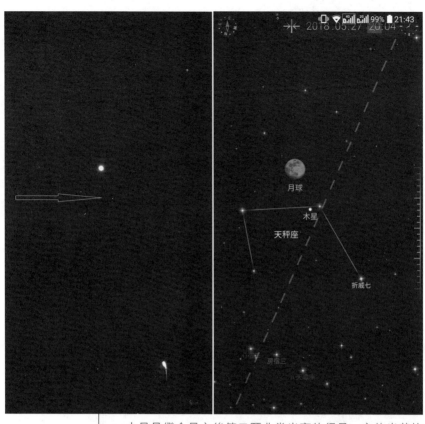

- 木星是繼金星之後第二顆非常光亮的行星，它的光芒比全天第一亮的天狼星還要光，由於此星是外行星，沒有金星的大距所限，所以很多時在天上都能看見它。

焦精星命

老子說：「聖人以「無為」為有為，以「不言」為明言。任由萬物自然生長變化，而默不作聲；生養了萬物，卻不據為己有；作育了萬物，卻不自恃其能；成就了萬物，卻不自居其功。正由於不貪戀其功，反而得到萬物的尊敬和愛戴。」承上解說，「陰德」與「陽德」的分別，在於公開行善或暗中行善，在宗教及命理上，總之行善都能積德，但暗中行善可以排除人格的負面性，其人修養亦明顯較高。

補充閱讀：太歲與木星

「太歲」一詞在《辭海》中的解釋是：「木星」。

古人發現木星在黃道上是由東向西，逆時針方向運行，以十二年為一周天，因此木星又名「歲星」。在此基礎下，古人建立「十二次」，用作曆法記年之用，古稱「歲星記年法」。

可是行星的運行，在視角度之下是有順行、逆行之分，由於有順逆行出現，木星過宮時間便不平均，加上與日常生活使用的「順時針」方向相反而感到不便，於是古人便設想了一個與木星相反運行的虛星，稱為「歲陰」或「太歲」。

《史記．天官書》「太歲左行，歲星右轉。」

《天官書》已經說明了太歲的運行方向與木星正正相反，此虛擬星曜又稱之為「十二辰」。即《星座編》曾介紹過的以玄枵為子、星紀為丑、析木為寅、大火為卯、壽星為辰、鶉火為巳、鶉尾為午、鶉首為未、實沉為申、大梁為酉、降婁為戌、諏訾為亥。

《清續文獻通考．郊社八》：「太歲者，十二辰之神。木星一歲行一次，歷十二辰而一周天，若步然也。自子至巳為陽，自午至亥為陰，所謂太歲十二神也。」

因此，歲星與太歲便是一顆行星和一顆虛星的區別，所謂「歲星」，即是每歲之星，以木星作為代表，其性屬陽，右行於天域，其象真實可見。而所謂「太歲」，即是每歲之神煞，其性屬陰，左行於地域，此神抽象虛無，主要用於曆法、宗教和玄學術數方面。

巧合地，西洋占星的「守護星」概念與中國「太歲」的概念十分相似，其結構編排完全一樣，只不過在表達及應用上稍有分別，記得在《基礎編》的「同共守護星」部分筆者便帶出了「暗合」或「六合」關

係，然而這就是木星與太歲的關係。

　　請細心看看木星十二年回歸星圖，木星在 2018 戌年 3 月進入天秤座（辰宮），2019 亥年進入人馬座（寅宮）。再看 2025 巳年木星在雙子座 Gemini（申宮），2026 午年在巨蟹座 Cancer（未宮），2027 未年在獅子座 Leo（午宮），這就是「六合」的由來，所謂「暗合」即是貴人之真身，是木星真實的所在位置。

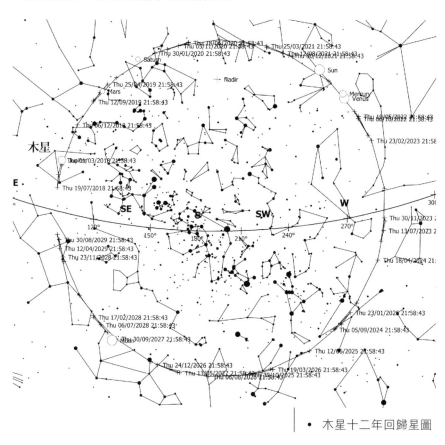

● 木星十二年回歸星圖

太歲宮位	太歲星座	木星宮位	木星星座
子	水瓶座	丑	摩羯座
丑	摩羯座	子	水瓶座
寅	人馬座	亥	雙魚座
卯	天蠍座	戌	白羊座
辰	天秤座	酉	金牛座
巳	處女座	申	雙子座
午	獅子座	未	巨蟹座
未	巨蟹座	午	獅子座
申	雙子座	巳	處女座
酉	金牛座	辰	天秤座
戌	白羊座	卯	天蠍座
亥	雙魚座	寅	人馬座

伯利行之星

　　據《新約聖經》「馬太福音」記載，耶穌降生時，東方三博士發現天上有一顆特別天體，在星光的引路下來到耶路撒冷，在希律王面前說：「那生下來作猶太人之王的在哪裡？我們在東方看見他的星，特來尊敬拜他。」三博士跟著星光的引導來到了伯利恆，在馬槽中找到耶穌，此星便是非常著明的「伯利恆之星」The Star of Bethlehem。但此星之說眾說紛紜，有人說是 UFO，有人說是超新星，但在占星學上較為有力的說法是木星、土星二十年的交匯。下圖（P.183）乃公元前 7 年 6 月星圖，當中以木星和土星在雙魚座的會合視為宗教力量廣泛傳播的新週期，此時名為「雙魚座時代」。但筆者在此作個假設，假如伯利恆之星真的如上星象所說，真的伯利恆之星就是「木星」！因為當時木星非常光亮（光度-2.3），而土星卻暗淡得很（只有 0.6）。

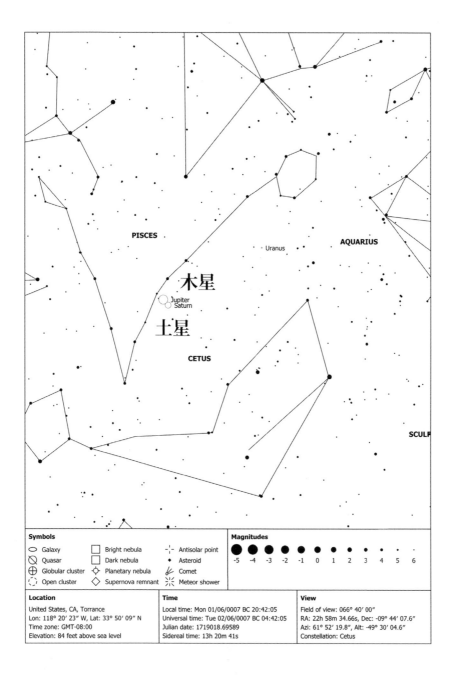

PISCES

Uranus

AQUARIUS

木星

○ Jupiter
○ Saturn

土星

CETUS

SCULF

Symbols

⬭ Galaxy	▢ Bright nebula	-¦- Antisolar point
⬭ Quasar	▢ Dark nebula	◆ Asteroid
⊕ Globular cluster	◇ Planetary nebula	⚡ Comet
⟨ ⟩ Open cluster	◇ Supernova remnant	☀ Meteor shower

Magnitudes

⬤ ⬤ ⬤ ⬤ ⬤ ● ● ○ · · ·
-5 -4 -3 -2 -1 0 1 2 3 4 5 6

Location

United States, CA, Torrance
Lon: 118° 20′ 23″ W, Lat: 33° 50′ 09″ N
Time zone: GMT-08:00
Elevation: 84 feet above sea level

Time

Local time: Mon 01/06/0007 BC 20:42:05
Universal time: Tue 02/06/0007 BC 04:42:05
Julian date: 1719018.69589
Sidereal time: 13h 20m 41s

View

Field of view: 066° 40′ 00″
RA: 22h 58m 34.66s, Dec: -09° 44′ 07.6″
Azi: 61° 52′ 19.8″, Alt: -49° 30′ 04.6″
Constellation: Cetus

西洋占星III《行星編》

第八章・土星　ち

♄

土星

守護星座：摩羯座、水瓶座（第十、十一宮）

廟：摩羯、水瓶　旺：天秤　利：白羊　陷：巨蟹、獅子

屬性：大凶、冷、乾、陰

心理：責任 Liability

週期：29.5 年一周天，2.5 年一星座，一月行 1°

身體：骨骼、牙齒、皮膚

人物：前輩、老人、權威人士

逆行：每年，週期約四個半月

神話

克洛諾斯（Kronos）是前章《木星編》第三代神祇宙斯的父親，祂是天空之神烏拉諾斯（Uranus）和大地之神蓋婭的兒子，基於某政治原因，克洛諾斯與其母推翻了父親的統治，成為第一代泰坦（Titan）十二神的領袖，並統領了整個希臘神話中的「黃金時代」。

然其父在敗走之際，對克洛諾斯下了一道詛咒，說祂日後也必定被自己的兒子推翻，克洛諾斯因畏懼父親的預言，於是便將與其妹妹瑞亞（Rhea）生下的六個孩子一一吞入腹中。正如前章節所述，宙斯僥倖逃過一劫，長大後用計拯救了眾兄姊，並與之一同聯手對抗父親，最終戰勝了並獲得了天、地、海和地獄的統治權。宙斯自己保留了天空和眾神之神的身份，把大地還給了祖母蓋婭，把海洋給予波塞冬（Poseidon），地獄則交給普魯圖（Pluto）。而克洛諾斯則被放逐，因此土星便充滿了憂鬱，成了一個憤恨之神。

補充一點，土星在希臘文中寓意為時間（Chronos），所以它又是「時間之神」，從「時計」Chronometer 一詞可見，明顯帶有土星影子。另外，土星的英文名稱 Saturn 卻源自羅馬神話中的農神，事關古時西方有一個名叫薩圖恩節（Saturnalia）是用來慶祝「冬至」的來臨，所以土星也有認真忍耐，默默耕耘的意思。最後，聖經的魔鬼撒但 Satan 與神話中的土星其實是沒有關係的。

○ 有些文獻及小說，描述撒但是一個頭有羊角，背有蝙蝠翼和尖尾巴，手持三叉，並在熊熊烈火裡生存的怪物。事實上，聖經上並沒有具體的撒但描述，這個形象只是取了摩羯座神畫牧神潘恩（Aegipan）的造型，再加上某些恐怖元素虛構出來。

行星特性

土星（Saturn ♄）中國人稱為「鎮星」或「填星」，它是太陽系第六行星，其積體是地球的 755 倍，是僅次於木星的第二大行星，並是最後一顆可憑肉眼觀察到的行星。此星在占星學上被定性為大凶（The Greater Malefic），加上其運行速度最慢，一般與拖延及滯後有關，古人並視之與宿命、禁忌、災難和厄運互有關聯，不幸的色彩尤其強烈。

話說火星的力量雖然強大，是太陽的主要對手，但一山還有一山高，此方面與土星相比也只是小巫見大巫，土星的強大之處就是很有耐性，此星能不動如山，防守力驚人，任何攻擊對它都是零傷害，假如火星是最鋒之矛，土星就是最堅之盾。而且土星很有城府和心計，行事冷酷無情，為了成功可以不擇手段，沒有什麼仁義道德可言，故此它在故事中往往都會令正義的一方陷入困境。再者，火星充其量都只是它的打手，土星有能令它服從自己，全完把它掌握在股掌之中。

在天王星未被發現之前，土星是人們認知最遙遠的行星，當時它被視為世界的盡頭，是宇宙的極限，所以行星在占星學上象徵限制和

結束，甚至是死亡。說到「限制」，其最基本概念就是「時間」，最簡單的例子，工作上上級給你的「死線」Deadline，這就是最基本的要求，此都是令人感到不安和壓力之由來。

- 土星又有「死神」之稱，它常被人描繪成手持大鐮刀的骷髏頭，鐮刀主要用途是收割農作物，在此象徵終結，又代表對人施加種種限制，當然也包括壽命的完盡。

克洛諾斯被喻為「時間之神」非不無原因，在神畫中，在土星之前是渾沌世界，當時沒有時間的局限，所有的一切都是在一個平衡時間和空間之內發生（這是屬於海王星的範疇），當有了時間，事件才是循序漸進，按步就班的一個個出現。換言之，人類由於受到時間及生命的束縛，所以他們要努力工作，把握時間，在生命結束前盡力地去完成他們的人生使命。如此一來，土星的角色就有如一個謹密組織，是個有條不紊的控制系統，是個整體規範和制約，它給人們帶來不可逾越的秩序，正如我們無法逃出時間和命運的掌握一樣。

在心理上，土星是我們內心的父系原型，它是專制和嚴厲的，行星要求我們遵守紀律，嚴格禁止不規犯行為，它落在的星座表示如何表現這些服從性，也關係到我們責任和義務的模式。所在的宮位顯示我們具體上的困難和弱點，以及生活上種種限制和延遲。

雖然死亡或 Time Up 這些限制看似十分可怕，但假如從正面思考，它只是一道「界限」或一道「圍牆」。反之，在界限之內你卻十分安全，如果明白土星原則和規矩，有如一般良好公民盡義務、守法紀、安本份，那麼，你將得到制度上的全面保障，而且它給你的時間非常寬裕（走一宮時間為兩年半），指示清晰明確，命中人只須服從聽命，跟著已知的方式去做便可。

可是，要作為土星公民也非沒有條件，行星有如一個評考官，他會皺著眉頭地檢視著每一個人，一些沒有真功夫，只懂吹噓或靠門面包裝的人都會被評為不合格。被挑選的人必須要有真材實料，要過五關斬六將，打低十八銅人，克服所有困難和挫折，才有資格享受成為土星公民的權利。

無可否認，土星給人的考驗都是「嚴厲」的，行星會令人生活困苦，經濟拮据，心情抑鬱，行動不便，事與願違，並盡可能在外圍環境不斷施加壓力，處處受到掣肘，身不由己的感覺尤其強烈。因此土星命格特出的人，通常都有一個非常艱辛的過去，人生總是不斷地面對困難

和考驗，這些人不僅為自己負責，還要承擔別人的責任，因此在占星學上，土星的其中一個作用就是評估一個人的責任心、堅毅性及可靠度。再者，土星能反映我們如何面對困難和壓力，它又是我們的良知，行星不但要求自我成長和發展，還希望統領別人一同走出困境。

但有些時候，不安和壓力反而能夠成為推動力，為人帶來成功，所謂：「能力愈大，責任愈大」是一體兩面的。土星的壓迫不得不使人付諸行動，努力地去實踐和適應，並時刻都在自省和檢討，就算當初做得不好，也不要緊，只要能持之以恆，久而久之便會熟能生巧。土星給你鐵柱磨成針的毅力和堅持，令人從過程中得到寶貴經驗，得到解決問題的能力，把當初的學徒訓導成專家級別。土星也有如一個監工，它會迫令人建設自我高地，教你如何組織和規劃，憑藉長期磨練和實踐來建立穩固基礎，從而構築起個人事業和信念，可見行星能迫使我們更強壯、更強大，它代表著豐富的人生經驗，象徵成熟及老年的人格。

木土分別	
木星（領導者）	土星（管理者）
專注於願景	專注於執行
推銷式說服	直接下指令
懂得冒險	降低風險
鼓舞士氣	指導工作
逆流而上	順流而下
開創	謹慎
打破規則	遵守規則
仰賴信任	依循責任

當你完成土星任務，死神自然不會虧待你，回顧當初的辛苦，過程中的辛酸，它給你慢慢看見成果，令人在不知不覺中建立了自己的實力、地盤和邏輯，這些功績便成為了命中人的成就和權威，可見只要能堅持別人不能堅持，才能擁有別人不能擁有的。而且，當初你希望得到的保護，現在卻變成了保護別人的能力，此時你充滿自信，深信將來定

能夠承擔更沉重的壓力和責任，引証了「天將降大任於斯人，必先勞其筋骨」，可見時間一方面是我們的敵人，另一方面卻是讓我們成熟和成功的好友。

記得在《基礎編》開始就曾解釋過時間不單只是過程，還包含了「空間」以及所有「物質」，可見土星也蘊藏著巨大的財性，此方面如土地、農業及地球上所有陸上資源，它是所有「有形」東西的支配者。再講，現今社會資源的普遍代名詞就是「金錢」，另中國人崇尚「有土斯有財」，可見除了食物及金錢之外，物業也是土星能夠給你的東西。

在《星座編》亦曾介紹過「黃金時代」，這個時代的物質非常充裕，食物充足，氣候溫暖，人們不用工作，四季都有收成，然而這個時代的統治者就是土星！土星跟木星的占星符號一樣，都是精神和物質的組合，但今次土星更把物質放在精神之上，也就是說在它的控制下，凡事只以利益為先。但可惜的是，因為宙斯的最終推倒，土星的財性完全沒有不勞而獲的成份，行星強調一分耕耘，一分收穫，有「實幹」和「累積」得來的意思。

- 占星家以土星環為由，引伸出限制的意思，不過，這都是近代高清望遠鏡發明之後，土星環才被觀察得到，可見星環解說只是近代說法。

土星強調實際，是個忠實的唯物主義者，它象徵傳統保守勢力，當中沒有花巧，不講 Gimmick，全憑個人實力，所謂：「靠山山倒，靠人人倒，靠自己最好。」這個監工只要求我們老老實實把事情做好，拿出

實質成績出來見人，此是個「實力派」及「自己作主」的代表。不難發現，土星命格的人有非常驚人的自律性，他們能夠耐心、專注、有步驟地建立起自己的理想和目標，絕不求要一步登天，也不依賴別人幫忙，因為他們深信實事求事，穩紮穩打，不走彎路便是捷徑。

能幹的人未必有成就，但肯幹的人一定有收穫，天才就是無止境刻苦勤奮的能力，現在就學習將你的耐性變為黃金吧！

土星逆行

土星逆行每年都會發生，逆行週期約四個半月。

土星逆行 (2018～2025)
18/4/2018 ～ 6/9/2018
30/4/2019 ～ 18/9/2019
11/5/2020 ～ 29/9/2020
23/5/2021 ～ 11/10/2021
4/6/2022 ～ 23/10/2022
17/6/2023 ～ 4/11/2023
29/6/2024 ～ 15/11/2024
13/7/2025 ～ 28/11/2025

凡土星掌管的範疇，如責任、控制、結構、穩定和建設，或是關係耐力和時間，在土逆期間都會受到拖延和阻礙。先說，很多人都以為這顆凶星，在逆行日子即是困難暫除，有「行好運」的意思，或許在這段時間真的比較舒服，但這都是錯覺。試想想，情況有如大家放四個半月大假，放完假之後返工是做死人的。況且，當你負責了一項長期任務，如是建築，停工即意味成本增加和不明的消耗，延遲落成甚至會引發其他負面效應，當逆行完成，老細追交進度之時，將會帶來更為巨大而沉重的壓力。

在世運方面，土星的影響時間深遠，範圍廣，不論個人、組織、大機構，甚至國家政府都容易出現不穩及制度不完善的問題，所以更多時候，土逆是用來重新檢視原來工作，把未完成的工作趕快完成，甚至是由頭再來（Redo 重做），直到把事情做到完美為止。因此在土逆期間，不宜作出新承諾，開展新工作，卻適合重新審視之前的承諾，和處理事業及結構性問題。不過大家卻可放心，所謂：「冰封三尺，非一日之寒」，這些困窘可能已是預期之內，現在只是適時面對，通常都不會給人過大和過於突然的打擊。據個人經驗，土逆時期人較多煩惱，易杞人憂天，之前決定之事幾乎想推倒重來，已應承之事想反口，合作計劃想告吹，土逆有令人獨幹的衝動。

相信讀者如今已讀畢第七顆行星，有否發現「行星逆行」在星盤上的解釋有如「截奪星座」，事實上，這兩個現象都和星宮的性質失效有關，例如土星的限制在逆行的解釋為不限制，但未去到放任程度，悲觀心態變為不悲觀，但又不至於樂觀程度，星性表現較為中性。可見如出生圖出現土星逆行，代表人沒恆心耐性，易粗心大意，沒有巨大野心和長遠理想，屬於不會刻苦努力的一群人。

 **紫薇星命**　中式術數以十年作為一個「大限」單位，但卻少有人知道原來也有個 2.5 的「中限」概念，根據五行排列，木旺於春季，火旺於夏季，金旺於秋季，水旺於冬季，各司令（主導）兩個月，而土旺於四季，即每一季都有一個月得令，即一年十二個月便由木、火、金、水平均分配，所以常有聽聞「三年一運，好壞照輪」，這是十二進制的分類法。但假如把「一年」或「一運」換成了十進制的話，便只好犧牲土五行的利益，一來它寄居於四季，二來它是以支中藏干（偏氣）的方式參與，所以其力量減半，是個半邊人，如此一來，便相等於土星 2.5 年運行一宮的時間性。故此，假如說土星代表週期性的集體難關，在個人運情而言，就是衰運在谷底的最有效反映時間。

土星掌丘

土星丘位於中指根部，此位置如豐隆飽滿代表為人獨立、能守秘、私隱度高，具組織和系統性，另他們的忍耐力強，特別小心謹慎，而且十分捱得，能刻苦不怕沉悶。換言之，土星丘掌管個人的 EQ，星丘是個只做不說的實行者，但不是說他們常魯莽行事，反之星丘的人小心奕奕，不出錯是行動的最基本要求，可見有這樣的星丘，對於從事長期研究或開發工作的人絕是有利。

可是星丘的過度發達也不一定理想，事關土星丘有悲觀心態，過份者表示人的感覺遲純，喜離群獨居，多愁善感，嚴重者更是憤世嫉俗。再者，土星丘天生觀察敏銳，過份的觀言察色加上心思極重，即是說這些都是城府甚深之人。相反，丘位較不隆起者人光明磊落，率性開朗和熱愛自由，換言之，這一區塊越不發達的人就越善良，越發達就越陰險，越多陰謀詭計，利己私心就越重。因此，一個人絕不可能同時擁有飽滿的土星和木星丘，事關這兩丘性是背道而馳，這方面亦可從星盤上木星和土星的狀態而得出相類似的答案。

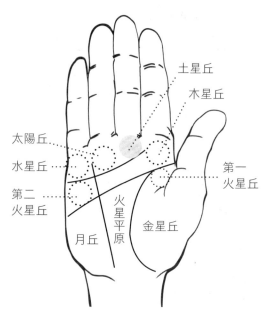

土星丘

木星丘

太陽丘

水星丘

第一火星丘

第二火星丘

月丘

火星平原

金星丘

土星宮位

「土星宮位」是個人壓力和責任之所在，是生命中的困難和不幸之處，此都是星盤上最受限制的區域，是人生最缺乏自信和安全感的地方，另宮位也是個人磨練和建設的領域，表示出畢生努力希望達到的成就和目標。有關「土星星座」的內容，將在下書與對星組合一同解說。

【第一宮】：土星雖然被喻為凶星，立於命宮表示人有段艱苦辛酸的經歷，以及人生多遇上不幸事情和際遇，但性格無分錯對，行星立命只代表命中人有強烈土象元素的特質，因此不能一概以凶性論之。

土星作為命宮主星普遍為「實業家」人格，這些人有事業野心，毅力過人，有堅定信念和原則立場，具組織和執行能力。他們一旦設定了目標就會耐心努力地去做，無論付出多少時間和精力，誓要把目標完成為止，不達目標絕不罷休普遍是土星一宮的心態。

受土星影響，盤中人有老年化傾向，他們相當早熟、世故，性傾傳統保守，明顯老誠過人，命主就算在孩童時期也沒有天真幼稚的念頭，這些人只喜歡和年長的人交朋友，只會對成熟話題感到興趣。再說，宮中人外表沉默嚴肅，不苟言笑，常給人不快和悲觀形象，另他們的衣著樸素，懷舊古典，慳儉的他不論行為舉止，裡裡外外都散發著老人和過時的氣色。

土星使人成熟穩重，踏實可靠，他們忠誠、盡責，承壓能力特別驚人。如遇事有求，只有土星能給予最可靠實際的幫助，甚至因此而承擔上別人的責任，可見星象者絕是個值得信賴的人士。另行星強調個人力量和刻苦修為，所以宮中人非常自律，克勤克儉，星宮者在工作上喜歡親力親為，刻苦耐勞，能夠一步一步的實踐，如此勤奮和努力是其它行星都沒法媲美的。

不過，雖然說土星立命者有嚴謹正直之心，但這些人思想僵化，頑固而不知變通，甚至他們的過份老實，擔屎不偷吃之餘，對所有新鮮

事及新方法都不能接受。再講，土星有自私自利之性，其人為了勤儉節約，並不介意犧牲個人的享受和健康，可見土星在此亦都是個「勞碌命」和無福消受的命格。另一方面，土星的深沉冷漠也不利人際交往，由於自我保護意識太強，星座的人把感情收斂得緊緊，命中人對人沉默寡言，表現出一副孤獨樣子，加上事事提防，不輕易信人，便給人難以相處的感覺。

　　礙於土星的抑壓性，宮中人比較害羞，表現不夠自信，心情容易抑鬱都是肯定的。他們有杞人憂天的心態，就算生活得安好，仍傾向未雨綢繆，總是作最壞打算，可想在他們的心目中，人生大多數時間都是灰灰暗暗的。無可否認，以土星之性，立命者的不幸感強烈，一生充滿著各式各樣的困難和考驗，不是家庭給予沉重負擔，就是遭到人家的連累，每每屋漏偏逢連夜雨，人生總是面對眾多的外憂內患，嚴重者更主年少體弱多病，有不良的人格發展，然而這些不能控制的厄運就是西方所謂的「業力」，認為是宿命之由來。

　　最明顯不過，土星一宮特別強調與父無緣，或男性長輩的刑剋，當時人可能在出生時，父親已經離開，假如父仍然在世，他對你亦不好，不知為何總是討厭你，此刑剋性亦會引伸到師長及上級，不得貴人助力普遍是命中人的致命傷。由於自少缺乏支持和保護，可想他們早年的際遇坎坷，常被人欺負，年少時已承受著各種苦難和壓迫。

　　但各位卻不必為他們感到難過，事關土星的不良影響大都只是上半生，尤其是四十過後，當木星和土星開始發揮力量之時，便是他們否極泰來的日子。然土星的五十運限，更代表個人事業權力上的高峰，土星給人幾十年的騰折，隨之來便成就了權威。由此可見，土星一宮的人生發展雖然緩慢，但最終總能憑藉個人努力克服重重困難，從而達至事業之巔，星象大器晚成的意味甚濃。

　　在此筆者聯想起一套電視劇人物，他的身世和遭遇有如上文的描述一樣，這就是《阿信的故事》。

《阿信的故事》歌詞：命運是對手，永不低頭，從來沒抱怨半句，不去問理由，仍踏著前路走，青春走到白頭，成功只有靠堅守信心，奮鬥！

【第二宮】：土星被喻為凶星的主要原因，源於其落入之處必然是命主最感壓力，負擔最沉重，最缺乏自信的地方，如今行星落入財帛宮，星象非常直觀地反映財政不順，進財困難，常常為金錢煩惱的不利性。

擁有這個星象的人大都早年辛苦，其出生貧窮或年少時過著物質缺乏的生活都是肯定的，事實上，絕少有土星二宮是個大富大貴的人。也許是這個原因，所以命中人對錢財非常著緊，十分實際，其理財哲學往往都是保守和審慎的。

在他們的心目中，認定天下沒有白吃的午餐，要過美好生活必須努力工作，絕對沒有半點僥倖和不勞而獲的想法。皆因粒粒皆辛苦，因此他們很慳，絕不浪費，用一分一毫都要考慮清楚，這些人在判斷價值的同時，必定貨比三家，總希望能夠找出最是物超所值的東西。由於過於節儉和計較，命主從而給人吝嗇，甚至是小氣孤寒之感。你或者說宮中人非常自私，但他們本著「一分耕耘，一分收獲」的精神，並憑藉個人努力，很有鬥心和毅力去達到擁有財富的目標。

土星二宮在財政上的限制，代表錢財不易得，進財不順之意尤其明顯。這些人不管如何努力，總是賺錢不多，財來得很慢，更有付出與收入不成正比的可能。補充一點，如土星在流運進入了財帛宮，代表有兩年半的財政壓力，可能之前辛辛苦苦累積下來的財富，在運限中因不幸而損失慘重，嚴重者甚至因錢財糾紛而引起官非，並有破產之可能。不過，在一般情況下，土星對於財帛雖然偶有阻滯，但星象屬於財運穩定，非大上大落的類型，正面而言更有積少成多，集腋成裘之意。

有利的是，土星的長期累積性，和命主的年紀一樣，財富能隨歲月

慢慢增長，可說是越老越富裕的命格，星象亦引証大富由天，小富由儉的道理。此外，土星二宮者的進財模式一般是透過勞動苦作，以體力和汗水去換取得來，但假如行星得獲其他吉相支持，金錢與權力便能聯繫一起，這些人便可從父輩、權勢人士而得到生意及利益，當中以工程、房地產、建築業上掙大錢的可能性最大。

題外一談，碧桂園在 2007 年上市的時候，其大股東楊國強曾訴說小時窮到無鞋著的故事，據說他是由建築包工頭做起，經過大半生的努力，到 53 歲才構建成如此巨大的地產王國，此模式可算得上是土星二宮的最佳例子。

【第三宮】：土星的凶性一般只會影響前半段時間，在人生而言即是上半生，但如今兄弟宮代表童年，星象便有早年不滯及早行衰運的意思。

這個宮位的人童年時期可能過得很不開心，沒有溫暖幸福感，他們可能是家中的老大，要承擔起照顧弟妹的責任，就算他們不是居於長位，年紀小小也要負上一定的家庭責任。而且，父母並不寵你，兄弟犯錯也會算在你頭上，更何況真是你犯錯，父母定必嚴加責備。另一方面，命主與兄弟和童年玩伴之間的關係也不好，和遠親近鄰的關係也不佳。土星三宮者除了父母，連老師及上司都可能是你的仇人，要直到中年以後，這些人和你平起平坐，才不會給你增添無謂的壓力。同樣的是，命中人早年受到困阻，一在生活上，一在教育上，這些人可能由於家庭關係，不能提供良好教育，嚴重者更有中途輟學的可能。在個人而言，土星三宮即是說沒有考試運，無論宮中人如何努力都不易獲得理想成績，留級再考是常有之事。由此可見，這些人在中小學時期過得非常辛苦，而且學歷普遍有限，亦基於此，命中人不論求學，連早年在求職上都是困難重重。

土星障礙了三宮的學習能力，導致這些人學習速度緩慢，對讀書沒有興趣，難以接受新鮮事物。又因三宮強調順暢、互動，作為人際溝通

宮位，本質與土星的固態不動格格不入，所以宮中人不善言詞，表達能力薄弱，容易詞不達意，所以他們說話很慢，有寡言的表現。

土星在此亦反映人有自卑內向的心理，可能由於自少缺乏安全感，長大後因而缺乏自信，想法變得悲觀，加上與人在交流上的困難，所以命中人傾向孤獨，總是與人保持距離，不擅溝通所以朋友不多。再者，三宮有短期的遷移性，土星在此說明這些人比較「宅」，不喜歡外出，不偏好旅游，也不愛太快，所以他們開車都是慢慢的。又因土星的凶性，更要小心交通意外，另他們車子的故障率亦較常人多。

不過，土星的表達力不足，但觀察力一流，並具結構性的邏輯思維，他們沒有考試運，是因為上天要給他們真材實學，要他們好學不卷，力求不斷提升自己的知識和技能，因此這些人的基本學問做得很好，很能從實際層面著手，宮位的人滿有深度、內涵，做事有系統和次序都是拜土星的幹練而得來。可想假以時日，得到相當多的經驗，其話語便極具權威，言不用多，卻極具說服力。

【第四宮】：土星在田宅宮是「家運差」的表示，然命主的所有煩惱和壓力均來自家人，這些人一生必定為了家庭而背負上沉重責任。

與三宮情況相約，這些人不論家中排名，從少就要肩負起照顧兄弟姊妹的職責，家中的所有工作定必由命主一手包辦。土星在此強調早運差，示意過著貧苦的童年，或生活在非常局限的環境裡，這些人難以從家庭上獲得物質上的支援，另心靈上的溫暖也無法滿足。由於童年缺乏關愛，所以這些人不具有童真，又因童年時的不快，卻練就出性格上的早熟，可見命中人很獨立，生存能力極強。

在人物而言，星象示意命主與家人相處不融洽，感情淡薄，沒有溝通，少有對家人表現出情感和想法。當中的不和諧尤其以母親最為嚴重，對之影響最大，可能由於母親的管教過於嚴肅，對命主的要求特別嚴格，加上土星從來都不與人親密，只管要求和責備，這都是導致親子

關係欠佳的原因。

同樣地，土星四宮的人對家庭冷漠，家沒有給他帶來溫暖，安全感也欠奉，只可說家是一個暫時容身的地方。可想有朝一日，當命主有本事，翅膀長大了便會離開，可想這些人更重視「出外靠朋友」而非「在家靠父母」。

命中人雖然非常渴望擁有自己的家，但礙於土星的遲緩，他們要到中晚年，理想才有機會實現。土星在此亦反映家居樸素簡陋，沒有什麼裝修擺設，東西更是亂七八糟的，加上其人喜歡儲存舊物，更差的情況似是垃圾收集站，總之其居住環境就不太理想。

雖然說命中人有組織家庭的心願，但始終土星帶來的不順，也影響到自家日後的運勢發展。命中人可能承繼了父母的權威，對家庭成員沒有關愛和包容，只有紀律和服從的要求，可想他們成家不易，就算建立了自己家庭，也不懂營造溫馨和諧的氣氛。正因為此，命中人的晚境可能十分孤獨，或傾向孤單地過著隱居式的生活。

【第五宮】：土星是一顆無情星，入於什麼宮位，與宮位的代表人物都是「無緣」（中式術數叫刑剋），如今五宮的人物為子女，即是說命中人與子女「緣薄」，而緣薄的體現不礙乎以下可能：（一）不育，沒有子女，（二）遲生子女，（三）親子關係不佳，（四）長期分離，少有見面，（五）子女有病，令人憂心，（六）白頭人送黑頭人。無論如何，土星在此的人怎樣也不會是個慈父慈母，他們更似是個嚴格專制的教父，往往要求子女絕對服從，其教育方式也是軍訓式的，與小孩關係不親密是可以想像的。

除此之外，土星五宮亦是個「情困」星象，行星一方面給人製造感情上的阻力，限制了愛情的發展，使之難以順利開花結果。土星在此的另一個特點就是離離合合，這些人在蜜運中常有悲歡離合，藕斷絲連的情況出現，在戀情中經常鬧分手，但分手過後又會復合，這個不斷重複

的過程正是土星的煩人之處。更重要的是，這些被受干擾的愛情絕對會讓人刻骨銘心，令人傷痛欲絕，命中人往往痛愛過後，總會有一段很長時間不敢再去相愛。

五宮的輕鬆隨意，確實和土星星性格格不入，因此宮位之人絕非風趣優默、情深款款、甜言蜜語的類型，他們不解溫柔，沒有浪漫風情，其情感障礙更無法讓他主動去關愛別人，不太懂得表達感情甚會讓人掃興。再說，土星在此的人認真嚴肅，缺乏生活樂趣，對於他們而言，所謂的玩樂就是工作，輕鬆悠閒反而渾身不自在，他們認為辛苦才是開心，無事多忙才是樂趣，沒有享受才是最佳的享受，可見星宮的人無福可享，或叫無福消受。

再談戀情，土星五宮又代表「情深情長」，星宮者十分著重愛情的忠誠，理想從一而終，所以他們不輕易去愛，但此人一旦戀上，就會把愛情的責任看得很重，並表現出高度的忠貞，他們絕對是個充滿安全感的情人。不過，雖然他們對愛情認真盡責，但土星的小氣計較，怕吃虧的心態仍是少不了，因此不能對心儀的人表現大方，也是星座者之所以遲遲都未有戀情之原因。又基於土星的遲緩性，所以這些人通常晚戀，臨老才入花叢。

五宮又是個「偏財位」，凶星在此即是說他們一旦參與投機賭博，便會輸得傷亡慘重。但命運往往都是弄人的，私底下說，只要五宮有星，其人都有僥倖發達的心理，可想命中人常有投資失利的情況。

最後，土星完全缺乏浪漫元素，星座的人思想保守，所以五宮並不具任何表演才華，假如硬要他們從事創作，必定是與結構性、基礎性、長期性有關，例如是樓宇設計及土工木程規劃之類。

【第六宮】：土星的不利在於人情冷淡，事情不順，但行星的刻苦耐勞對於工作而言卻是上佳的極品，其凶性某程度上能轉化為正面能量，從而產生負負得正的良好效果。

土星在職業宮的人對工作態度認真勤奮，既負責又務實，有敬業樂業的精神。這些人天生彷彿就是為工作而生，其辦事意識很強，對工作有著非一般的熱誠和執著，而且他們做事小心謹慎，能貫切始終地去完成所有任務。由於責任感強，所以命主的要求高，不容絲毫有失，不論事情多麼費力都力求圓滿，務求盡量做到最好。然土星的控制欲強，總是希望把所有事情都控制在自己手裡，這都是宮中人之所以這樣操勞，導致工作壓力過大之主要原因。

土星六宮之操勞也和親力親為、獨立作業有關，這個星象主管個人努力，不是團體合作，不要期望有人幫手，甚至同事的支援、上級的認同也難求，更不要奢望有人給予鼓勵和讚賞，可見這又是個「自負成敗」和「默默耕耘」的格局。更糟糕的是，土星不會給予資源，卻周不時帶來阻滯和限制，又或者雖然付出很多，可是成果仍不佳，換言之即是「事倍功半」，更時有收入與付出不成比例的情況。

土星在此的第二壞處就是容易患上職業病，或因長期過度操勞而勞損，患有長期慢性病的意味甚濃。可見宮位的人只管工作，犧牲了健康卻得不償失。不過，在一般的情況下，土星六宮代表生活習慣有規律，這些人食有時，睡有時，對自己的作息有嚴格要求。有利的是，這些艱辛會隨年月的增長而變為權力和地位，待五十歲之後，之前努力播下的種子，最終都可獲得理想收成。

【第七宮】：土星落在配偶宮，婚姻不利尤其明顯，特別是早婚人士（40 歲前）的離婚率極高，或代表難以維護或勉強無幸福的結合，事關土星在此主不斷經歷，與及沒有情感的關係。

這個宮位的人對於婚姻看法，並不是愛與不愛的問題，更像是一種責任和義務，並因共同利益和立場一致而結合的可能性最大。由於宮位的人十分實際，不易動情，不講浪漫和激情，只會考慮安全感和長遠發展須要。他們要求對象成熟，不喜任性和情緒化的人，並以不影響自己慣有生活為大前題，因此這些人在選擇對象時，必定花費長時間觀察，

確定目標絕對可信才會作出情定終身的打算，並不可能因一時衝動而步入教堂。

土星七宮是個「晚婚」星象，它又代表「悶而長」的感情關係，這些人一旦結合，就能堅守本份，死心塌地結合在一起，婚姻通常都能保持長久和穩定。又或者，這些配偶年紀比自己大，或是較為傳統保守的類型。順帶一提，基於土星的獨立，這些人就算婚後也不會太過依賴對方，十分尊重對方之餘，認為彼此都是獨立個體，各人都保留有一定的空間和私隱，但某程度而言，這都是十分信任對方的表示。

以上的擇偶條件，用於選擇合作夥伴也同樣合適，一般而言，土星七宮的人較為獨立自主，星宮的人對人態度冷漠，不易信人也不喜歡合作。可是他們為了壯大自己的事業，仍願意與人攜手合作，但他們對合作者的要求相當高，雙方必須經歷慢長時間考驗，才有進一步合作的可能。當這些人奠定了互信基礎之後，卻能夠衷誠合作，並他們的聯盟情比金堅。可見七宮的土星極之重視契約和承諾，這方面對婚姻如是，對合作者的關係亦同樣如是。

星象亦告訴我們婚姻或合夥伙伴是命中人的壓力所在，命主如是男性，便有可能是個畏妻懼內之人，他們對配偶多少有點感到懼怕，或是其配偶往往都有過度要求。此外，命中人亦必然承擔上對方的某些責任，此方面如是感情、財務或對方的事業發展等等。更宿命的是，不管事前如何小心，這些缺點和壓力在未婚和合約前是不會被發現的，由此再一次引証，土星的厄運是沒有人能夠逃避得了的。

【第八宮】：先恭喜宮位的人，土星在此代表人很長壽，但不利的是，這些人很容易「破財」。

承前文土星在夫妻宮解說，宮中人必然承負上對方某些責任，如今八宮的代表就是配偶的債務，或承擔合夥生意上帶來的財政壓力。首先，這些人有可能與貧窮的人結婚，畢生都要為伴侶提供生活上的照顧

和保障，他們亦喜歡替親朋戚友在財務上作擔保，例如買車、買樓、合夥攪生意之類，但往往因土星的不幸而頻頻地承擔著別人的巨大風險。此外，宮中人在商業上亦容易與人發生金錢糾紛，常有訴訟事宜。說實在，以土星的不利性，宮中人很難從對方身上得到資源和好處，反之，他們付出及承擔親人或伴侶債務的可能性更高，而且這些人一旦做生意，往往都會陷入財務困境。

一般而言，所有行星落在八宮都有可能因親人的離世而獲得遺產，但土星卻沒有這個福利，相反，這些人對於死亡卻有著非一般的恐懼，又怕自己死了親人得不到照顧，所以他們在生前已作好最壞打算，我所說的是為自己購買人壽保險。不難想像，土星強調責任，落在死亡宮位當然是為了親人而犧牲，這方面和金錢上燃燒自己，照亮他人的想法如出一轍。所以，土星九宮的人如果真的有親人去世，遺留了一筆遺產，也有可能被取消合法繼承權，甚有無富消受的意義。同樣道理，這些人如果離婚，他／她都不容易獲得配偶的贍養費。

另一話題，八宮代表的性慾因土星而受到抑壓，所以這些人易有性冷感，對性事提不起勁，性生活得不到滿足，亦不排除有不健康的性觀念。而土星的不安、失落也同時反映命中人對於擁有物感到乏力和失控，因此他們更要小心緊慎，事事提防，會傾盡全力保護自己所有。所以這些人常處不安狀態，任何風吹草動都會觸及他們的敏感神經，可想這些人對於什麼事情的掌控力度都是很強的。

最後，這宮的人非常長壽，亦有可能白頭人送黑頭人，之所以他們對於死亡這樣恐懼，就是由於他們要不斷重複地面對別人的離世，自己仍然孤單地生存下來，這個星象也暗示著他們的死亡方式是長期而非急性。

【第九宮】：任何行星入九宮，其人對宗教、哲學以及高等科目都有濃厚興趣，好思哲方面的研究，只是行星不同，性質取向不同而已。而土星傾向嚴肅、傳統和保守，所以這些人很著重理論的實際性，對於

西洋占星 III《行星編》

個人看法十分堅持，然其態度強硬，容不下別的意見，不太容易接受新思想。有這樣根深柢固的想法卻源自其非常強烈的研究精神，假如沒有經過長期深入探証，從經驗中實踐，絕不可能成為命主的信仰，而且這些信念一旦形成，甚會影響一生，沒有東西能令之動搖，他們絕是個長期忠實的信徒，如格局良好者能成為宗教領袖。

不過，宮位的人在學習途上亦非一帆風順，土星給予不順利，在過程中總是面對眾多的困難和考驗，必然經歷無數次的挫敗才能成功。他們對知識有強烈的意欲，為了充實自己會不斷學習，畢生都在進修和研究，可見土星九宮的「勞」卻不在身體，而是在精神及腦力上。同樣道理，這些人在大學進修時也同樣艱辛，求學過程總是遇到不少障礙和阻力，要比別人付出更多才能成功畢業。但隨著歲月的增長，這些人在知識和經驗上的豐富積累，假以時日定必取得崇高專業，其權力及威名亦因他們的努力而獲得肯定。

土星落在九宮代表的遠方，即是說他們外出大都是與公務有關，絕少是為了遊樂娛樂，星象亦說明他們在地外生活比本地更加辛苦忙碌，而且途中多遇不順，多有滯留及意外之事。人物表示他們與年長的外籍人士較有緣，但這些緣份只屬商用，不涉及私人感情。事實上，宮位的人不太喜歡遠游外出，就算他們旅遊都是遊歷性質，因為他們深信讀萬卷書不如行萬里路，總而言之，宮中人對於進步總是不遺餘力，無時無刻為了提升自己而作好準備。

【第十宮】：土星雖然被比喻為凶星，但行星屬於事業型星曜，與十宮的性質相投，在此反可以吉性論之。

土星在名譽宮代表人對名利權位有著極大野心，這些人自少便有出人頭地的意願，天生就似是為了事業而生，只要能夠為他達到成功，不論承受多麼的艱苦也在所不辭。有利的是，土星能使人腳踏實地，認真負責，一步一步的慢慢實踐，他們從不奢望一步到位，不急功近利，不貪圖小便宜。這些人目光遠大，志比天高，任重而道遠，其心目中有著

宏圖大計，誓要幹一番大事為止。再者，土星十宮的人具原則和立場，滿有耐性和毅力，另他們的組織及管理力強，事情能按照原定計劃執行，事業總能按步就班地構建起來。

須知道，理想是美好，但現實是殘酷的，土星十宮強調需要比人付出更大努力才能換得事業上的成功，星象是逆水行舟的表示。透露多一點，宮中人的仕途在中年之前大都不如人意，他們如何努力都不易獲得好成績，都不易得到想要的回報或他人的尊重，所以土星十宮沒有年少得志者，可見在大企業或政府部門，這些講求需要貴人官運的職場上，宮中人的條件明顯輸蝕。反之，這些人如在中小企（**尤其實業**），最好是一腳踢，什麼都要親力親為的工作單位才有機會一展所長，由小公司慢慢發展成為大企業，另如果從事長期研究和建設也是合適的。

但以土星的遲緩性，有可能憑後發先至的優勢，這些人能夠在事途愈走愈順，後勁相當凌厲。由此可見，土星十宮是個「大器晚成」的命格，這些人一旦接近中晚年，名譽和地位便會開始提速，而且年紀愈老，事業更是以幾何曲線的上升，可見他們的成功絕非僥倖，是經年累月才能堆砌而成的。

最後說一些負面事，星象也代表人有相當的抑壓性，一來他們自律性強，能刻苦自勵，對於成敗計較，甚至自私自利。另一方面這些人為了目的可以六親不認，沒有情義仁心可言，他們為了事業寧可放棄家庭，加上星宮的權力意味極濃，命主性傾獨裁，攬權不放，所以這宮的人一向不太受人歡迎，天生註定是個孤獨的人。

【十一宮】：承前文述，如果土星十宮的人為了事業而不近人情，因而討不到群眾歡心，如今土星落在人際十一宮的話，這些不受歡的程度更可以用「犯眾憎」來形容。

或許，土星的情格真的深沉內斂，傾向自我封閉，不與人和，常展現出一副不言的冷漠形象。加上星宮者天生對人充滿防範，總是與人保

西洋占星III《行星編》

持距離，別人難以敞開你心扉之餘，你也自掃門前雪，可想他們不會主動認識人，也不希望別人打擾自己，因此宮位的人朋友少之又少，沒知心友是不難理解的。

土星的嚴謹、要求高、愛挑剔亦都是星宮者的討厭之處，加上這些人沒有感情，不會諒解別人，也不會顧及別人的感受，宮中人往往稱呼人少，得罪人多，容易與人產生磨擦和矛盾，因小事而引起糾紛。但以土星的暗性，這些不和多以心結和心病居多，而不是直接衝突和白熱化的對抗。

這些土星人的牛脾氣，除非與之認識多年，深知其人稟性，還要朋友的修為高、教養好、不計較，能容得下他們的頑固無禮，才能與之保持朋友關係，所以星象者的朋友往往都是年長者，或心智較為成熟的人。否則，以土星的不利性，甚會把這些人脈關係弄壞，使之全都變為你的仇人，這些障礙者定必給你帶來不必要的麻煩。

但話須如此，假如宮中人能夠管好自己的脾性，或到了某個成熟年紀，卻有能在團體或圈子中發揮話語權，一方面土星給予他們組織和規劃能力，另外，長期建設亦都是他們能夠成為團體中關鍵人物的原因，可見這些人年紀愈大，貢獻愈多，影響力就愈強。

補充一提，在土星展現權威及野心之前，往往都是先被人抑制和排擠，如今在人際關係宮的情況亦同樣如是，但當這些人老年過後，所認識的人往往都是有權有勢，具有社會地位，而非之前給予麻煩的小人。

另十一宮主管個人理想，土星在此代表個人具有理想抱負，但行星導致他們常自覺懷才不遇，認為社會不公，機會不平等。的而且確，有這樣的悲觀心態未必無因，因為土星的凶性常令事與願違，這些人要實現心中所想必須比人更加把勁，更要多做功夫。正所謂：「皇天不負有心人」，宮中人的心願會因為不怕挫折，一步步堅持而最終得以達到。

【十二宮】：土星入於福德宮，一字既之「封閉」！

土星十二宮的人生性冷漠孤癖，缺乏熱心和行動力，他們喜歡離群獨處，有隱世傾向，與世俗不合流。這些人總是把感情收得緊緊，寧願活在自己的世界裡，所以他們朋友不多，親戚不親，與鄰人不熟，大多數時間都是與人落落寡合。

這些人心態自卑，有無謂的自尊，正當他們需要尋求協助的時候，卻又懼怕遭到別人的拒絕，所以他們只好閉門造車，孤獨地面對自己無法解決的問題，因此「鑽牛角尖」的情況便時有出現。由於孤癖怕事，加上欠缺人緣助力，他們只能從事幕後及個人工作，並只能對事不對人。

這些人的記憶力強，但只傾向累積悲慘往事，他們的心態永遠悲觀，凡事只從壞處著想，容易自生罪惡感，時更糾纏在困結之中，沒有光明的思想便沒法得到幸福，人生便沒有樂趣可言，所以這些人常杞人憂天，事事緊張，懼怕未知事，常憂心忡忡，多有無謂的憂慮，甚有悲劇人物的色彩。嚴重者，命中人有憤世忌俗的想法，他們的心胸狹窄，只在乎個人利益，認為適者生存，為了目標不擇手段，甚至心性有點殘酷。

補充閱讀：元運

占星學很多時都會以行星的「會合」作為週期的起點，正如月亮和太陽會合作為「新月」的情況一樣，木星與土星作為古時已知的最外圍行星，古人便取之會合作為世運最巨大的終極週期，占星稱之為「木土週期」Jupiter-Saturn Cycles 或「大會合」Great Conjunction，而玄空風水則稱為「運」。

4	9	2
3	5	7
8	1	6

行星的會合必然形成某個新「局」，強調某新趨勢、大環境，象徵新時代的來臨。從木星與土星產生合相開始，其總循環需時 19.859 年，也就是將近二十年的大變遷，因此「木土合」在個人占算方面比較少用，反之在國運占卜及風水地學上的研究卻極為重視，它常與國家及地區運勢扯上關係，其現象更多與歷史上的重要事件相連，更被認為是改朝換代的關鍵，換言之，「木土合」代表未來二十年政經方面的發展，是時代重要變化的象徵。

木土週期確是研究地區經濟的最重要指標，一方面因木星有擴張性，代表宏圖大計，有前路和方向意思，週期的「進步」意味強烈。另一方面，土星的踏實建設，小心奕奕面對在發展中遇到的困難和阻力，盡力克服前進的障礙，從而成就出「運」的主題和目標。

在玄學風水學上，講求「天運」與「地運」的配合，才會產生吉凶禍應，才能斷定國家及地域之興衰，它們採用之系統稱為「三元九運」。而玄空學所談之「元運」正正就是「木土會合」的衍生品，上文已所述「運」是二十年，那麼，三個「運」為六十年，又是一「元」，這就是「六十甲子」的由來。而「三元」又分為「上元、中元、下元」，以一二三運為「上元」，四五六運為「中元」，七八九運為「下元」。

唔講你唔知，坊間不論占星或風水書均不會提及，原來「元」的定義卻來自星座，「三元」的編定卻來自「四元素」。簡單而言，「三元」即「木土」在同元素星座的會合，並每一運的會合都必然在元素的啟始宮、固定宮和變動宮輪流發生，當循環九次之後，才輪到在別元素的星座繼續接力，此乃「三元九運」之正解。

以 2040「一運」為例，木土在風象天秤 17°（啟始）會合，2060「二運」在風象雙子 0°（變動）會合，2080「三運」在風象水瓶 11°（固定）會合，此乃「上元」。理論上，這個週期只要循環九次，便會在別元素的星座繼續發生，可是經千多年的誤差，元運曆法和現今星象

已有出入，譬如說，如今玄空學的「八運」是以 2004-2023 作為交界，可此時木土的真實會合時間為 2001 年，在這個時候，世界上發生了一件大事，因而改變了當今世界的大格局，這就是美國 911 事件。此外，從圖表可見，2160 代表的「七運」進入了水象天蠍座 7°，但隨後的八運、九運仍在風象星座，此方面都和 19.859 年的不整數差有關。

不過，古代占星家早已知道元運和曆法的誤差，故此訂立了一套「前三後三」之說，也就是進入元運的前後三年氣數已漸現，故此筆者下書《金融占星》將會以「九運」（2020-2040）作為時代背境，如論國運級占算，在現代占星學上，最重視尾後的五大行星（即木星、土星、天王星、海王星和冥王星），這些都是代表集體意識的行星，換句話說，社會各界運情及地域性的發展趨勢，都是由以上五星主導，詳情下書再說。

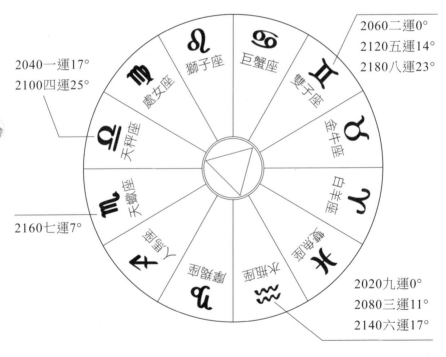

第九章 · 天王星 ♅

天王星

守護星座：水瓶座（第十一宮）

廟：水瓶　旺：天蠍　利：金牛　陷：獅子

屬性：吉凶參半、冷、乾、中性

心理：Innovation 創意

週期：八十四年一周天，七年一星座，三個月 1°

身體：神經系統、人體電流

人物：改革者、反對派、異類

逆行：每年，週期約五個月

神話

宇宙最初甚麼都沒有，沒有光、空氣，沒有時間、空間，是甚麼都沒有的混沌時代。

天地的出現先由大地之母蓋亞（Gaia）說起，據說蓋亞是在混沌（Chaos）中誕生。最先，祂無性繁殖了天空之神烏拉諾斯（Uranus）並與之結婚，婚後便推舉烏拉諾斯成為眾神之王，並生下了許多神孩和巨人。烏拉諾斯的生育能力超強，祂生下了第一代的十二位泰坦（Titan）神族，三個獨眼巨人和三個百臂巨人。但是烏拉諾斯並不喜歡巨人們，認為他們長相奇特怪異，便將他們塞回母親的子宮裡。

巨人兒子們被打落地底令蓋亞深感痛苦，母親於是召集其他泰坦兒子們一同反抗父親，拯救自己的兄弟。但只有克洛諾斯（土星）敢挺身而出，克洛諾斯持有母親給予的鐮刀，在烏拉諾斯睡覺的時候，親手把祂的生殖器切下來，並隨即扔入大海，與海水形成的浪花便誕生了愛神阿佛洛狄忒（金星），祂的精血也生誕生了復仇女神（Erinnys）、巨靈族（Gigas）和梣木寧芙，烏拉諾斯自始之後便逃回天空，再也沒有下來，大地與天空便從此分開。

但遁回天空的烏拉諾斯並不甘心，祂仍時常把精子（雨水）落入大地，使乾涸的大地長出植物。另一方面，夜神倪克斯（Nox）卻十分同情烏拉諾斯的遭遇，於是便生下了許多負面精靈，這就是天王星的是非由來。

行星特性

天王星（Uranus ♅）是太陽系第七顆行星，是 1781 年被一名英國天文家赫歇爾（William Herschel）發現，它的出現打破了人類幾千年來對五大行星的認知，加上此時正值法國大革命、美國獨立戰爭和英國工業革命時期，電力及機械的發明和普及，生產力瞬速提升，因此行星便賦與了創新、發明、革命、獨立和科技等意味。

先說個故事，天王星是個瘋狂的科學家，這個天才的聰明甚至去到痴線的程度，當他熱衷研究和發明的時候，全然不會顧及別人，不理會世俗眼光，其專注程度甚至去到六親不認，無法判斷善惡的餘地。他只知道要做自己的實驗和發明，全不在乎結果帶來的後果，甚至因此而對世界產生巨大破壞也在所不惜。可想這個角色就有如科學怪人的創造者法蘭克斯坦博士，他在創造怪物的同時，也把自己變得瘋狂。

首要說的是，天王星的自轉方式非常獨特，其軌道與他星不同，一般行星都是橫衡自轉，但天王星卻是垂直的，其自轉軸與黃道面幾乎平行（98°），彷彿平臥著轉動似的。由於其轉動方式奇特，因此行星便被界定為離經叛道的分歧者，代表逾越、不守規及叛逆的人。因此在星盤上，天王星代表個人的變革力量，反映命主的獨特性和反叛一面，此是人們尋求與眾不同的地方。

由天王星開始，稍後說的行星全屬世代級別，行星的影響力長期，落入一宮為期 7-30 年不等，因此很多人都同屬一個「三王星」星座。由於時代背景、教育及生活文化大致相同，所以星座者都有著相同類似的習性和想法，譬如說，現今的 90 後（1990 年後出生的人），天王在 1995-2003 回歸了水瓶守護垣，所以這些人的思想特別激進，抗拒傳統及權力約束，他們不講道理，或只在乎自己的道理，每每為了反對而反對，所以在占星學上，三王星代表群眾的集體意願，而天王星就是時代進步的表示，亦代表整個世界的進化期和集體邊緣意識。

天王星被視為凶星的主要原因來自其反叛、反傳統、失序和混亂，對舊有秩序和已知定律的破壞性。而且此星的脾性一點都不溫和，其力量劇烈和突然，在改變的時候，更是把原來舊有事物移為平地，將之完全推倒重來為止。天王星在數學上可以用 ○（零）作為理解，「零」並非完全沒有，它是在正

01234 56789

- 數學而言，0代表最細，9代表最大，10進位代表升級後的重新開始。

與負、有和無之間。「零」在中國古代表示為「空無所有」，並叫「金元」數字，意即極為珍貴的開始數字。所以天王星代表去舊迎新，它在建立新秩序之前必經歷動盪混亂，在得到之前必定完全失去，在富貴之前必然一貧如洗，是「從無到有」或「由有到無，再到有」的演變過程，可見天王星的起落巨大，其影響力往往都是突如其來和出乎意料之外的。

少有人知道，其實天王星跟太陽也是顆「貴星」！分別是太陽的顯貴來自先天，得助於上天、貴人和前輩恩賜，關照從上而下來，其影響力涉及大眾層面。而天王星的「貴」在於後天努力，是依賴本身才能，打破前人界限而建立出來的聲名貴譽，影響層面相對小眾，有從下而上的特色。另外，天王星與土星同是主宰權力的行星，兩星都在努力地構建個人理想，然不同的是，一個表現在物質上，一個則重精神上，因此天王星的想像力異常強勁，它有廣闊無拘的自由思想，還有打破局限的創新能力。

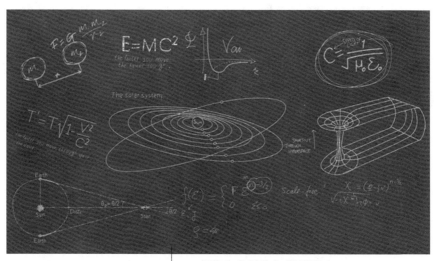

- 想像力永遠比知識重要！
  "Imagination is more important than knowledge."
  A. Einstein

說到打破局限，便不能不提其「暗合」行星土星，天王與之緊密鄰合說明了一個因果關係。從結構分析，土星主「限制」，天王主「反叛」，試問如果沒有約束，又怎知道自由的難能可貴呢？同樣地，沒有土星的刻苦鍛煉，又怎能突破佳績，打破前人記錄？所以行星關係告訴我們如欲突破向前，穩定是根本，突破永遠是建基於重複和限制。所以推算天王星時也要顧及土星的努力範疇，它為天王提供強力支援，有如躍起前的屈膝，天王星之所以能夠一炮而紅，表現一枝獨秀，時有一鳴驚人的舉動就是這個原因。

天王星的不分尊卑長幼，實卻來自希望人人平等、享有自由權利，有建立世界大同的祝願而來。他們深信貧富懸殊、種族高低、任何社會不公皆來自階級及特權制度所致，鑑於社會資源全被權力人士掌控，任何制度上的優化都難以有效解決不均，都無助改變既有利益者的現狀。如此一來，天王星便要將之全面推倒，將舊制度徹底破壞，藉此進行根本性的改革。由此引伸，行星代表反對派和革命黨，此是反潮流、反建制，是新奇特別、怪異另類的代名詞。補充一點，水瓶座和獅子座相對，充滿變革和傳統對峙色彩，表示傳統勢力與新興力量的較量，因此要從星盤上作出比較，便得曉命中人屬於古老守舊，還是潮人一族。

天王星主張分離，行星有強大的離心力和排斥作用，它會盡量擺脫核心，極力脫離整體，令集中變得平均，其反作用力甚至能夠改變物體的本質和結構。但行星在分裂過後又會重組，重組過後又會分裂，所以它有分析和重整；分解和結合；散化和集中；破壞和建設的意思。與土星相反，天王星極不穩定，其不斷持續波動的行徑，代表「不知」和「變數」，所以天王星宮位又是人生最變幻莫測的領域。

• 天王星形態

天王星為了達致平等，除了人為地透過「革命」，另製造「天災」也是其慣性手法，事關不論貧賤富貴，在災難面前都是人人平等，正如發生空難，不論商務頭等還是經濟客位都無一倖免，情況正如每個人都要面對生離死別的問題一樣。基於這個原因，天王星又被喻為「災難」和「意外」之星，通常與突發事故及大型災難掛鉤，又基於其高頻震動，占星家更將之與地震連繫。從上可見，天王星手法確實偏激，行星有「邊緣人格」的稱號就是這個原因。

　　古人定天王星為凶性，無非是因行星有代朝換代的意味，有讓傳統失勢和產生災難的原因。可是，革命帶來徹底性改變，能把資源再度平均分配，新制度的確立能將過往積陋完全更正過來。況且，當大家都站在同一起跑線，人與人之間便再沒有分高低彼此，「世界大同」便真的可以全完實現，天王星的「凶中藏吉」寓意便由此而來。

　　嚴格來說，天王星是水星的進化體，因而承繼了其「中性」屬性，或者可以這樣說，行星同時存有男性與女性特質，或正負、陰陽或雌雄同體的專屬。基於天王有此不男不女的傾向，因此在感情上便賦予了同性戀及雙性戀等異常性趣的代表意義，相關話題稍後再述。再說，水星的知識去到天王便進化成應用技術，或者說天王比水星實在，較能建立出超前及具實用價值的東西來，這方面也乎合「六合」土星的實際需求。

　　雖說天王星主張平等，但行星的骨子裡卻是個如假包換的「個人主義者」，此星影響人的自主性和創新能力，「不與他同」普遍是行星原則。須知道，神話中烏拉諾斯是「天空之神」，天空是至高無上，獨一無二，神話中沒有比之更高境界。因此天王星的人十分自立，充滿理想大志，個人意識強烈，這些人我行我素，敢想人之不敢想，做人之不敢做，固執得來很有自己的一套。另從古老的天王星符號「♁」為太陽加箭頭的混合體可見，即是說行星有太陽的強大意志和人馬座的超長遠目標。就是這樣，天王星才有如此強大的精神動力，去推動他們開闢新道路，貫徹始終去做別人完全不同的事。

從行星符號分析，天王星的新符號「⛢」被後人加上了其發現者的 H 字，由此便變成了兩個分開的半月。這兩個半月的含意頗多，一般代表勢力相對，無情和疏離，並有自我和群眾對立的意義。而兩個月亮亦表示雙倍的靈魂，中間的十字代表物質，最下由代表意志的圓形所支持，即是說天王星可以從改變規則、獲得專利、改變別人的信仰而變得富裕，或對社會大眾施加強大的影響而令自己富甲一方。補充一點，很多改革者及領導人都有很強勢的天王星，他們沒有刻意地去控制別人，但這些人卻有強烈的影響力，從思想上以另一方式去操縱他人。

紫薇星命　多人行的道路不一定是正確的道路，人生的下半場是否輕鬆，取決於上半場的選擇。踏著別人的腳步前進，超越就無從談起，做回自己，勇於創新是領先不二的法門。

　　關於天王星這個「零」的見解，筆者問了好幾位才學之士，他們分別來自數學界、工程界和電腦界，另外自己在網上也搜尋過，發現〇的解釋實在多到不得了。由此可見，天王星還有「無窮無盡」的豐富性，行星既是一無所有，又是包羅萬象，是精神與物質俱在。正如佛家所說：「色即是空，空即是色。」沒有才是一切所有！

　　天王星的財性與其「創意」可謂有絕大關係，由於沒有傳統局限，沒有先例可循，行星便可天馬行空，無中有生地創造新潮流、新文化和新產品。本質上，天王星不喜抄襲，厭惡別人腳步和舊有思路，他們具原創性，有發明精神，行星在「完全未知」的領域上能發揮絕對優勢，因此行星代表都是新奇事物和獨家專利，人物是少眾異類和極度前衛的表表者。

　　時代進步的最明顯特徵就是科技的日新月異，天王星因而被賦予了尖端科技和科學發明的寓意，並將之與電磁、電波、頻率、聲波和光波扯上關係，基於光諧有傳遞作用，所以天王星十分有利在名聲和思想

西洋占星 III 《行星編》

上的散播，如此一來，天王既是「科學之星」，又是顆聲名顯赫的「名星」。補充一點，占星是古代的天文學，屬於科學，所以占星學又是天王星的主事範疇。

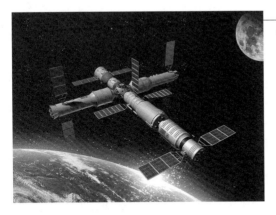

- 中國空間站預計 2022 年左右建成，這是中國人憑藉多年來的努力，由零開始建立的龐大太空實驗室。當 2024 年國際太空站退役之後，屆時只有中國人能夠擁有太空，這方面在世運學上亦得以引証，中國在「九運」強大之説，相關話題在《金融占星》再説。

最後要說，天王的「超前性」很多時都被誤會為有預知能力，其實這都是建基於對大形勢的觀察，擁有大自然規律的領悟觸角有關。不過，這些「未來感」與木星的「預知感」不同，天王星是具有實用價性和普及性，並有能將之變成實物和潮流，甚至有可能影響著將來每個人的生活。

補充閱讀：孤獨的好處

讓人更有自信：缺乏自信的人無論去到哪裏，都喜歡被一堆人圍住的感覺，這樣才感覺安全。可是，只有在獨自之時，才可單純地忠於自己想法，不用顧慮別人而作出決定。久而久之，便會變得愈見果斷獨立，從而散發出一份自信感優越，個人魅力和吸引力便由此而來。

發揮更多創意：天王星的優點絕對和創意有關，大部分的人都懼怕與別不同，因而視跟隨前人的腳步為唯一出路，或因應潮流而作出「跟風」行為，又或者過分顧累別人的看法，以致個人獨有的創作力未能得以好好發揮。只有在「空無」的時候，才是真正的自由時間，在此之時，不論是亂畫一通也好，亂寫一通也好，都是展現自己創意的時候。

使頭腦更清晰：天王星能夠給人暫時逃離人堆，給身心一個喘息的機會，把焦點放回自己身上，遇上一些人生抉擇難題，在這個時候，通常都能夠找到答案，讓人鬆一口氣，繼而有力氣向前邁進。

紓緩壓力焦慮：人之所以有煩惱，很多時候都是因別人引起的壓力，多過自己造成的問題所致。當自己一個人的時候，暫時不用和別人寒喧交流，又不用理會旁人眼光，便可以無拘無束地放鬆一下。這樣，比相約一大班朋友出來飲飲吃吃，更能有效減壓。

天王星逆行
天王星每年都會逆行一次，週期約五個月。

天王逆行 (2018 ~ 2025)
7/8/2018 ~ 6/1/2019
12/8/2019 ~ 11/1/2020
15/8/2020 ~ 14/1/2021
20/8/2021 ~ 18/1/2022
24/8/2022 ~ 22/1/2023
29/8/2023 ~ 27/1/2024
1/9/2024 ~ 30/1/2025
6/9/2025 ~ 4/2/2026

先旨聲明，天王星的發現才短短的二百多年，行星對人類命運到底有多大的影響，到現時為此仍有待不斷的統計和引証。而且逆行的運用，占星學一向都只以七政為主，加上三王星的跨時代意義，反映都是同一個世代的人，所以逆行表現並不明顯，只有在順逆轉勢附近才有一定的影響力，這方面類似中國人的生肖運情，並非個個人的流年運情都盡相同，因此在個人星盤上的影響力相對較少，其理論只能供作參考。

凡天王星掌管的領域，如想像力、創造力、個性化和改革性，換言

西洋占星 III《行星編》

之，凡是須要自成一格，自我判決的事情，在逆行期間都會受到阻礙。在天逆的日子，行星的變革能力得不到應有的發揮，很多事情都受到諸多限制，人們不能隨心所欲去做他們想做的事。但並不是說這些人就甘於罷休，而是行星把內心的燥動和創意不斷累積，直到順行時才爆發出來。正因為此，占星家認為天王星轉為順行時容易引發社會及經濟巨大震動，易爆出震撼性消息，此時還是地震的高峰期。

天王星宮位

「天王宮位」是個人最與別不同，別具一格的地方，它又是自己希望尋求變化的項目，亦是人生最變幻不定，生命上突如奇來改變的地方，另外，有何種不尋常偏好亦可從宮位得知。有關「天王星座」的內容，將在下書與對星組合一同解說。

【第一宮】：天王星本質與別不同，一枝獨秀，立於命宮代表人有自命不凡，唯我獨尊的氣度，這些人很有雄心壯志，其人生目標是站上第一高地，把自己抬上主導者的位置上，不斷提升自己是他們的終身理想。

天王星立此，人的性格坦率直白，胸襟廣闊，不拘小節，眼光長遠，討厭受到任何形式的拘束和限制。這些人我行我素，特立獨行，個性放蕩不羈，為了追求自由和理想，全然不理會別人的想法，不顧及世俗的眼光，也絕不人云亦云，與別人一般見識。他們做事只會隨心，沒有慣性及章法可言，只要是自己想做，就會不顧一切把它實現出來。但在負面情況下，人會顯得心高氣傲，自命清高，有曲高和寡及孤獨自視的心性。

星象的第二特點就是人有觸目奇特的扮相和外表，基於行星不甘平凡，不遵傳統，愛標奇立異，從而令人喜歡上不一樣的奇裝異服，例如是紋身、穿環，女衣男穿或男衣女穿之類的另類裝扮。此外，這些人的五觀或身體或許有些不平衡，例如是大細眼、高低眉、長短足之類，但除非天王星有不良相位，否則這些異常只屬輕微，然而這些「缺憾美」

亦都是天王星的普遍特色之一。

天王星傾向極端，絕不採取中庸之道，所以這些人的脾性古怪，一時見之興奮雀躍，轉頭便可情緒低落，心情在不知不覺間大逆轉，因而命主便給人難以猜測，一時一樣的感覺。這些人的行為舉止同樣怪異，他們喜歡的事物大多另類、冷門、古怪和非主流，有時更為求譁眾取寵，常有驚人狂妄的舉動，做出令人費解和愕然的事，更甚者其「無厘頭」和「重口味」作風實在讓人難以接受。

這樣「高反差」亦深深影響著當時人的生活習慣，一般而言，天王星遍向低調和沉默，喜歡遁世隱居，當他們心中一旦有了目標，就會非常瘋狂而專注地進行，然其決心鬥志可謂相當驚人，一旦開始便會廢寢忘餐，一刻都不能停下來。這些人一係不做，一做便會全力以赴，毫不保留的去到最盡。

天王星的「未知」和「突然」也深深反映在其命運際遇之上，宮中人一生注定要經歷大風大浪，人生際遇非凡，常常遇上各式奇式的驚險事，人生路上的三叉口特別多，在生命中經常遇上眾多莫名其妙的波折，很多事情都在毫無先兆的情況下發生，當他們正有思想準備，事情又變得峰迴路轉，往往都是潮非預期的軌道進行，可見宮中人一生都在不穩定的狀態中流轉。

有這樣的「果」，必然有這樣的「因」！其命運的高波動均與人的叛逆性格有關。說實在，這些人永不知足，就算他們現在生活得多好，都總是覺得不如意，他們一心追求冒險和刺激，渴望著挑戰的來臨。再加上天王星有「一鳴驚人」的心願，行星不但有破壞穩定的思想衝動，還會直接落實到行動當中，更有可能自己走上最前線，帶領其他人一起發動革命，同共去建立新生活。不過，無論改變結果是好是壞，天王星都絕不「後悔」，只因深信變幻才是永恆，就算錯了也絕不回頭，宮中人之所以充滿理想和「未來觀」就是這個原因。

有利的是，天王星的「不穩」亦都是創意和創造力的由來，星宮的人思想新穎，敢於大膽創新，所以這些人能夠比別人發現出更多意想不到的東西來，可說天王命宮不是革命家也是個發明家的人格。亦因他們獨樹一幟，不與世俗同流，往往都能打破傳統，總是走在潮流最尖端，可見天王在此正代表著潮流教主，是時代的先驅者。

從你一出生開始，就有人告訴你各種各樣所謂的「真相」，但這些「真相」真的是真的嗎？會不會告訴你「真相」的人，他們都只是主觀認定這些認知就是「真相」？如果是這樣的話，是否可以以此類推算，所有人都只是將我們個人認知以為是事實的事情，持續地傳給下一代，換句話說，個個人都可以透過自己所謂的認知來得到一個你想要的「真相」。試想，如果一件事情，可以因為不同的人而得到不同「真相」的話，那是否表示跟本沒有所謂的「真相」，又或者是所有答案都是「真相」呢？這個問題，一切都只是看個人想法而定，所以請大家記住永遠要去懷疑，所有現在你認為是對的，或許有朝一日你能找到錯處或新的答案。當能夠找到愈多的新答案，在公眾社會中就會變成所謂的領導者、創意家、發明家，總之就可以讓你脫穎而出！

【第二宮】：前文說天王星是水星的進化體，水星有利商業，在二宮可視為吉性，而天王星更是象徵巨資企業的領頭人，加上在圖表學上，天王星的波浪形態是以是拋物線形式進行，可見其財性之大絕非一般人能夠想像。

以天王星的獨特性，其人的金錢觀念肯定與眾不同，他們的進財手法新穎異類，跟其他人很不一樣。基於這些有別於傳統的賺錢模式，所以這些人只可以從事另類特色的事業，事實上，在他們未取得成功之前，你卻不能想像他們是如何生財的。說個例子，筆者認識一位任職阿里巴巴的銷售員，他賣的產品是網上搜查字（Key word），可想在這商

業模式未成形之前，這個產品絕對是賣不出去的。同樣道理，天王星的價值觀有異於常人，其消費概念亦非一般人能夠想像，加上行星沒有累積性，反而帶有強烈的消耗性，因此這些人花錢特別反常，容易一擲千金，有令人難以理解的消費欲。例如一塊價值六千元的 Apple Watch，他卻要買六萬元的玫瑰金特別版，其目的只是為了與別不同，不希望與人撞款而已。

天王二宮的另一特色就是財政不穩，這些人財來得快時去得亦快，時有三間窮，五間富的情況出現。或可想像，行星在金牛座的失利暗示了沒有慣性安穩的收入，天王星在此主意外之財或特別收入，某程度上也屬於偏財格局的一種。

天王星主管科技和發明，是創意和專利行星，所以宮中人更傾向研發新科技及新產品，或推動一些新意念和新制度，可見本宮的天王星便有腦力生財的意味。巧合地，星宮的人甚有可能在人生的某個階段，發展出一些完全與市場不同的新產品，或以一些極具個人色彩的技術來謀生。除此之外，天王又是大眾化行星，他們有傳銷及市場推廣能力，特別適合從事人群有關的生意，亦即是說他們有賺取「眾人財」的可能。可是，以天王星的「顛覆」性，不利財皆人所共知，行星能令人周轉不靈，財務計劃落空，總能輕而易舉捲走你的財富，令人一貧如洗。最常見的情況，就是打工一族經常無故被裁，因而收入中斷，所以天王二宮的人不宜打工，只宜創業，反正偏財不講固定。再說，這些人未發富之前，定會經歷一段拮据日子，甚至有破產可能。如果他們出身貧苦反而沒有問題，假如出身在大富之家必然家道中落，要迫不得已地從頭再來。有利的是，天王星的時間性為中段，即是說人生的突發期為中年。

霍金在 2012 年獲得被譽為「世界上最奢侈」的尤里物理學獎，此獎金高達三百萬美元，是諾貝爾獎的 2.5 倍，得獎時霍金淡定回應：「沒有誰是為了獎金而研究，是發現新事物的喜悅吸引著我。」

【第三宮】：天王星在知識之宮，第一特點就是思考和表達能力的與別不同，這些人與水星一樣轉數快，有高超智商，有高度開放和自由無拘的想法，但天王更強調科學及邏輯推理，所以他們在不斷吸收資訊的同時，必先嚴密分析，務求從中找到某些別人忽略的觀點，經過他們改良和修正之後，從而變成自己的獨見。

天王三宮的人很有個人想法，絕不輕易受到他人影響，但基於其獨特不凡的見解，許多新穎古怪的念頭卻難以令人理解，少有人能明白他們都是時有之事。另天王星在此的人很喜歡科學，他們有非常創意和數理天份，對於研究發明特別在行。有利的是，這些人的思維特別清晰透徹，其分析力強，領悟力高，具前瞻式及整體性思維，能從多角度去分解問題和細節，能輕易掌握問題的根本。

天王星在表達的三宮，其語言表述也是非比尋常，用詞修飾令人大開眼界，有些時候為了嘩眾取寵，常常語不驚人誓不休。他們言詞尖銳，反應敏捷，如果覺得對方說法有誤，便會立刻打斷對方，表現得相當任性妄為。更有趣的是，這些人時會莫明奇妙彈出一兩句「無厘頭」說話，其回覆可能完全不切合主題，令人不知如何是好。正因為有此浮躁、反覆的言談態度，可見因出言不遜而與人發生摩擦便是時有之事。再講，天王星天性叛逆，滿腦子反叛思想和顛覆性想法，其言論大都是沖著權威及舊有勢力而來，不難發現，命中人最討厭就是聽從人家的命令和教誨，假如以長輩的口語說教，定會換來天王星的強烈口舌對抗。

在學習方面，由於天王星的想法太過前衛獨特，有自成一格的思想，所以他們較難適應傳統教育制度。常見他們在學校中表現特立獨行，不遵老師前輩，喜歡自創答案，因此學業成績不穩，難以適應正規科目都是淺而易見的。事實上，天王星的聰明在於學習實用技能，並不適用於科名考試，因為行星的創新性對於制度化及教條式的考核制度明顯無用武之地。可是，雖然正規教育不合適，命主卻可從創意及非傳統教育入手，更屬害的是，三宮天王是個「自學天才」，他們不需要跟隨別人，卻可用自己的方式去學習和進修，亦因他們更會比人舉一反三，

便得出更一不樣的見解和結論。

三宮代表的童年因天王星的不穩，便常有轉校或生活巨變的可能，甚至因此而中途輟學，所以星象更強調「自學成才」的特點。此外，天王在人際宮位永遠給人一種疏離感，這些人從少到大就覺得自己與周遭的人格格不入，如今兄弟宮的代表人物為兄弟姐妹，與之關係冷淡是可以想像的。但另一個可能就是不尋常的親屬關係，例如是有同父異母，或同母異父的兄弟姐妹，更差的便是基於某些特殊原因與親兄弟長期分離。同樣地，命中人對待同學和遠親近鄰的態度也十分冷淡，並易有關係決裂之事，彼此不再往來。最後，基於天王星的災難性，便要特別小心因高速而引發的交通意外，或在旅途中可能出現意料之外的突發事情。

【第四宮】：天王星是個獨立傲群者，它的抽離和冷漠不論入於什麼人士宮位都不利感情，可想行星在田宅宮是個「六親無緣」的星象。行星在此的人，童年生活肯定過很不理想，這些人無法從家庭及親友上獲得精神及物質上的支持和滿足。很大可能，這些人早期居無定所，過著顛沛流離的生活，或出生在一個不完整的家庭，比如父母離婚或死亡，總之其中欠缺一人。又或者，這些人自少離鄉別井，與雙親長期分隔兩地。比較幸運的例子是，家人有能力支持命主留學寄宿，從少就被訓練成一個獨立的人，但被放逐之心仍然有之。

擁有這個星象的人，不論是出於個人選擇，還是受到不可避免的外在因素所影響，都不太喜歡安定生活，這些人總是不安於室，對家庭和種族毫無歸屬感，可以說他們「無根」，是個「遊牧民族」的類型。再說，這些人假如出家在大富之家，必注定家道中衰，家庭分裂，如出生於古代，則會被視為刑剋父母的「陀衰家」。就算婚後，宮中人普遍對家庭生活冷淡，家中總是冷冷清清，常孤獨一人。

這些命格也沒有所謂的「置業運」，或他們根本不希望擁有一個永久性居所。然而他們的房子設計亦相當獨特，可能是全開式，沒有間

隔，或者是頂層，更多數是住在孤峰獨聳的「孤寡屋」。

四宮的人物為家人，又代表個人圈子，不難發現，天王星重視意識形態多於血緣親屬，所以他們對於志同道合的相處比家人更覺親切和交心。另外，其住所亦有可能被用來當作教會或其他團體組織的聚會場地。可見宮位的人對家人少關心，對外人反而親切，家是用來工作和交際的場所。最後，田宅宮不論進駐什麼強星，都有晚年孤獨之意。

【第五宮】：與別不同的天王星落於感情宮位，可想這些人的感情故事肯定引人入勝，耐人尋味。一般而言，天王星在此的人有非常魅力，很有異性緣，情況和太陽有些類似，但太陽吸引是一般的普羅大眾，而天王所吸引的是少數異類。

的而且確，宮中人的審美眼光較為獨特，一般大家歸秀、賢良淑德、備受眾人青睞的類型都不會被他看上。他們只會愛上極具個性風格，有非凡特質，備受矚目的類型，甚至其矚目程度有些怪異，並非是人人都能接受的類型，亦有可能投其所好。此外，上文曾說天王有男女同體之性，因此行星如遇上不良相位，便有同性戀及雙性戀，甚至是亂倫之意，廣義而言，星象象徵不倫之戀或非正常人之愛好。

嚴格來說，天王星在此代表「不能預測」的愛情，變數可以是對象的外表、身份、想法、價格觀、年紀、地位、文化及出生地，具體情況什麼都有可能，所以這些「不尋常」只能是說他們的愛情故事一點都不平凡，一生都注定要經歷情場的上大風大浪。另一方面，天王星的突然性亦暗示著他們的戀情開展得十分迅速，肯定是一見鍾情，而非日久生情。但基於行星的不定性，這些感覺可以在幾秒內出現，亦可以在幾秒內消失，所以天王星的戀情往往都是短暫而急速，十分刺激和轟動的。從上所述，星象對於女性來說便比較不利，加上天王星的我行我素，想愛就愛，就算沒有可能的關係，例如自己作為第三者，戀上已婚之人，不能見光的地下情緣也夠膽嘗試。說到底，這些人真的不在乎天長地久，只在乎曾經擁有，她們全不顧慮後果，不要淡而無味的愛，甚至是

未婚先孕，不要名份也要把孩子生下來。

　　各位可能認為星宮是個浪漫主義者，事實卻不然，天王星的感情重點在於抽離和自在，所以宮中人不易被情所困，愛得很瀟灑，可能很早已看透愛情本質，因此對情緣亦顯得相當冷淡。再者，其戀愛態度傾向柏拉圖式的情誼，即是精神和肉體是可以分開的。不過，你說星宮的人專一又不是，心花又不是，事關宮中人可以十年不愛，又可以十秒就愛，他們可能今日愛得死去活來，明日就各有各忙，但一旦遇上另一投緣者，又會再度瘋狂地愛起來。天王星的疏離，在子女方面也同樣理解，這些人的子女緣薄，親子關係很一般，甚至是沒有兒子，又或是因某些原因而長期分開。但倘若有吉相支持，則表示父親不是怪獸家長，為人父母會給予孩子充分自由和發揮，示意孩子具有特殊天份並易於揚名，中式術數名為「生貴子」。

　　五宮又是個展示才華的宮位，天王星在此代表原創精神，所以這些人有非凡創意，腦力驚人，大都是個前衛主義者，他們普遍對科技新知感到興趣，其他如天文學、占星學、心理學也可能是星宮者的專長。最後五宮的偏財定義，筆者感受奇深，天王星會給人天生的投機直覺，它可以給人贏得很多財富，也會令人輸得一敗塗地，常令人徘徊在巨富與赤貧的邊緣。

其實筆者個人的天王星就在五宮，個人感情不便披露，個人才華則有目共睹，但個人認為行星對自己最大的影響就是在偏財方面。不論什麼行星落在五宮，人都有賭博和投機傾向，筆者亦沒有例外，假如說出自己天王星的投資經歷，相信會嚇壞很多朋友，當中試過四日輸了兩年人工，又試過個半月賺了四年人工，其餘六位數銀碼的波動則隨時可見，而且隨著個人成長和掌控資金的能力愈強，這個波動將會變得更為極端，相關心路歷程有機會在《金融占星》再聊。

【第六宮】：天王星的變革性用於職業宮最適宜創新、設計，或開展一些新項目，嘗試一些從未試過的工作。或以新瓶舊酒方式，在原有事業上試圖改革或加入新元素和新意念。的而且確，只有新鮮感和刺激性才能推動星宮者的熱誠，讓他們工作變得更有衝勁和活力。

天王六宮的人普遍有新穎前尖的想法，其觀察力和分析力強，很能察覺不合時宜的東西，所以這宮的人特別人適合從事顧問或智囊方面的工作，為他人提供改善及進步的方法。由於熱愛自由，不受拘束，若然要他們跟足程序標準，按部就班，從事刻板瑣碎及例行慣性事務，必然做唔長，並非他專長，最好是由他們提出了建議，找個老實人落實執行就最為理想。

以天王星的多變性，不能一成不變，你很難叫他們老老實實給別人認真做事，從事朝九晚五的工作也是接受不了的。況且，天王是沒有上級的行星，這些人不會接受命令和管理，從上所見，假如他們不是打工皇帝，上司都要看他面色之外，就只有自行創業之途。可是，六宮始終帶有從屬性，在此更大的可能是把個人興趣變成事業，加上這些人追求工作的多樣性和放任自主的工作模式，當他們從事自己喜歡的事情，其出色程度絕對是可以超乎想像的。

以天王星風格，他們的工作態度飄忽，今日見興之所致，表演超乎水準，明日心情不佳便闊佬懶理，其前後不一，忽冷忽熱的表現，甚會讓人懷疑他們的責任心。可想身為上司，如有這樣的下屬並不好受，正當你想教訓他的時候，他也總是毫無悔意，不是來個大罷工，就是與你針鋒相對，可見這些人與上司關係肯定麻麻，絕對是讓老闆頭痛的人。換個情況，天王星的人假如為人上司，反能尊重下屬意願，認為各安本份，無分彼此，各有各做，可見天王星只會犯上，不會作下。

天王在此，假如宮位的人不是頻繁變換工作，經常轉行轉業，就有可能是個頂尖分子，在行業中做出非常出色的表現。再說，以天王的突發性，星宮者常有突然奇來的機會和好運，好讓他們一展所長，但可惜

這樣的子日並不多見，可見星象反映都是一些自由工作者的特徵。

六宮的工作與生活慣性可有聯繫，這些人難以接受例行公事，連日常生活也充滿不定，他們喜歡隨性的由自生活，每天沒有固定時間表，連睡到幾時都是隨個人心情而定。另他們也會盡量製造一點變動，務求讓生活變得更加刺激和有趣。

在健康方面，由於作息混亂，生活顛倒，宮中人容易有內分泌及免疫系統失調等問題，亦容易出現過敏反應，另行星又主突發性急病。

【第七宮】：天王星追求獨立分離，行星不利人緣之餘，落於夫妻宮更是個離婚星象，命主還有獨身的可能。

天王星七宮的人，天生就注了不平凡的婚姻，這些人大都是閃婚一族，他們的結婚決定來得很突然，可以在很短的時間內發生，不用深入了解對方都能作出情定終身的承諾，更普遍情況是先同居後結婚，甚至只同居而不結婚。可是，以天王星的慣性，結合既來得快，分開同樣亦快，其實天王星在感情上就是一顆「因好奇而結合，因沉悶而分開」的行星，他們的「離婚」決定也是十分灑脫和不羈的。

舉個例子，「水瓶座時代」的到臨代表傳統男女關係的變化，基於天王星的自主意識和分離性，將導致男女相方都同時追求主導權，這些人覺得如果夫妻間的感情已經失去了新意，彼此再不能在對方身上獲得新鮮感的時候，倒不如灑脫地分開好了。可見天王星絕不勉強感情的去留，大不了找個第二個罷了，行星主張離婚，星象因而有「多婚」之意。

另天王星在此還有不相愛卻仍在維持婚姻關係的例子，但這些人都有個共同情況，就是「有等如無！」最常見是夫妻長期分隔兩地，甚至是一者入獄，不能見面，輕則夫妻分床而睡再沒有親密關係也可以。再說，宮位的人有很強的獨立性，這些人非常自我，只會按著自己的意願

行事，按自己的方式來過日子，認為婚姻關係並非是剝奪個人自由的條約。況且，他不想被人管束之餘，同樣也不想管理別人，星宮者多少有獨身主意的傾向。

星象的另一個特色，就是有個不尋常或脾性古怪的伴侶，這些人並不喜歡普普通通、正正常常的類型，反之個性獨特，形象百變，桀驁不馴，常常給人帶來意想不到的驚喜，始能乎合他們的心意。所以命中人的結婚對象往往是與自己個性、身份、地位、價值觀完全不同，甚至是絕對相反的人。

在合作方面，七宮的人對於合作夥伴以及在其他的人際關係裡，同樣都有「初善終離」的情況，這些人熱忱結交新朋友，初次見面總是令人印象深刻，但可惜的是，宮中人卻沒有長期經營彼此關係的打算，所以命主與拍檔常有突然翻臉的機會，就算不是因磨擦而絕交，也會因疏遠冷漠而不再見面。

【第八宮】：天王星在八宮，人的精神靈力很強，這些人對宗教、玄學、占星、心理等神秘學很感興趣，對生命、自然及未來更是充滿幻想。為了滿足個人強大的求知欲，命主甚會把畢生精力都放在這裡，而且學海無涯，他們從多方面學習，進行探求，對於什麼宗教都不抗拒，總之「捉到老鼠就是好貓」，務求找出人生意義和真諦正是他們的理想。筆者現回想，個人在玄學路上的高溫發燒期，也都是天王星運限進入八宮的日子。

先天八宮的天王星，由於過份追求精神上的滿足，對於物質錢財上較不重視，這些人不世俗，較遺世孤高，有點不食人間煙火，可想這是個有「出家脫俗」傾向的命格。的而且確，這些命格可能真的較為「莫財」，但這些人一點都不介意現在的不如意，事關他們有超前的人生觀，「明天會更好」似乎是他們的信念。有利的是，天王星的悟透力過人，命中人便較其他人容易悟道真理，還時有預知未來的能力。

關於性方面，天王星在此十分極端，一是完全沒有，二是各色其色，視乎盤中人的色慾程度而論。當然，如作為出家人，沒有色慾是合情合理，但另一方面，天王星代表奇特怪異，因此這些人對於性方面的態度亦較為開放，能接受何形式的行為，我所說的是同性戀、性變態、群雜交等性怪癖。又因為行星給予人們追求新鮮刺激的體驗，所以他們十分喜愛嘗試不同的花式和體位，在不同場地進行性行為等等。

八宮又既為合作者的財產宮位，天王星在此代表在商業合作上會遇上巨大的財政波動，與五宮情況相約，八宮只要有行星進駐，命中人都有做生意的潛質。行星在此表示突如其來的重大改變，一方面指有從天而降的巨大利益，另一方面則是財政的急轉直下，更差的還有面臨結業風險。要強調的是，天王星的波動沒完沒了，不會停止的，所以命主往往在絕境便會逢生。這個時候，你公司可能突然得到一筆資助，別人乘機入股貴公司，又或是別人的收購，因為「食」了你公司而得到可觀回報。

最後，天王星在古稱的「疾厄宮」並非善曜，它代表突然而來和離奇怪異的意外事故，比如說爆炸、空難、被雷劈、被蛇咬等災險，其另類的死亡方式也算是天王星法則的一種體現。

一個長達 20 年的研究顯示，Top 100 富豪的高低排名中，以天王星守護的水瓶座為數最多，佔比例的12.5%，由於天王星性格獨立，富創意，極之適合成為發明家及企業家。至於排名最後是月亮守護的巨蟹座，佔比例只有 5.9%，可能和該星座較不進取，過份著重安全感有關，可見大財不講累積，巨富不講節儉，而月亮是「財星」的觀念，則只屬小財而已。

【第九宮】：天王星九宮可以說是先導思想家的類型，或學術性的專業研究者，這些人思想前衛先進，對新潮流及新時代的觸角敏銳，有

長遠偉大的理想和目標。宮中人思想獨立自主，想法與眾不同，看法另類怪異，在高階學問上有著超越一般人的見解和悟識，而且他們有改革野心，抗拒盲從傳統觀念，一心擺脫舊有思想約束，並藉此溶入自己的見解，從而發展出一套乎合時代需求的學問來。

在這些學問中，尤以宗教最具特色，但這些人對宗教信仰、神秘事物及哲學都有不一樣的看法，對傳統觀念提出質疑，比如信奉新興或少眾派別，更屬害的可以自成一格，自己研究出一套信仰學問來。題外一談，筆者開始在網上攬玄學討論區的時候，正值天王星進入九宮的運限，承八宮對玄學的初始涉獵，九宮便正式走出傳統，進入自主研究的階段。

在求學方面，這些人可能基於本地缺乏相關課程，才考慮在海外進修，可想他們的興趣冷門，是少眾的狂熱學問追求者。除此之外，他們選修科目也乎合天王星的極端性，比如說一科是工商管理，另一科是犯罪心理學等等，而且這個決定往往都是在修讀中途才決定的。有利的是，兩個看似風馬牛不相及的科目，他們都能取得佳績，都有超水準表現。另星象有無師自通，自學成才的優勢，如細心想想，行星在此即是說不依正常程序畢業，是傳統學術體系之外的模式，此方面如是自修、遙距及公開大學（OpenU）等等。

天王星在遷移宮亦說明命中人與外國人特別有緣，在外地遇上令人畢生難忘的不平凡體驗。這宮的人去旅行也要選擇冷門另類，例如去南北極、不丹等常人不感興趣的地方，更令人感到擔心的是，他們喜歡獨行，而且話去就去，全然不用做足準備。事關他們深信路在口邊，所以在旅途中能夠認識很多人，還有天王星在此，人的外語能力極強，這些人可以用很短時間學會很不普及的外地方言，因此星宮的人才有與常人不同的眼光和視野。要留意的是，天王星常給人出乎意料的驚喜，如相位不佳易在旅游途中生發生意外，最終樂極生悲收場。

【第十宮】：天王星在名譽宮與職業宮一樣，想才華得到充分發

揮，就必須放棄原有受薪及當個上班族的念頭，星象告訴我們如果繼續從事傳統、實業、制度化的工作，一生也不用指意出人頭地。

這些人天性不羈，好高騖遠，他們不能接受平凡乏味的工作，更無法忍受長期例行慣性公事，星宮者絕不適合在傳統機構任職是肯定的。再者，宮中人極具個性，蔑視保守，有不下於人的叛逆思想，這些人在公司裡總是不合群，無法融入於團隊工作，更嚴重的是，命主不分尊卑長幼常與位高權重的人作對，如此一來，試問這種熱忱於反階級鬥爭的人，又怎能得到上司的支持和賞識？恐怕他們如何努力也難有晉升機會。

以天王星的反叛性，實在不宜在傳統事業上發展，這些人不能跟隨別人的背後，走別人行過的舊路，他們必須別樹一格，開闢自己的新道路。在占星學上，一般被定性為強星，如太陽、火星、土星、天王星和冥王星在事業上都有一定的領袖風範，天生就注定要單打獨鬥，自負成敗，為成人上之人，事關這些人不會接受別人的指示和差遣，甚至是別人給你好處利益，不也會與人合作妥協，星象象徵自力更新，要獨佔所有屬於自己的權利。

題外一談，筆者在尋找書商發行的時候，認識了一些傳媒人，有些甚至意圖成為我的經理人，打算將我包裝成玄學演員，不過，基於天王的獨立性，當然被我拒絕了。到現時為此，已談過了天王星在個人大運的四個階段所發生的事情，然而這些主題亦都是下書《運限篇》的主要內容。

說實在，天王星在十宮只適合自行創業及自由工作者，或在具前衛性、開創性的行業上發展，才能充分發揮他們的創意、原創精神和特殊天份，並要有相當廣闊的自由空間，才能讓他們好好地長期工作下去。此外，行星想法抽象獨特，在文化潮流及創意產業方面才是他們的真正舞台，天王星代表反潮流、反傳統、非主流。如有吉相，絕對可以憑空創建異類事業，加上星性喜走偏執路線，喜歡離群另類，亦可建立自己

的團體，如反對派，獨立黨，這便是星象的賣點。更何況，「無厘頭」文化極之適合現今的傳媒需要，可以想像互聯網世界、社交網絡、市場推廣、廣告策劃，無不因此而帶來益處。這些人也適合去做研究及幕後工作，並有能在科技、數學、電子及天文領域上有所建樹。假如星象者不是從事創意產業，便會承繼了天王星的不穩定，代表頻頻轉業，又基於行星的從無到有，即示意事業的從頭再來，屢屢更換起跑線。

有利的是，星象的人不論從事何種職業，一般都能獲得特殊聲譽和地位，但始終行星對固有傳統的顛覆，所以其名聲多好壞參半。而天王星帶來的成功，一定是在某層面帶來思想及生活上的影響，或給人帶來新知和啟發，其名氣絕對和新潮、前衛、尖端和現代化掛鉤。

又因天王星的人看得很遠，他們放眼長線，便少了急功近利的心態。再者，這些人有些完美主義，傾向先建立個人品牌型象，繼而求財謀利，其追求的資產是無形，因此星象的策略應先求名後求利。正因為此，天王星十宮的名望往往都是平地一聲雷，其地位是呈拋物線式的上升。

焦糖星命

我們生活在人與人的社會，氣氛會令人融入群體的想法，從而阻礙了個人的決策。如果你們只是照辦煮碗去複製，幾可肯定是完全沒有成功的可能。因為被你複製的事物，已經早說明你是第二，不是第一。要成功，一定要有自己的信念，忠於自己立場，別太在意別人的想法，因為只有跟別人不一樣，才有令他人跟隨自己的可能。

【十一宮】：一般而言，十一宮有行星進駐者，人都易有一定的知名度，在社交圈有一定的人認識。如今天王是世代行星，反映人數眾多，層面廣泛，什麼階層都能涉及，加上行星象徵人際關係的最外層，即是你認識我，我不認識你的關係，這些人算不上朋友，他們可能只是從別人口中聽聞過閣下大名，或在報章中曾閱讀過閣下的報導，或在行

內了解過閣下的作品而已，可見行星在此普遍是社會上的知名人士，或是個公眾認識的對象。

天王十一宮者普遍人緣好，他們親切友善，大方隨和，總是給人留下良好印象。行星在此的人沒有城府機心，沒有架子也不拘小節，他們與什麼人都合得來，都有話題可聊。事實上，天王星確實喜歡結交新朋友，對陌生人充滿好奇心，能夠在很短時間內與人混熟。再講，以天王星之性，只在乎意識形態，星宮的人不論富貴貧賤，只要是大家意念相投或是志同道合，都可以好好的結交起來。

星宮的人面非常廣，絕對稱得上相識充滿天下，不論草根階層或是皇親貴族，甚至是三教九流的人都與他有過交道。可是，以天王星的愛獨立和疏離感，什麼時候都總是與人保持距離，不太希望過份投入於別人的關係中，此星不受束縛，如果他們覺得在此得不到應有的主導權，便會毫不猶豫，徹底抽身離開。再者，天王星不論落於什麼宮位都有貪新忘舊，不停流轉的意味，所以這些情誼不深，無法長久維持。但各位大可放心，天王星的分離絕不會給人帶來失落，它不是火星的爭執，沒有土星的心病，有的只是「君子之交淡如水」之感，他不會害人，別人亦不會害他，友誼只是因時間久了，少有見面而逐漸疏遠而已，這方面就有如人體的新陳代謝，舊人走了卻有其它新人陸續補充接上。

十一宮是個理想之宮，天王星在此處於強勢位置，因此這些人很有抱負，很有個人主張。要強調的是，這些人真的想人之不敢想人，做人之不敢做，其腦海往往都是極端和顛覆性想法，並理想憑藉強大的人脈關係來實現這個目標。故此，十一宮這個群眾宮位正好是宮中人的表演舞台，希望透過公眾力量來傳達他們心中的理念。

上文曾說天王是一顆權力之星，此宮正是他們發揮強大影響力的時候，行星的波場有能影響人心，改變人的固有思維和想法，有強大凝聚群體的力量，所以命中人在團體或行業裡往往都有一定的權威和地位，他們能藉群眾力量來打破限制和封鎖，以此改變現狀。由此可見，天王

星在此是個思想倡導者，更有可能成為別人心目中的改革領袖。

【十二宮】：天王星落在思想的宮位，主要取其無拘無束的自由性，這些人的心境有如天空，反映品格清高及志向遠大的一面，行星的人性格大方，心無城府，不拘小節，有廣闊胸懷。另宮位的人隨意瀟灑，淡薄名利，時有出世入道的思想，他們喜歡自由自在的生活，喜歡思考抽象高深的問題，對科學研究深感興趣。

天王星在此代表人的想像空間無遠弗屆，他們可以天馬行空，無中生有，行星賦與了他們超強的特殊靈感和未來直覺，所以他們可以單憑意念去洞悉一些神秘事情，更時有一閃而過的悟力去解構一些高深難明的學問。可是，雖然說他們的意念力強，但由於多空想，所以為人神經質，嚴重者甚至出現幻覺，經常構想多許多古古怪怪的事情來，可見如果天王星的狀態不好，他們不是精研心理，就是自己的精神有問題。

無可否認，天王星在此的人非常聰明，但其高超思維令常人卻難以理解，加上行星本性怪異，自我非常，有遺世孤高和反叛心性，因此這宮的人並不可能將其創意變成實際具體的事物和財富，更常見的是，他們傾向閉關自修，獨力去鑽研一些學問來，甚有世外高人的超然味道。

補充閱讀：人脈

天王星掌管的十一宮代表人際關係的最外圍，簡單而言它即是顆「人脈星」。

所謂：「識人好過識字」、「送人好過送貨」即是說識得人多代表機會多，很有著數，所以大家都十分努力地去識人。例如多出席社交場合，多參與一些商會或政商界活動，去結識一些業界所謂的「行尊」或「名人」，更重要的是一定要來個合照，然後放上社交網站分享一下，說我認識某某，有多威風。的而且確，個個人都會告訴你是應該的，事關「人脈」確實很重要。

說實在，你收了人家的名片可能會好好收藏，不過，人家收了你的名片可能很快被遺忘，你們甚至吃了一頓飯，大家一起談論過政經方面各樣的看法後，甚至是爭著去結賬付鈔，可能今次是你爭贏了，他說下次該輪到他，這樣一來，關係就建立了嗎？

　　很遺憾地告訴大家，原來什麼都沒有，你只是單純地知道對方的名字而已，就算下次在路上面，也不肯定他會認得你否。即是說不能連結起來，不能互相幫助，產生不了任何合作關係的都不算是人脈！事實上，人脈是建基於別人有求於你，只有你有某方面能力，別人需要你之助才稱得上是人脈。

　　人世間所有的人事互動關係都離不開依賴和需要，說白了就是交易，是條件交換，商業世界大都如是，因此人脈是單向的，不是雙向。問心講，你想識人的原因都是你想有求於人，而不是等別人有求於你。所以一對合作關係，就是雙方有求於對方，你有別人沒有的東西，你也想獲得別人的資源，關係才能成立。

　　所以在建立人脈之前，你必須努力地建立起自己的利用價值，當你有一種解決問題，而別人沒有的能力時，人脈才能產生有用的效果。假如只是胡亂巴結，就只憑藉吃渴玩樂去識人，妄圖建立廣泛人脈的話，相信結果只增加了脂肪，減少了銀紙，與建立人脈的目標背道而馳。

西洋占星III《行星編》

238

第十章・海王星 ♆

海王星

守護星座：雙魚座（第十二宮）
廟：雙魚　旺：巨蟹　利：摩羯　陷：處女
屬性：吉中藏凶、冷、濕、陰
心理：夢想 Dream
週期：168 年一周天，14 年一星座，6 個月行 1°
身體：淋巴腺、循環系統、體液
人物：幻想家、占星家、造夢者
逆行：每年，週期約五個半月

神話

羅馬人稱希臘神畫中的海神波塞冬（Poseidon）為涅普頓（Neptune），祂是宙斯的哥哥，由於眾神兄弟在討伐其父克洛諾斯的時候，獨眼巨人送給宙斯閃電，給波塞冬三叉戟，日後「三叉戟」便成為海王的象徵性標誌。

當宙斯戰勝父親獲得了天地的統治權之後，三兄弟便以抽籤方式劃分祂們的勢力範圍，結果宙斯、黑帝斯分別掌管天空和冥界，波塞冬負責海洋。神畫中亦記載了海神的黃金宮殿在愛琴海深處，當祂憤怒時，水中便會出現怪物，並帶來巨大的地震和海嘯，引起滔天巨浪甚至使大陸陸沉。但波塞冬也有親和寧靜的一面，此時大海會變得風平浪靜，祂的聖獸海豚便會遊出水面嬉戲，所以古希臘的漁民都視之為中國人的「媽祖」，對之極為崇拜和尊敬。

波塞冬的三叉戟除了作為武器外，也是個「點石成水」的工具，只要用神器敲擊地面，岩裂便會流出清泉，以此澆灌大地，五穀才賴以生長，所以波塞冬也是個「豐裕之神」。又因波塞冬常乘坐白馬駕駛的黃金戰車巡遊海上，所以希臘人也被視之為「馬匹之神」。時至今日，意大利一個名車品牌瑪莎拉蒂 MASERATI，就是以海王三叉戟作為標誌象徵。

行星特性

海王星（Neptune Ψ）的發現，先在 1843 年被法國天文學家勒維耶以數學方式推算出來，及後三年才被德國天文學家伽雷從望遠鏡中証實，因此海王星又被喻為「筆尖上的行星」。在此之時，工業革命帶來石油業的興起，醫學進步帶來大麻、酒精、麻醉藥等精神性藥物的大量使用，加上經濟已進入產業化時期，個人消費模式改變，導致娛樂需求大增，此時帶來了電視、電影、歌舞及藝術發展，因此海王星便象徵紙醉金迷，令各人都最醉生夢死、花樣年華的美好世代。

先說個故事，海王星的角色就有如一般冒險遊戲（RPG）裡面的白

魔法師，行星具有不可思議的巨大法力，但基於此角色通常都是個未成熟的小女，她本身潛力深不可測，但卻未能完全掌握這股神秘力量。加上小女孩經常感情用事，常幫倒忙，往往令他人為之擔憂，不過海王星的最大能力就是為同伴回復體力（HP）。她的慈愛不分你我，甚至是敵人，所以當她落入壞人手中的時候，敵人也會對之產生憐愛之心，不會對她作出任何傷害。

要解釋海王星確實毫不簡單，事關此星星性虛無飄渺，一般與無法捉摸但確實存在，或理所當然但沒法解釋的事情掛鉤，所以行星解釋空洞虛泛、撲朔迷離、疑幻似真，令人一頭霧水。加上海王星廣義有如大海，大海浩瀚無邊，象徵意義多不勝數，難以一般定義括概而論。

既然稱得上海王星，就讓我們從大海開始說起，地球上有七大洲四大洋，陸地上的劃分十分清晰，洲與洲的分隔都有山脈河流作為界線，可是大海呢？你很難為它們作出準確界定。承上所述，行星的不清不楚、曖昧不明，卻源自其沒有邊疆界線的限制。因此所有海王星掌管的範疇都是無邊無際、不明不白、不知不覺，當中沒有彼此、真假、是非、黑白和錯對，因此「分不清」是行星的第一重點。

海王星的模糊感（Soft）與天王星的尖銳性（Sharp）是兩個著截然不同的境界，行星星性有如稀釋劑，在事情上造成消融、朦朧、弱化，讓人難以得知真相，在人生路上令人迷惘懵然，讓人無法得知方向。除此之外，海王星軌道和冥王星呈交叉狀，時有越過它星軌道的行徑，這方面又一再強調行星沒有明確宗旨和立場，常不自覺的越過界線。

• 海王星對於抽象特別擅
　長，卻來自其右腦特別發
　達，對於處理圖象的能力
　特別強所致。

海洋是由無數的「水」聚匯而成，當水落入大海便會與其他水混成一體，它把自己變為對方，對方也成為了自己，再沒有分辨出個體的可能。由此引伸，行星代表「集體性意識」，是作為統一合併的力量，它沒有個人主張，只在乎集體決定，完完全全把自我投入於眾人之中。所以海王星性特別強的人很好話為，容易與人相處，他們有超強大的包容力，與什麼人都合得來之餘，更是無分彼此、不分你我的絕對信任。

與其說水無形無態，倒不如說水落在什麼地方，就有什樣的形態，因此海王星的可塑性高，適應力強，非常彈性，它無時無刻隨外圍環境變化而變化，在此便引伸出行星的人凡事隨緣，不強求，甘於接受宿命的擺佈。正因為他們的無私無我，便不介意為了他人或信仰而犧牲，或奉獻自己的一切，當這些人遇上困難也能樂觀從容，從不怨天尤人，不介意逆來順受。

在神話故事中，波塞冬的外表雖然強悍，但祂卻沒有赫赫有名的戰跡，波塞冬曾與雅典娜爭奪過雅典城的守護權，相方要求送人類一樣禮物，波塞冬送了一匹駿馬，而雅典娜則送了一棵橄欖樹，經眾神投票之後，認為雅典娜的禮物較有意義，結果海神便敗給了智慧女神。

另外，海王也和宙斯爭奪過幾次土地，結果也是屢戰屢敗，甚至因此而剝奪了不死之身，還派了去特洛伊城做苦工，當修補完城牆之後，還被國王拉俄墨冬拖欠薪金。然而海王的知力不足，武力又不及，祂只能以少伎倆來報仇，例如是弄沉人家的船隻，或派海怪去騷擾他人等等，可見海王的力量感不足，是名乎其實的弱勢行星。

也許因為適應力太強之故，這些人一輩子給人形象百變，身份特殊，你很難掌握其真實一面。同樣地，這些適應力也能應用於人生各項範疇，如是朋友、情人、財富及事業方面的千奇百怪，有變化萬千的色彩。再講，波塞冬即使擁有海洋，仍想擁有陸地，行星代表貪得無厭的德性，在星盤中反映人性永不知足的地方。

波塞冬對於失敗或面對困難挫折時，一般都是選擇逃避，所以海王星象徵的電影、音樂及娛樂，全都是為人暫時解憂、放鬆和休息的方法。甚至某些情況，還會以酒精、迷幻藥來麻醉自己，藉此逃離現實，消解心靈上的所有限制。正因為行星造成的幻覺和假象，他們有追求自我欺騙的心態，所以海王星宮位亦都是一個讓人沉迷和陶醉的地方。

當人休息過後，沉淪過後，便要回到現實，再上征途，由此引伸海王有自我治癒的能力，有復原並再續循環的意思。有趣的是，基於行星的補償性，令人想要的得不到，不想要的自動送上來，但以慣性想法總認為首選的一定較好，次選的必然較差。更矛盾的是，當得到朝思夢想之時，倒令人覺得不外如是，失落感便由此而來，所以海王星的人時常心大心細，選擇困難，難以拿出主意來。但假如給你是一件完全沒有想過的東西，反倒讓人有莫名其妙的驚喜，所以當運限遇上海王星的時候，不要氣餒，雖然它不會給你看似最優的正選，但次選卻非一定很差。

想了解海王星的思維，宜先了解這個概念，話說在盤古初開之前，天地還沒有分開，宇宙混沌一片，此時沒有時間和空間，也沒有秩序和規律，當你想去某一地方，只是憑空一想，就能以瞬間轉移的方式到達，然而這遍混沌空間就是海王星的領域。

前文說天王星的數理力極強，卻原自其邏輯推理的能力，如今海王星既沒有時空概念，也沒有數字及程序觀，它的思維完全是以隨機方式展現。簡單地說，行星不會考慮前因後果，可以完全跳過所有步驟和程序，一步到位而得出總結。

或者說，海王星的主宰範疇可以沒有結論，又或是非常多的結論，此方面如是美術和音樂，沒有「統一」也沒有「絕對」。再講，從海王星在雙魚對宮處女座為「落陷」可見，即是說處女的分析力，用於海王卻無用武之地。

• 這是隨機產的陣點圖，如對之
專注地思考，每個人都會得出
不同的影象，而且次次不同。

　　基於沒有「因為所以」這個邏輯，便導致海王星有著超乎常人的靈
感和直覺，能直接感知結果而不需過程原因，這些判斷力如準確的話，
我們會稱之為「第六感」。同樣地，這些預感也能應用於感應別人，用
以揣測人們心中所想，這就是我們所說的「心靈感應」。之所以海王星
充滿仁心，就是由於同理心太強，時刻都能心同感受到別人的內心，容
易看穿別人思緒和動機的原因。

不過，這些能力實在太過虛無，不易控制，難以從基本訓練而徹底掌握，當我們無法清楚地洞透事物真相的時候，這些虛空不實的意識，便容易令人迷失，這些容易令人判斷錯誤的感覺，我們稱之為「幻覺」。假如掌握不好，這些意識就有如在濃霧裡行走的一條船，完全沒有方向感，或方向似是而非，不明不白就無法前進。

然而這遍廣闊無邊的深海，在占星學而言就是個人的「潛意識」，人的意識部分比潛意識只屬冰山一角，在此或理解潛意識為每個人的私人圖書館，內裡藏書眾多，有邏輯、推理、文字、圖象、運動、藝術、音樂、哲學、抽象、空間、幾何、情感、色彩，種類多不勝數，而意識就是書本綱目，書目（Listed）會告訴我們有這方面的能力，但沒有書目（unlisted）卻非判定我們沒有這方面的天賦，只是我們不知道或未意識到而已。

而透視潛意識的最佳方法就是「做夢」，事實上，潛意識常給人帶來突如奇來的啟發，或在夢中見到一些意象或啟示，潛移默化地影響著人們的思想和行為。但是，願望卻不一定可以成真，命中人也不一定會努力地實現，夢想的存在只是單純為了滿足個人在精神上的創造而已。譬如說，搖滾樂之王米高積遜（Michael Jackson）曾訴說個人夢想是變成小飛俠 Peter Pan，你認為這個夢想真的有可能實現嗎？

再者，海王星是個過度理想化的人格反映，行星的追求往往是最高層次，最完美無瑕，甚至是脫離現實！這些想法極可能只能在精神層面上實現，這就是海王星喜歡發夢之由來。但有些時候，海王星的人會花費極大的精力去做些旁人無法理解，甚至別人認為毫無意義的事。原因是，海王星對於自認為美好的事物有著狂熱的執著，他們願意花費一生以及個人的全部所有去達成這個心願。所以海王星有沒法解釋的行徑，做事沒有章法可循，它只是跟隨自己的感覺（潛意識）行事。

假如說土星是個做「實事」的人才，海王星就是做「虛事」的專家，行星掌管著浩瀚無邊的思海及心靈，當一切的定義、常規、邏輯徹

底消失，在思想上完全自由解放，靈感才得以湧現，所以海王星在藝術創作與及宗教信仰上都有著巨大優勢。或可理解，海王星是金星的進化體，以音律而言是它的「高八度」，所以行星十分敏感，它有強大的感知力，能從外界接收不同的訊號，並將之聯繫溝通，繼而形成自己獨特唯一的想像力。在創作中，「靈感」和「一閃念」尤其重要，可能就是這一點火花，從而孕育出一個新理論、新故事、新品牌，甚至因此而有摧毀原有體制的可能。

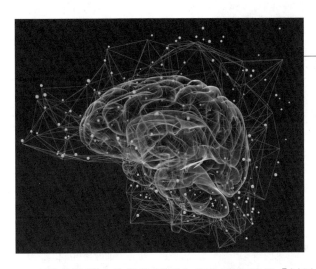

- 創造力就是大腦把那些被認毫無關係的信息聯繫起來的能力，當這種並不關聯的信息之間差距越大，連繫起來的設想也就越新奇。亦即是說俗語所謂的越無厘頭，越九唔搭八，這些人的創意就越是非凡。

　　潛意識帶來的特殊靈感在宗教而言就是「神諭」，所以海王星的人有很強烈的宗教直覺，在他們的思海裡，經常可以與「神」直接對話，因此行星的人易涉足有關靈異的東西，更有潛質成為巫師、先知及靈媒的一類人。補充一說，現今我們身處的「雙魚座時代」便是與宗教和靈性掛鉤，然而基督教的興起就是在這一個世代的事。

　　與天王星不同，天王是天空之神，星性向上發展，而海王星為海神，水向低流，如此一來便引導出追求普渡眾生的理想，所以行星不世俗、不物質，漠視榮華富貴，它更願與苦難和不幸者結交。海王星能關懷別人，有犧牲和奉獻自己的精神，基於仁慈大愛之心是宗教上的最重要元素，因此海王星易與宗教家、靈修者或修行等人結緣。

如回歸理性角度，海王星代表的人和事本質上都是虛假、幻化和不真實，這些所謂的「神諭」充其量都只是潛意識的自我欺騙，所以行星在此便引伸出謊言、迷惑、欺騙和虛偽。有趣的是，海王星並沒有辨別出真假還是主觀意願的能力，它會把現實世界與夢境混淆，所以當時人便時有自我催眠與及沉溺於自構世界的情況，而且他們更傾向把這些虛幻想法當作成事實之全部。又基於它是金星的進化版，假如金星善修飾

打扮，海王星就善於假裝和掩飾。再講，海王星的用途就是讓人在精神上覺得美好一點，所以行星令人有過度理想化的憧憬，還有扭曲成令人信以為真的能力。

- 話說聖女貞德在她16歲時遇見天使，從而得到「天主的啟示」，要求她帶兵收復當時由英格蘭人佔領的法國失地。經現代心理學家分析，說她患有人格障礙症，並是一個自戀狂和狂熱的宗教分子，而驅使其行為的意願卻來自貞德本身而不是上帝。

　大家有否發現，愈後的行星影響力愈為深遠，海王星也不在話下，前文說此乃「弱星」，無錯！但弱並不代表「渣」。行星的強弱在於是否能單打獨鬥，有能英雄做時勢，自己能夠解決晒所有問題的能力。無可否認，海王星完全不具備這些條件，此星傾向化繁為簡、大事化少，複雜難題是它解決不了的。但是它的強大之處在於一點一滴地逐漸融合、滲透和消融，甚至是併吞、合併和蠶食了別人而不自知，然其不著痕跡之態令人無法防備，可見其能量強大卻潛而不顯，是不自覺被潛移默化的力量。海王星對人的善心關懷，善於攻心獲得同情，行星能將鐵石軟化，將鋼鐵消融，此乃水滴石穿，柔能剋剛的道理也。

- 潛意識來自那裡，相信沒有人可以提供正確答案，但筆者主觀相信，或許是來自個人「基因」！事關DNA是儲存遺傳資訊的東西，是生物的編碼和指令導入，在此可比喻為人的「藍本」或「配方」，而且它包含了所有祖先的記憶和能力，一代一代不斷進化而成，因此，它在宗教上就是我們的「神」，在占星學上就是我們的「根」，是所謂「宿命」的來源。

紫薇星命 潛意識可理解為一種不自覺且根深蒂固的價值觀，當現實情況與之抵觸，人就會不知何來非常反感，相反，當意識和潛意識一致之時，人就會發揮出非常強大的潛力來。換句話說，潛意識就是個人定位，它決定了人們所有的思想和行為底線，所以不管你能力有多強，但只要潛意識不就，那麼你就不會怎樣努力去創建你的夢想來。

海王星逆行

海王星平均每年逆行一次，每次為期大約五個半月。

天王逆行 (2018 ~ 2025)
19/6/2018 ~ 25/11/2018
21/6/2019 ~ 27/11/2019
23/6/2020 ~ 29/11/2020
25/6/2021 ~ 1/12/2021
28/6/2022 ~ 4/12/2022
23/6/2023 ~ 6/12/2023
2/7/2024 ~ 7/12/2024
4/7/2025 ~ 10/12/2025

凡海王星掌管的範疇，如夢想、藝術、直覺和靈感，換言之，凡是必須具靈性及用上深層思考事情，在海逆期間都會受到阻礙。在海王逆行的日子，人的想法十分實際、短視、急功近利，他們的敏感度不足，想像力欠奉，不太有同情心，人亦顯得自私自利，心胸狹窄，沒有氣度，可說是個無情無義的日子。

又因海王星的失效，一向疑幻似真的事情，在此時都會原形畢露，真相大白，令人有撥開迷霧見青天的感覺。不過，現實永遠都是殘酷的，真相永遠都是醜陋的，而且過份高清也會讓人變得吹毛求疵，真實一面反而讓人難以接受。

海逆的命盤比其他人都顯得更為正常和實在，事關這些人不具靈感、創意和悟性，也沒有突如奇來的怪異念頭，人時時刻刻都保持清醒，由於心水很清，所以這些人十分理智。但是，他們的缺點就是沒有夢想，不會依賴也不肯付出，有些更是老實過頭，不懂修飾和柔化。

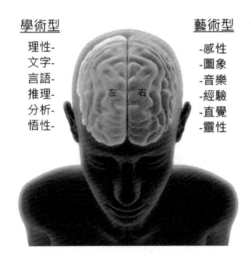

學術型

理性-
文字-
言語-
推理-
分析-
悟性-

左　右

藝術型

-感性
-圖象
-音樂
-經驗
-直覺
-靈性

• 海王星能力即是《基礎編》元素部分所說的右腦能力，左腦著重邏輯推理，看的是細節，是水星和天王星掌管的範疇，右腦側重圖象美術，看的是整體，是金星和海王星的領域。左腦就像個雄辯家，善於語言和文字表達，又是一個科學家，長於抽象思維和複雜運算，但這些人刻板納悶，欠缺幽默，沒有情感。而右腦就像個藝術家，長於非語言的表現，例如美術、舞蹈和音樂，但他們不擅言辭，沒有條理，也沒有機心。因此，假如右腦本身是直觀的、綜合的，圖象思維發揮良好，再加上左腦的良好表達，就能不斷有嶄新的設想產生。

不說不知，大腦的主要設計是用到放「圖」而非放「字」，這個不難理解，試問要你記十個電話號碼容易，還是記十張照片容易，所以坊間上有很多速記法，都是強調以圖象形式來處理數字和文字。慶幸的是，漢字乃象形文字，即是說我們無時無刻都在鍛鍊右腦，所以國人較具藝術和創意，而用併音文字的民旅較具科學觀，之所以 19 世界德國哲學家黑格爾（G.W.F. Hegel）說過：「東方人沒有邏輯思維」就是這個原因。

- 如果發現自己盤中海王星或雙魚座的特質特別強烈，建議你去學習一些「純直覺型」的占卜法，例如是梅花易數、測字和塔羅牌，事關這些推算法較著重個人靈感啟發，與及卦象跟外界的共鳴，此方面是水象元素的專長，中式術數稱之為「觸機」。

海王星宮位

「海王宮位」是個人追尋夢想及極度理想主義的地方，它又是個自欺欺人的迷惑之處，亦有可能是個夢想成真的奇蹟領域。有關「海王星座」的內容，將在下書與對星組合一同解說。

【第一宮】：海王星在命宮的人可塑性強，他們既可成為天使，亦可以十分墜落，由於行星非常容易受到外界環境影響而左右，同時受到潛意識所干擾，所以這些人常自覺迷惘、困惑、不知所措，任憑情緒主導個人行為和意識，當他們無法了解真我就無法自主，甘願接受別人操縱和命運的擺佈，可說海王命宮是最具「宿命感」和身不由己的格局。

海王星的人性格善良感性，浪漫而富同情心，這些人個性不顯，依賴心強，一般都是跟隨別人的腳步行走，沒有立場和目標感傾向隨遇而安，凡事不強求，隨波逐流是星座者的人生態度。然而這些人普遍儀表優雅，有迷人氣質，很有人際吸引力，雖然未必個個都是俊男美女，但他們確實容易相處，平易近人，很受別人歡迎，可見人緣好自然桃花多，感情生活較一般人多姿多彩。

這些桃花人緣，很大程度上是建基於海王星的藝術才華，星宮的人敏感細膩，有美麗觸覺，有豐富的想像力，其感受性尤其強烈，能體會別人無法體會的東西。再者，命中人心地好，不計較，皆為他人著想，尤其關懷弱勢社群。事實上，這些人真的仁慈博愛，既沒有害人之心，連防人之心也沒有，就算命中人受到別人的欺騙和傷害，也會願諒人七十個七次，只要見到對方遇有困難也不計前嫌，能幫的一定幫。但要留意，他們在幫助別人的時候，往往過於高估自身能力，甘願承擔著超出自己能力範圍的責任，或過份投入而泥足深陷，甚至事後反被埋怨過於主動介入人家的事情當中。與此同時，他們的過份關愛，也容易與人發生曖昧不清的關係，甚會給人非常濫情之感。

海王星在此，人有「好心做壞事」的潛質，事關他們感性充足，但理性有餘，加上同理心強，有巨大的心靈穿透力，很容易與他人在情感

西洋占星 III《行星編》

252

上產生共鳴，所以命主容易感情用事，因過份投入他人而迷失自我。此外，星座的人有強烈的奉獻精神，往往視救贖世人為個人使命，但當過多的期望堆積在他們身上的時候，命中人又會覺得力有不及，繼而有逃避及麻醉自己的傾向。

由於海王星主管靈力而非理性分析，所以星宮者做事往往只是估估下，或憑藉其不可思議和不能解釋的直覺，然而他們所謂的「理想」，很可能只是昨夜夢中的啟示，但這些夢往往虛幻迷糊，不切實際，例如叫你去麥加朝聖，或去喜瑪拉亞山放和平鴿之類，對於現實完全沒有實質意義或指標性作用。

亦基於行星的幻想力過於豐富，導致命中人不論從事什麼都難以專心一意，可以想像愛發白日夢的他，從小就不愛讀書，看見文字及數字完全提不起勁，溫習做功課總是心不在焉等等。正因為此，假如命主並非從事創意及藝術類工作，行星的過度幻想，沒有一些實際行星如火星、土星或冥王星作為監督，想成功也只不過是空想。補充一提，過柔的行星除了需要有剛強行星補助之外，若然有其他硬相位都是合適的，所以傳統認為的凶星或硬相也需視乎行星的性質而定，不可一概而論。（關於雙星組合及相位的進階部分，將是下書《運限編》的主要內容。）

缺點方面，海王星立命者頗為極端，行星一方面給人優美華麗外在的肉身，另一方面卻是糜爛委靡的內在精神。本質上，行星有懶散和放縱的人生觀，星宮者一生都在追求美麗、奢華、無憂無慮的快樂生活，但是他們對自己要求不高，不會努力爭取，只希望不勞而獲，當然，命中人如家境富裕加上後天際遇良好，絕對可以滿足其心願。可是，並非個個都是出生在大富之家，甚至是生不逢時，海王星的意志薄弱，在此卻無助人勇於面對殘酷現實，以及作出反抗和積極性行動。如此一來，當這些人一旦遇上打擊便會一蹶不振，只有選擇逃避或是自我欺騙，最常見是宮中人會依賴酒精及毒品來麻醉自己，當他們仍得不到其他外力支持，人便會不斷沉淪，繼而成為墮落天使。

最後，基於海王星以心靈直覺為判斷依歸，當他們的心智不成熟，或在情緒不穩時都容易出現極端悲觀的想法，甚至易有輕生的念頭。有些情況甚至容易出現幻覺等問題，或有所謂「見鬼」及「被鬼迷」之事，遇上這些問題，更不應該以毒攻毒去找靈媒，而是去看精神科醫生，歸根究底，潛意識是我們的「神」，亦都是我們的「魔」。

【第二宮】：純精神性的海王星落在純物質的宮垣，象徵「不世俗的人格」，這些人可以為了理想而捱飢抵餓，為了夢想而放棄原來豐厚的物質生活，他們不介意賺錢的多與少，連一般理財觀念也都缺乏，用錢沒什節制亦不具成本效益，甚至可以說「不在乎實用價值」是星象表示的價值觀。再者，星宮的人普遍認為「萬般帶不走，唯有孽隨身」，金錢只不過是身外之物，所以他們真的對錢財灑脫，可以說是最「不在乎錢」的一類人。

的而且確，宮位的人絕不會為錢財而煩惱，就算明天無錢開飯，也可以在精神上來自我安慰，更可以為了幫助有需要的人而奉獻自己的所有。常見的是，找星座的人借錢，如能交足戲的話，定能獲得慷慨解囊，並由於星宮者認為施比受更有福，有幫人幫到底的想法，可見有借無還普遍是宮中人的慣常際遇。再講，海王星的沒有界線，亦即是說命中人主張無分彼此，有分享精神，所以他們傾向有錢齊齊搵，有錢大家洗，這個想法甚至延伸到陌生人關係，可見這些人絕對是個「共產主義」的忠實擁躉。

可能平時肯幫人，星座的人當遇上困難，也容易得到各式各樣的接濟和援助。說實在，海王星在此不單喜歡放貸，也時有向人借錢的需要，事關海王的沉迷可以不顧代價，他們願意花大錢去做些低效率和不謀利的事，用錢買夢想是其慣性做法。當他們正在追求某種滿足時，其消費實在是難以想像，加上海王星是金星的升級版，在他們未成熟的時候，甚有可能因胡亂揮霍而弄得個人財政一塌糊塗。

在進財方面，海王星本質上的怯弱不定，沒有爆炸力也沒有大波

幅，落於財帛宮也算不上是什麼大財，也屬於收入不穩定的星像。不過，海王二宮的優勢在於進財之道輕鬆舒適，不用出汗出力，也不須攪盡腦汁，加上大海無邊無際，雖然沒有一次性的巨大銀碼，但勝在財路眾多，如海納百川，有容乃大，什麼人的錢都可以賺進自己的口袋裡，再從上性質加以聯想，星座的人大可能從事服務大眾的工作，常常接觸不同的關係人士。雖然說海王的財性不定，卻不似水星和天王星的劇烈波動，這些不定收入有如分紅、佣金或小費，只反映約干比例上的變動而已。

更重要的是，從海王星的占星符號分析，代表心靈的半月被物質的十字刺穿，亦即是說星宮的人主要賺的都是「感情錢」。這些人容易得到別人信任，有能從感情關係上獲得財富，或者經過某些途徑而得到別人的資助或務捐，例子如宗教、慈善方面，甚至是 Blogger 或 Youtuber。

【第三宮】：海王星落於代表思考的宮位，宮中人特別感性多情，浪漫細膩，其思想往往偏重夢幻、童話和詩情畫意般的美境，而且其想像力驚人，腦海時常充斥著許多稀奇古怪的念頭。由於行星的感受性強，靈性十足，導致命中人普遍對神秘事物充滿好奇，他們易有特殊靈感，也時有強烈直覺，亦即是說他們的「第六感」十分特出。

行星在此強調了思想的動而非身體上的想，所以時有所見，宮中人由朝到黑都在夢遊，在辦公時間發著春秋大夢。再者，這些人想法單純，不具實際，甚可說是「想就天下無敵，做就有心無力」，崇高理想永遠只留在腦海中，而不是付諸實行。

又因海王星主管圖象思考，命中人便不容易對語言、文字和邏輯推理上有所掌握，但是對於圖畫、美術、音樂和舞蹈卻有著高度天份。可惜的是，正因為想像力太強而表達能力不足，所以這些人的話語能力並不理想，容易詞不達意，不具說服力之餘，也容易有理說不清。再講，行星有的是天馬行空、無中生有的概念，這些抽象意境確實很難從語言

文字來具體描述。情況有如達文西的藝術作品，你愈要解說，就愈令人家聽得一頭霧水，由此引伸，宮中人常常與人發生不必要的小誤會實在所難免。說實在，命中人的感染力（心靈感應）比表達力強，就更不應該多說話，反而用身體語言或情態感受來表示，可能更容易獲得他人的理解。因此很多的默劇家，或飾演文藝片及內心戲的藝人，都以擁有這個星象為最優。

話說奧斯卡 2018 最佳電影《忘形水》，講述人和水怪的愛情故事，由於劇中女主角是啞的，她只能憑手語及心靈感應，以無聲彷有聲的方式和魚人溝通，雙方因此萌生情愫，藉此比喻海王三宮正就是這樣的一類人物角色。

要澄清的是，你或可說星宮的人不懂說話，但卻不代表不擅與人溝通，他們能用心傾聽，以柔和軟性的方式去消融人與人之間交流時的阻礙，令別人和自己的思想同步配合，從而最終達到說服人的目的。又話說回來，行星在此的人說話太過瑣碎，沒有組織能力，繞來繞去說不出主題重點。他們只喜歡輕鬆自由的話題，不喜爭辯討論，尤其講是講非，諸事八卦的題材就最能投其所好。總而言之，海王三宮者多聰明伶俐，易討人喜愛，其人緣好是肯定的，甚至不乏粉絲群。

海王星是一顆童話之星，落於童年宮位可以以吉性論之，代表星宮者的童年生活過得很不錯，這些人生活無憂，沒有煩惱，能隨心所欲學習和玩耍。不過，此星傾向玩樂和幻想，對於求學來說可謂不是專長，尤其反映在學習上的不專注、不認真、常心不在焉，故此，他們必需有人督束，要有個有個惡老師才行。有趣的是，海王星雖然令人分心，導致學習困難，但行星給人一種學習上的直覺，容易貼中問題和估中答案，某些特別情況還可能無需經過考試便可直接升學。

海王星落於什麼人士宮位都有「人緣好」的意味，如今入於兄弟宮，命中人與兄弟姐妹、同學鄰居的感情好是肯定的。但是海王星在人士宮有一個小缺點，就是容易因小誤解而絕交，但基於是「小事」關

係，他們不用道歉，不用和解，過一排便會和好如初。又因海王的人喜歡無私分享，他們無分彼此，甚至時有超出個人能力的可能，星象在此代表犧牲自己，在此的救贖對象便是兄弟和朋友。

最後，這個宮位的人很容易迷路，沒有方向感，就算地方已經去過多次仍有迷失的可能。另對於這些人來說，駕駛也是不合適的，事關海王在此，即是說他們在路上容易分心，外出時經常出現少問題或犯上低級錯誤。

【第四宮】：海王星在田宅宮易有漂泊浪盪的人生際遇，這些人居無定所，無論出於主觀意願或是身不由己，總之每隔一段時間就有改變居住環境的情況出現。

海王星是顆有情之星，命中人重視家庭，潛意識非常信賴血緣關係，和家人親友的感情關係良好是肯定的。可是行星在此，代表人的性格軟弱，依賴心重，容易受人欺負，因此命中人往往容易受到家人的牽連，或為了家庭不得不作出最大協妥。再說，這些人的家庭環境可能十分複雜，例如兄弟姊妹、疏堂親戚眾多，由於父母很難平衡各個家庭成員的利益，加上海王星傾向退讓，默默地承受著所有不平是星象者的難言之隱。這些人日後就算自立門戶，成家立室，不論男女也是家中付出最多的一員，不斷的奉獻和犧牲，不會因離開父母而有所改變。

除此之外，命中人的身世亦是個謎團，這些人可能不是由親生父母帶大，更極端的可以是被領養的孤兒，而且星象也有多母象徵，這些人的童年甚有可能由其他親戚共同照顧，有如客家人互相照顧別人的孩子，視之為自家人一樣。

可是，有海王星的母親絕不及金星理想，星象反映母親天真、情緒化，甚至性格古怪或精神異常，但礙於你倆感情俱好，照顧父母的責任就由你主力承擔。這個星象在八字上是印星（母）為忌的格局，由於母親的天真，很多時好心做壞事，常常錯誤給子女作出不適當的選擇，但

無論最終結果如何糟糕，這些母親都是說「我都是為你好」。

海王星在田宅宮的另外一個家居特色，就是居往環境品流複雜，或是往在混合居往的地方，這方面有如香港六七十年代的包租房，大廳和廚廁為公共使用。反之，如格局優良者代表居民環境怡人優美，地方偏僻能見到大海，另這些人的房子裝修佈置美麗，但內裡擺設雜亂不堪，雜物隨處可見。又因海王星的守護星座為雙魚，在樓房方面代表複式單位，或有兩個或以上物業，可見「居無定所」也不一定負面。最後，命中人一生如何漂泊都總有回龍顧祖的念頭，他們有尋根精神，年紀大了也記掛往著童年往事，這些人就算大半生在異地生活，晚年也希望回到自己的出生地，就有如「魚」的一生遊經五湖四海，最終總是回到出生地產卵一樣。

• 福建土樓——客家人為了聚族而居和共御外敵要求而建成的房子，古代只有同宗族的人才有格資同居一屋，可見當時的人和各鄰居都有親戚關係。

【第五宮】：假如金星是地球的愛情行星，代表個人私愛，那麼，海王星是它的「高八度」，是宇宙的愛情行星，就代表對世人的博愛。行星落在戀愛宮位，意義已呼之欲出，星象是個多情種子，是見一個愛一個的類型，在面相學易有桃花眼的特徵。

海王星在此的人，生性浪漫柔情，具迷人氣質，他們心地好，平易近人，易得別人的讚美和欣賞。這些人的適應力強，不但能夠接納各式各樣的朋友，也能包容別人的缺點。星座的人對戀愛充滿幻想，對每段戀情都有著高度的期

• 桃花眼

盼，當他們愛上一個人的時候，就會全心全意付出，真真切切的愛上，這些人一生戀情經歷甚多，有著多姿多彩的戀愛體驗，然其愛情故事也十分動人。

海王五宮的人喜到處尋找歡樂，夜夜笙歌，陶醉於燈紅酒綠、五光十色令人目眩的環境和氣氛，有追求紙醉金迷的生活態度。在神話中，波塞冬非常重視外表，祂有一個金色頭髮的美麗情人美杜莎（Medusa），由於波塞冬與雅典娜的不和，海神便刻意地與之在神殿親熱，籍此羞辱雅典娜，雅典娜見之便張美杜莎的頭髮變成一團毒蛇，然波塞冬見之便立刻轉身頭逃走，頭也不回了，這就是蛇髮女妖的神話故事。

故事告訴我們，海王星只會沉迷於美好的幻想當中，他們不能面對殘酷惡劣的現實，在愛情上往往把對方想得過於美好，對愛有不切實際的想法。有些時候，當切切實實的真命天子擺在眼前，她們又覺得不外如是，繼而在情海中不停追逐，務求找到夢中的完美情人為止。

再說，神話海神波塞冬的求偶方式完全沒有宙斯的豪氣萬丈，其追求方式也都是偷偷摸摸的，大都是藉其聖獸海豚從中穿針引線，甚至其大婚的一切條件都是由海豚一手促成。因此海王在五宮，間接及暗戀的意味便十分濃厚，一方面反映情人是經熟人介紹，另一方面卻有「沒有結果的愛」的意思。由於行星只鍾情完美情人，如是女性喜歡的便是高大威猛，成熟穩重，具良好事業基礎，但奈何這些成功男士大都名草有主，所以海王戀情易有不倫之戀，容易愛上有婦之夫或有夫之婦，自己有成為第三者的可能。說實在，海王星有令人陷入迷惑，沉淪而不能自拔的能力，這些人可以為愛一個人而耗費半生都在等待，星象情陷苦戀的意味深長。不過，海王星的力量只是發揮在精神上，這些人只是多情而不濫交，深情而不縱慾，完全沒有風流好色的品性。

在天資方面，海王星在此的人可說是個風流才子的類型，他們有相當的藝術才華，對於美術、音樂、繪畫、電影、戲劇及歌舞都因其強

大潛能而有超凡表現，有如夢工場般的創作靈感。由於其感染力強，命中人甚不難成為一名成功演員，在文學藝術和演藝事業獲得大眾肯定是可以預見的。不過，這些人更傾向在風花雪月中尋找靈感和心靈上的滿足，過著奢侈糜爛的生活，事關對於他們來說，可以說是「人生如夢，或戲像人生。」

海王星在子女宮有過度關愛小孩的傾向，這些人不但對自己小孩充滿愛心，連人家的小孩也極之關愛，都能夠一視同仁地給予關懷和照顧，可見這些人如從事幼兒工作便大為有利。另行星在此易有孖胎的可能，亦主先女後男，或女兒表現比男兒出色。要留意的是，海王星人於任何人士宮都易生莫名其妙的小誤會，從而導致親子關係不佳，但母子沒有隔夜仇，怎樣的矛盾都不難迎刃而解。

【第六宮】：講理想、愛自由的海王星落於職業宮，代表工作舒適，沒什壓力，其工作最好和藝術創意、人際交往或虛幻不實的事務有關，事關精神性行星一般不擅實作，譬如說，你叫他經營網上的虛擬商店比實體店更能有效發揮其優勢所長，更容易獲得滿意成果。

假如這些人並非從事以上工種，海王星的負面性質便會表露無遺，例如星宮的人欠缺組織力，辦事效率低下，工作粗心大意，做事一榻糊塗，沒有產量之餘，品質也沒有保證。再者，這些人的個人能力及抗壓能力普遍低下，人較懶惰，依賴心重，沒有責任感，每當遇上小小難題，就只會逃避和尋找借口。

海王星在此，人的成功來自能夠滿足個人在精神上的發揮，如硬要他們循規蹈矩，每天過著朝九晚五的刻板生活，只會令人工作態度變得更為消極，如此一來，命中人上班只會做門面功夫及弄虛作假，日日發夢或辦工時間做私人事，可想有此返工等放工，放工等出糧的心態，工作也維持不了多久。同樣在生活上，星宮者日常生活節奏都是輕鬆愜意，態度隨意散慢，他們沒有紀律和固定作息時間，另易有煙酒、濫藥方面的嗜好，容易給人糜爛人生的感覺。

海王星的不穩代表人有多工種傾向，這些人容易失業，常有被裁的際遇，但他們又很容易就業，而且行業次次不同，工種新鮮，職場見聞多姿多彩。有利的是，海王星有默默昇華的喻意，所以他們往往愈轉愈好，魚過塘越肥，可能工作的職位差不多，但工資、福利，甚至工作環境都有長足進步。補充一點，命中人天生就有一種事業性直覺，一來知道自己的處境和前途，二來能估算到工作構架及背後的人士關係，甚至是行業及公司發展前景也大概可以預測得到。

這個星象的人如身為上司，可說是個「最佳老細」的類型，一來他們沒有架子，相當平易近人，很會體諒下屬和後輩。另行星重視基層福利，對員工照顧關懷備至，而且喜歡扶貧濟弱的他，甚會給予條件不良，工作熱誠但苦無學歷機會的人充分發揮，畢竟海王星對於弱勢社群只管付出，不問回報，在什麼範疇都同樣用合。

在健康方面，先天海王星在六宮的人普遍身子差，體虛力弱，常有些小毛病是肯定的，但行星的慢性和超長期特性，加上有知陰補健的養生意識，所以宮中人普遍易得長壽。另須留意，這宮的人不堪受壓，容易因心理困擾而導致身體上某些系統性失調，這些人亦要小心食物中毒或細菌感染，對藥物易有敏感反應或副作用，最後，星象亦和妄想症、夢遊和上癮等精神病有關。

【第七宮】：在希臘神話中，波塞冬的情史比宙斯不相上下，但祂的愛情觀開放得來卻十分包容，祂的妻子安菲特里忒（Amphitrite）是海洋女神，但女方認為眾男神都是花心的，寧可單身也不願受到控制，於是與波塞冬有個婚前協議，說婚後也不能加以管束，說白了即是婚可以結，但婚後仍是各自各精彩，結果安菲特里忒與之生下三個孩子，仍然與他人頻繁交往（事實上神話中大多女神都有同樣情況），然而波塞頓也信守承諾，沒有投訴，也對孩子們很好。從上的故事可見，海王星落於夫妻宮是個多婚、多外遇、多曖昧關係，甚至是同床異夢，在道德上是個不忠實和不可信任的星象。

海王星在七宮的人很喜歡與人結伴，這些人只為愛而愛，為合而合，不具責任也從不為現實及未來作打算，只要是今日情投意合，明日就可註冊結婚，長久相處及需要共同承擔的問題遲些再算。星象正正反映命中人追求的是「結合」狀態，此是人際互動關係中的被動角色，所以這些人有強烈的依賴心和依存感，不難發現，星宮者不論男女大都善解人意，溫柔體貼，能夠從對方立場著想，願意為伴侶作實際付出，可想與之一起定是非常浪漫幸福，絕對是一位很好的配偶，而且行星只重視雙方在思想上的共鳴，即是屬於「講心不講金」的類型。

但可惜的是，因海王星的過度理想化，命中人總是把婚姻看得過份美滿，可能從外人角度視為的幸福婚姻，但在其主觀意願下仍覺不滿，加上行星有小事化大的傾向，如此一來，這些不切實際的憧憬便往往因為現實上的差距而令人感到失望，並容易因某些無關痛癢的少事而離婚。不過，以海王慣性，不決不離仍佔大多數，此時命主便會不自覺在外繼續尋找自己的理想，婚外情和三角戀便由此而起。

但話須如此，神話中波塞冬和妻子的關係十分要好，一開始海王利用海豚給她說服，給之利誘，還約法三章，即使波塞冬仍有其他情人，但安菲特里忒還是安於做祂的妻子，事關她仍舊擁有自由，仍舊可以跟其他男子交往，而且海王並沒有半點虐待她，就像海洋女神認為自由比社會道德框架的約束來得更有價值。

由此引伸，行星在合作者宮位易與人打成一片，大家無分彼此，此模糊曖昧卻十分有利人際關係的建立，但這些沒有承諾的結合亦不見得靠譜，由於不容易摸清對方關係之間的互利底線，便容易遭到不明欺騙或謀算，可見愈美麗的物種就愈毒，而且毒性不明，死因都是不明不白的。有趣的是，假如這些人真的離婚，海王星便會祝福他們愈嫁愈好，在合作關係也同樣如是。

【第八宮】：海王星在八宮的人可謂超級迷信，這些人普遍有宗教信仰，並是多神論者，他們對於不可思議的事情很感興趣，亦可能是鬼

神、巫術或通靈方面的專家。又因潛意識之所在，星宮的人容易得到靈性啟發，其直覺力強，易有預知和心靈感應的能力，在心理學方面也有天份。

不過，這些人的沉迷如非在神秘學上，便有可能沉迷在性方面。說實在，這個星象的人，大腦可說是他們最大的性器官，其腦海無時無刻都是與異性交歡的情境，在現實生活也難以抗拒性誘惑，假如星盤上的理性行星無力，不難設想這些人會以假亂真而作出犯罪性行為。

在合伙財方面，凡海王星落在物質宮垣，如不是以行騙得財，就是被人家欺騙，當中的最大可能性，命主不單被人騙財，還被騙色，事關這就是「因感情而損失」的星象。事實上，這個星象解釋全是以負面居多，一方面宮中人本身對金錢觀念模糊，容易因感情關係而心甘情願地把錢轉給別人，另一方面命主也不太可能承繼他人的遺產或獲得配偶的財富。

但慶幸的是，在最差情況下，命主的所有財富只會無晒，並沒有官司糾紛，與及為人負上債務的後遺症，畢竟海王星不利財，財散人安樂，被騙就當行善積德。

金星帶

- 古人說擁有金星帶的人多性幻想，事關金星丘掌管著個人的情慾思想，但金星帶又是心靈力量的表示，代表人有強烈的預感和觸覺。

【第九宮】：一般而言，九宮有行星進駐，人都易有宗教信仰，具哲理思維，有追求智慧的理想，如今海王星與木星守護的九宮更是臭味相投，星象能帶來光明正面的能量，有利思想上的啟發，在靈性上的

修行，或在精神上的悟導和發展。假如海王星在八宮是個巫術及通靈專家，那麼，這宮就是專研「天道」，是個宣導「正信」的學者。

的而且確，這宮之人在精神上有嚴重潔癖，極之討厭異端邪說與及其他怪力亂神之術，他們深信「天道」乃自然法則，「真神」乃宇宙原形，而且他們對於「正信」有著非一般的堅持和執著，甚至因此而與邪魔外道誓不兩立。行星在此，人的一生必然有段時間放低所有，或出家，或入道，總之是脫離塵世走上修行之路，如大運遇之，人也有一段長時間沉迷於此，可見這是個和尚、僧侶及修行者的星象。

海王星在此的人心靈力量特別強大，他們有相當準繩的直覺和強大的心靈感染力。更有利的是，這宮的能量比較穩定，較為收放自如，海王星的潛意識一旦在此觸發，卻非常容易變為具實體性的意識，亦即是說，海王星的虛空幻想有能藉此而得到具體解釋，命中人有能從抽象奧妙的道理說得如像家常便飯的一樣簡單。

除了宗教，宮中人亦十分喜歡研究各種不同類型的知識，然行星的代表科目雖然無邊無際，但主體仍離不開文學、藝術、哲理而非技術性範疇。重要的是，這些人讀書真的不是求分數，他們在高教的成績未必一定理想，但他們有的是真知灼見，並有著非一般人的想像力。正因為此，如硬要他們考取傳統要求有標準模式的答題，其成績必然不理想，再說，海王星有著漫長之性，延遲畢業或逢二進一，總之就有不太順利的意思。但如果是給他們自由創作，在有合理觀點地盡情發揮，這些發表的思想及論文真的是無人能及。

最後要說，海王星在遷移宮的人，「想」去旅行但不一定「常」去旅行，他們旅行目的大都是為了在心靈上進行探索，地方如耶路撒冷、聖城麥加之類的宗教聖地，可見他們重視旅行的意義而非娛樂好玩。此外，九宮的意義是外地生活，這些人理想在外地修行，可能在心中已有行程安排，但基於某些原因，多數遲遲都無法成行。

【第十宮】：名譽宮的海王星與天王星情況相似，若然想成就一番大事，就必須放棄當個上班族的念頭，大公司的階級制度只會局限了他們的發展，只有無拘無束，完全放任自由，才能讓行星發揮無盡創意，創造出無限可能，「不受限制」是星象者成功的先決條件。

基於海王星的不實和不可預測，你很難給它界定工作圍範，最好看似什麼都關佢事，又什麼都不關佢事，不需實作以及不負責任的工作就最為理想，可見擁有這些特色的工種，一般傳統公司都無法提供。又因他們熱愛自由，全職工作顯然不合乎他們心意，所以行星在此的人喜歡不停的轉換工作，或兼職，或散工，星象因而給人無所事事，遊手好閒，有不務正業之感。

實際上，海王星的專業在於適應力和創造性，所以這些人有利從事與藝術、創意和想像力有關的工作，另宗教、慈善、醫療方面也是合適的。另外，基於行星的隨機同步，便賦予命主能同時兼顧不同工種和範疇的能力，最常見的是，這些人在本行之外也有其他兼職兼業，星象間接反映人多才多藝，分身有術，是個名乎其實的「職場跨界王」。

行星在此的人只適宜從事獨當一面的工作，他們之所以成功，一方面和個人魅力有關，另一方面，命中人能給人帶來美好的祝願，為人建立夢想，有著積極正面的人生觀所致。誠然，海王星的人緣好是有口皆碑，他們在外有極佳名聲，是個極具公眾緣的桃花格局，就算命中人沒有什麼個人之處，也能憑藉美好包裝和百變形象而受到歡迎。的而且確，星宮者十分了解個人長短，懂得把缺點嚴密隱藏，把最光鮮亮麗的一面展示人前，藉以營造美好的假象。另基於行星具幻術式的變身之法，他們的情態感受強烈，對人能八面玲瓏，對不同社群能展示出不一樣的面孔。

說到這裡，也應該具體表白海王十宮正是演員、名星及大眾偶像的格局，這些人如非從事演藝娛樂等工作，也會是業界名人，其影響力與明星類同。如格局上乘的話，這些人的影響力更是非比尋常，海王星能

充分發揮出仁慈、博愛、大同無類的精神，這些人甚至有能將個人潛意識投射進別人的腦海，其感染力之強有如令人吃了迷幻藥，其疑幻似真的催眠術有能吸引一眾如像入魔般的支持者，不自覺地追隨他的步伐行走，換言之，星象能給人欺世盜名之能，這又是屬於精神領袖的角色。

最後一提，海王沒有天王星的急速性，行星代表緩變，所以這些人的名氣是隨時間而累積得來，可想他們的成功定是非常慢長，是個看得超長遠的人。

【十一宮】：一般而言，海王星落在所有人際宮位都有人緣好的示意，如今十一宮代表的大眾領域，海王星的仁慈博愛更是無分種族界限，這些人真的善良，對人關懷，喜歡幫助別人。他們理想世界和平，沒有仇恨，世間上再沒有疾苦，個個都能生活安好，可見這些人有菩薩心腸，絕對稱得上是個大好人。

海王星是顆無私奉獻的行星，行星對任何人都沒有介心，慷慨大方只為他人著想，希望有需要的人能得到幫助，命主真誠真意的付出，完全沒有想過得到回報，燃燒自己照亮他人是星象者的共同心願。但要留意，擁有這些命格的人十分容易吸引一些另有機心的人埋身，這些不懷好意的人往往藉著他們的同情心，希望在命主身上獲得便宜和好處。

說白了，海王十一宮是個慈善家或社福人物的格局，這些人為善不甘後人，甚會出錢出力支持慈善工作，理想為不幸者貢獻自己一分力。因此，這個十一宮代表的社群便是宗教、福利、慈善或靈修團體，他們本著獨樂不如眾樂的精神，幫助他人是他們的最大樂趣。

【十二宮】：海王星在福德宮的人在年少時確實比較麻煩，容易遭來誤會，甚至被視為是精神有問題的人。事關海王在此入垣，潛意識的利用便會大大提高，他們只會以不明的直覺行事，很多時從外人來看都是難以想像，甚至不能理解，認為他們神神化化，非比尋常。

亦因為潛意識過強，星宮的人易有敏銳而準確的直覺，他們能不自覺地透過直覺來預知別人的意圖，亦即是說他們的「第六感」及「心靈感應」的能力特強，甚至某些情況，命主還有「通靈」的能力，能夠與未知的世界進行溝通。

在心理方面，星宮的人極之著重隱私，追求低調和與世無爭的生活方式，這些人心靈脆弱，易悲天憫人，多愁善感，有脫離現實的傾向。這些人傾向把自己關進幻想世界，不希望被別人窺探和打擾，從不喜歡過問世事，有著消極的人生觀。對於他們來說，追求的是心靈上的安寧，認為平平安安就是福，正因為此，宮中人不世俗，對金錢沒有要求，是個比較出世的命格。

最後要留意，這些人不能受壓，過份的現實壓力只會徒增他們的逃避之心，繼而沉迷煙酒或迷幻藥的自我麻醉，易患上其他心理病之餘，嚴重者更可能有自殺的念頭。

紫薇星命

如果了解鯊魚為什麼會怕海豚，就會明白其實海王星也十分厲害。一來因為海豚速度遠比鯊魚靈活，鯊魚要攻擊它可謂極之困難。二來海豚行動只會聯群結隊，組合攻擊亦比鯊魚的一擊必殺更具效果。另外，原來海豚的聲波能混淆視聽，會令其他魚類方寸大亂，判斷力減弱。但更本質的是，因為海豚聰明，它本身是哺乳類動物，而鯊魚只是魚類，論進化程度已高出不只一個層次。

補充閱讀：無法取代的右腦

前面我們提過，人有左、右腦之分，左腦掌管意識，代表我們已知的信息；右腦掌管潛意識，代表我們不知道的信息，而事實上，這些信息均無法無中生有地創造出來，所以「創造力」也就是對已有信息的聯繫與及再加工過程。譬如說，紅豆加上冰是紅豆冰，紅豆冰加上雪糕，就是雪糕紅豆冰，換句話說，創意就是不斷的組合和交叉合併。

不難發現，電腦的功能恰恰就是代替我們左腦的部分，例如邏輯、數字、推理，或是文書和語言都是電腦的專長，可見隨著科技進步，將來的人工智能（A.I）更有全面取代人類左腦的能力。因此，如要提升競爭力，在商業社會中脫穎而出，我們就更應該善用個人的右腦，必須把腦力轉向為電腦無能爲力的創新範疇。

題外一談，《杰赫星命》之所以這樣成功，卻來自個人海王星的強大靈力，回想當初找書商出書，記得編輯看完稿件的回覆，話書中包羅萬象，不合規範，藉此拒絕了個人的出版申請，此後自資出書就話之你死，大膽地天馬行空，總之想到什麼就寫什麼。更重要的是，雖然個人在星學領域研究多年，仍然有很多部份未能透徹悟解，每當遇上想不通的時候，筆者便不會刻意去想，但總有時候會靈光一現幫之打開謎團。

言歸正傳，右腦是創新能力的源泉，假如你在生活或工作中，對某些習以為常的事情有突發感悟，又或者豁然開朗，這就是右腦發揮潛能的結果。事實上，發明電腦或人工智能的人，大多數都是以右腦為先，無中生有地把理物、電子、以及其他算法結合，規範之而成為今日的計算程序，其實這個情況都是神創造人類的靈感，祂只是把地球上已有的元素混合，繼而創造出了我們。

但令人遺憾的是，據說人的大腦只是用了 10%，而且隨著傳統考試模式及「填鴨式」死記硬背等學習方法，執著了後天左腦的發展，從而導致右腦的大量閒置，所以時下社會上只培養了一大批循規蹈矩，缺乏想像力及應變能力的人，這些人亦大有可能在隨後電腦進入更高智能的時代，將面臨與電腦「爭飯食」的窘境。

西洋占星 III《行星編》

第十一章・冥王星 ♀

冥王星

守護星座：天蠍座（第八宮）
廟：天蠍　旺：水瓶　利：金牛　陷：獅子
屬性：先凶後吉、熱、乾、陽
心理：潛能欲望 Potential desire
週期：248 年周天，20 年一星座，8 個月走 1°
身體：生殖器、泌尿系統
人物：大財主、恐怖分子、大魔頭
逆行：每年，週期約六個月

神話

希臘神話中的冥王哈帝斯（Hades）即羅馬神話的普路托（Pluto），祂與海王波塞冬同是宙斯的哥哥，而冥王排名第五，是土星克洛諾斯的長子。三兄弟在討伐其父之時，哈帝斯獲得了獨眼巨人的隱形頭盔，最終戰勝了其他泰坦之神，所以冥王也有隱身者（Unseen）的稱喻。

神話中的哈帝斯並非大奸大惡之神，祂只是形象冷酷，性格低調，加上冥王喜歡黑暗，較具神秘感而已。但是冥王非常專一（與其他乖張頑劣的天神相比），祂只是搶了大地女神狄蜜特的女兒泊瑟芬為妻之外，大部分時間都過得很安分，沒有其他外遇。此外，冥王也明顯鐵面無私，公平過人，一方面祂把冥界打理得井井有條，另一方面，所謂：「閻王要你三更死，誰敢留人到五更。」沒有人可以逃避死亡是冥王原則。

哈帝斯一方面令人害怕，但另一方面卻受人尊敬，原因是其富可敵國，皆因所有蘊藏在地底下的資源，如貴金屬及礦產都由祂擁有，因而冥王在羅馬人眼中又是個「財富之神」。

再者，冥府是個有入無出之地，只有極少數天神如水星赫耳墨斯和冥河的船家卡戎才能通過，加上有地獄的三頭狗在入口看守，什麼東西只要進了去，便再沒有返出來的可能，所以在英語上 Plutocrat 是財閥和巨富之解釋。

行星特性

冥王星（Pluto ♀）是美國天文學家湯博（Clyde Tombaugh）於 1930 年發現，該星處於太陽系的最外圍，其運行軌道相當遙遠，環繞黃道一周需時 248 年，然其巨大的橢圓形軌道，導致行

• 冥王星的第一個符號來自 PL，以紀念湯博的老師，創立羅威爾天文台的羅威爾教授 Percival Lowell。

星運行一個星座須時十四年到三十年不等，所以人的一生，冥王星最多只能影響兩三個宮位，換言之，行星的影響力非常巨大，代表生命中幾個重大的轉變期。又因冥王星被發現之時，正值美國大蕭條及全球經濟大恐慌（Great Depression），並是超大能源和原子分裂理論、法西斯主義的興起時期，這些意象都賦與了冥王巨大而可怕的潛實力。

在故事方面，冥王星肯定是最後關頭的老大（Boss），或是整個地下組織的幕後主腦，他的實力遠遠凌駕各正派人物之上，有時綜合所有主角的力量（太陽、月亮、水星、金星和木星）都不是冥王的對手。與火星不同之處，冥王為求勝利不擇手段，甚至是殺敵一萬，自損七千也在所不惜，而且其心性殘酷不仁，對於任何沒有利用價值，或任務失敗的手下都可以毫不留情地將之消滅，更厲害的是，他有超強大的再生能力，有如安裝了遊戲外掛，死了可以無限復活，基本上沒有任何東西可以擊敗他。

占星學界定的社會行星（♅、♆、♇）在近代才被發現，它們的出現，占星家便開始重新審視行星定義，發現三王星比傳統行星有更高的波場，在音律上為「高八度」。試想想，當我們感到驚訝或異常興奮的時候，便會不自覺地提高嗓子，換句話說，社會行星比傳統行星有更高的解象度，細節表現更為詳盡清晰，在星盤上反映更高階的影響力。

據了解，冥王星是火星的高倍頻，兩星之間存在很大的共同性，只不過火星代表人類（地球），冥王星代表外星人（宇宙）。又或者，火星是個人的推動力，冥王星是外界給你的推動力；火星掌管體能和性慾，冥王掌管潛能和慾望。

再說，火星代表創傷和復原，冥王代表死亡與重生，可見行星有進一步加強的意思。除此之外，兩星都和生命的延續有關，火星是透過生育傳宗接代，冥王則是透過靈魂複製，以精神不滅的方式把種子基因延續下去。

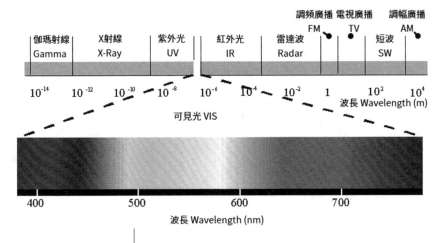

調頻廣播 電視廣播 調幅廣播
FM TV AM

| 伽瑪射線 Gamma | X射線 X-Ray | 紫外光 UV | 紅外光 IR | 雷達波 Radar | 短波 SW |

可見光 VIS

波長 Wavelength (m)

10^{-14} 10^{-12} 10^{-10} 10^{-8} 10^{-6} 10^{-4} 10^{-2} 1 10^{2} 10^{4}

400　　　　500　　　　600　　　　700

波長 Wavelength (nm)

- 火星代表明火，光譜為「近紅外綠」；冥王代表冷光，接近「近紫外線」。冷光有如閃電，其速度極快，且相當寒冷，又或者極度高溫，甚至高壓，顏色為藍、白等暗冷色，冷光的色溫要比火紅要高，所以冥王星看似低調，但絕對不可少觀。

　　希臘神話中，掌管冥界的哈帝斯幾乎從來沒有離開過地底，在情非得已的絕少情況下，祂會利用獨眼巨人的隱形頭盔，無聲無色地進行任務，所以從來沒有人知道其真實一面，可見冥王喜歡在背後暗中操作，是非公開式的風格。再想，冥王星與太陽的超長距離，使之從來都得不到光芒，行星幾乎永恒處於黑暗之中，因此冥王星歷來都給人非常神秘的感覺。所以在占星學上，「冥王宮位」象徵陰謀和私隱，是看不見的地下世界，或其所到之處皆主事態不明，在物質上代表隱藏而豐富的資源，總之就是不易被人察覺的事情。

　　既然冥界是地底的最深深處，冥王在占星學便象徵著個人的最深層意識，是人性被埋藏的部分，此方面在心理上便是「潛意識」。不過，筆者認為這個解釋易與海王星的潛意識混淆，所以個人更傾向以「潛慾望」來解釋。嚴格來說，海王星的潛意識屬於精神性（High Level），而冥王的潛意識屬於本能性（Low Level），像是跟動物一樣的行為，大都是圍繞著「食」和「性」方面的考慮。再者，冥王的「慾望」又與

第十一章・冥王星

火星的「欲望」有所不同，火星為明火，其野心是對外的，追求都是俗世之事，如是財富、權力、事業之類，而冥王為陰火，它的野心是深沉的，傾向滿足個人的內心慾望，並與個人原始生命力（Eros）、求生意志和激發出來的潛能有關。補充一說，冥王星的巨大力量往往與激情、狂熱及癡戀有關，是由情感和絕對在意的地方引發出來，行星之所以成功，其背後必須有著深情的因素牽涉在內。

- 核裂變是原子受到中子撞擊，令原先原子分裂成兩個較小的原子及數顆中子，新的原子再跟中子撞擊繼而釋放出更多的中子和原子，當這個鏈所反應不斷發生，便會以幾何級數產生能量，而冥王星的巨大能量就是有此重複不斷，有如印刷的複製過程。

從行星的代表符號「♀」可見，由上而下是圓形、半月和十字，圓形的太陽代表意志，半月代表情感，十字則表示物質。而重點在於符號上的太陽，反映冥王有巨大的意志和驚人的鬥心，它有高度毅力，能夠抵受高強度、高壓力，並是經年累月的持久奮戰。行星能夠長時間集中精神，無時無刻處於高度戒備，在嚴格紀律下實現他們想要的結果。

冥王星的「嚴格」是聞名的，在神話中，哈帝斯的形象深沉，但也不是完全沒有情義可言，但是祂十分講究原則，天琴座的奧菲歐（Orpheus）因妻子尤里狄絲（Eurydice）被蛇咬而中毒身亡，冥王在他們的愛情故事中，深受奧菲歐的琴聲所感動，破例允許他的妻子不死，可是奧菲歐懷疑冥王的承諾，在他返回陽間路上的途中，不禁回頭看看妻子有否隨之釋放，因違反了哈帝斯「不準回顧」的協議，其妻便立即被鬼差拉回陰間。

由此引伸，冥王星有的是執著信念，他們一旦決定便無人能阻，從不半途而廢，就算只剩下最後一口氣都堅持原則立場，總之不成功便成

仁。但礙於是本能驅使，所以他們可以不費力地忍耐和堅持，畢竟我們並不會因為什麼原因而與本能對抗的情況一樣。

西方的冥王就有如中國的閻羅王，兼具有「死亡」的義意，眾所周知，閻王手持生死冊，在冊上記錄了死者生前的所有功過，藉此判決其人死後去向。如此一來，冥王便掌握了很多人的秘密，或者說，在祂面前狡辯或要陰謀詭計是沒有用的，行星有抽絲剝繭的能力，能深入洞察對方，了解對方的意圖和真實動機。

當冥王掌握了這麼多秘密，便可以深深地掌控別人，甚至達到完美操縱對方於無形之中。所以冥王星性特別強的人，內心有強烈的支配欲，此星主宰別人的心態比火星更為可怕，火星只是喜歡自主、自決，自己話事而已，而冥王星要求絕對服從，有壓倒性的控制力，行星的野心巨大，是個切頭切尾的獨裁者。

基於冥王有此強烈的支配欲，為了某人某事或所愛甚不惜任何代價，不擇手段，赴湯蹈火也在所不辭。可是，假如希望的東西得不到或緊緊掌握在他人手中，其嫉妒心便驅使將之破壞，務求達到「我得不到，你都沒有」的雙輸境界。說個有趣情況，科學家發現蠍子怕火，無論在什麼情況下，蠍子對火都畏若神明，如果用火包圍牠，造成牠無法脫身，走頭無路之際，那麼牠本能就會用自己的毒螯去自殺。由此引伸，冥王絕對不會承認錯誤，並害怕別人知道自己的弱點，他們寧可戰鬥到死，「寧為玉碎，不作瓦全」也不會給對方可以得到控制自己的權力。

• 海豚和蠍子的分別，在於有否高階意識，擁有高階意識的物種，在生存之上還懂得追求快樂，可見冥王星只須滿足本能，並沒有所謂的開心與否。

占星學上，冥王星是十大行星中體積最小，最結實但週期最大、影響力最強的行星，此巨大能量卻來自超長期累積，與及超濃縮特性。不妨設想，此星是太陽的反面，如像黑洞一樣將所有光明及已知的東西吞噬。行星力量經過長期蘊釀，如雷電透過雲層累積靜電，達到某個臨界點之後，才一瞬間把所有力量釋放出來。這股力量令我聯想到漫畫《七龍珠》界王傳授孫悟空之絕技「元氣彈」，其累積時間越長，吸取萬物的真氣愈多，所爆發出來的能量就愈是驚人。

從不利角度著想，冥王星的壞處就是不斷把事情拖延，在拖延過程中必然帶來耗損，而且煩惱事總是不斷累積，好事多磨，令人身心都飽受長期折磨。由此可見，冥王星在占星學上代表最執著、最放不開的心結，是一種令人感受至深的傷痛，又或是最懼怕的東西。假如，此力量無法找到出口或正確方向，這股巨大負壓便會令人產生煩躁和憤怒，在極端情況下，甚至可能衍生出一些心理、情緒、生理病和暴力傾向，最後就像火山一樣在不能預期的時間爆發，傷害到反而是更多無辜的人。

冥王星主宰著徹底性的毀滅力量，行星先從外界吸引能量，在內部累積及壓縮，最後一瞬間把所有能量釋放出來。此特質在人性方面，便是「君子報仇，十年未晚」的報復心態，他們可以長年計劃，不斷潛伏經營，待最適當時機才出手，可想其出手之時，已是胸有成足，勝負早有定奪。

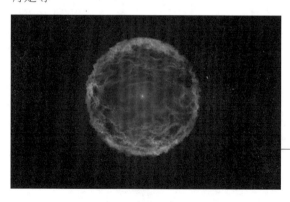

- 超新星—冥王代表瀕臨崩潰後的爆發力量。

中國人一向認為冥界就是地獄，因此主觀地認為冥王星乃絕對凶性，因此把它列為凶星，可是古人見到的只是破壞和死亡一面，希臘神話對死亡並不存在善惡判斷，他們沒有天堂和地獄的概念，冥界只不過是所有亡魂的唯一去處。然而冥界並非宇宙終點，只代表物質的某個階段，如果能夠離開冥界，下一步便是「重生」，因此我們亦要了解，冥王其實也有不一樣的絕大優勢。

　　前文曾說蠍子的自殺行為，經科學家証實，原來只是物種裝作假死的保護本能，事關蠍毒是殺死不了蠍子的，因此西方認為冥王星是「火鳳凰」有浴火重生之性，他們有巨大的重生力量，看似有不死之身。又或者，別人眼中視為絕望的景況，他們卻有能東山再起，另創新局。在心理上就像當冥王願意放下之時，感覺如釋重負，就像重生一樣。可見冥王除了破壞，亦有建設性，其破壞只是一瞬間，但建設力卻是長期而深遠的。

- 「蛻變」一詞來自昆蟲，蝴蝶未經歷過全完變態之前，只是一條不被討好的毛毛蟲。所謂冥王星的「浴火重生」主深厚和結構性轉變，其實就是指由毛蟲蛻變成蝴蝶的過程。

　　最後，冥王的極端性卻來自大自然的物極天擇，適者生存和汰弱留強的道理，據說人類的祖先是有尾巴的，但人類隨後把平衡系統進化到全身所有器官，我們今日才沒有尾巴。同樣地，人類的「基因」，有用和強健的要好好保留，並不斷強化升級，儒弱沒用的要毫不猶豫地放棄，我們的下一代才有能力適應未來更為惡劣的環境，群種才得以繁衍下去，以上解說同樣適用於冥王宮位上每一範疇。

很多人都以為不冒險就是最安全，但事實上，人真正渴望的東西都永遠都不在安全裡，所以人的最大風險就是不冒險。

冥王星逆行

冥王星平均每年逆行一次，每次為期大約半年。

冥王逆行 (2018～2025)
24/4/2019 ~ 3/10/2019
25/4/2020 ~ 4/10/2020
27/4/2021 ~ 6/10/2021
29/4/2022 ~ 8/10/2022
1/5/2023 ~ 11/10/2023
2/5/2024 ~ 12/10/2024
4/5/2025 ~ 14/10/2025

三王星每年均有一次逆行，而且逆行期超長，它停留在星座時對時代帶來的影響，比個人更具意義。況且，這麼長時間（由天王星的 5 個月到冥王星的半年時間），人會習以為常，並不容易感到三王逆行的力量，就算發生了都是不知不覺，無法輕易檢視其特殊變化是三王星逆行不被普及和重視的原因。

理論上，冥王星逆行會為人類生活帶來徹底性的劇烈改變，或在道德及思想價值觀上帶來顛覆性的徹底破壞，譬如說，在歌舞昇平的太平盛世轉變到戰火連天的戰爭時代。在星盤上，冥王星逆行的人的意志薄弱，不具野心和操控慾，也不獨裁，是屬於和平和理性，較重視公眾意識的人格。

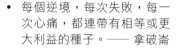

- 每個逆境，每次失敗，每一次心痛，都連帶有相等或更大利益的種子。—— 拿破崙

補充閱讀：矮行星

冥王星（小行星序號：134340 Pluto）是太陽系中體積最大和質量第二大的矮行星，也是已知最大的柯伊伯帶天體。

冥王星主要由岩石和冰塊組成，質量只是月球的六份之一，其體積只有月球的三份之一。冥王星會週期性進入海王星的軌道，雙方軌道有所重疊但不會碰撞。冥王星和太陽的平均距離為 39.4 天文單位，如以光速推進的話，仍需要 5.5 小時才能到達，它是太陽系中移動最緩慢的一個星體。目前已知冥王星共有五顆衛星，分別是冥衛一、冥衛二、冥衛三、冥衛四、冥衛五。可是國際天文聯合會（IAU）並未為矮行星的聯星關係作出定義，因此冥衛一（卡戎）仍被當作為冥王星的衛星。

冥王星在 1930 年被發現，並一直被人們視為九大行星，可是天文學家在隨後時間，不斷發現更多類似冥王星的小行星，甚至有些體積和質量都要比它大，因此 IAU 便於 2006 年修正了對行星的定義，冥王星於是被降格為矮行星令 Dwarf planet。

可是在占星學上，冥王星仍然佔有非常重要的地位和準繩度，此星的降格現象，卻被視為暫時死亡，及後或有可能再次復生，因此占星家視冥王星為火鳳凰，此浴火重生的意象便留待日後的再次証實。

冥王星宮位

「冥王宮位」是個人壓力、恐懼及過度執著之所在，亦是個人潛欲望及潛能之處，又是人生因蛻變而帶來新生機的地方。有關「冥王星座」的內容，將在下書與對星組合一同解說。

【第一宮】：在占星學上，冥王屬於數一數二的強者，強星的命運特色為（一）個人力量，成敗自負，（二）追求權力和威望，（三）成就及際遇上的大上大落，可見這普遍為事業型人格與及傳奇性人物的象徵。

冥王立命給人形象強悍，作風凌厲，獨立果斷，這些人大都早熟，很有個性主見。冥王不主聰明，但有謀略，行星能透過不斷磨煉，牧牧不倦的探索和鑽研，從而發展出一套獨家智慧和技能來。而且星宮的人頭腦冷靜清晰，分析和策劃力強，具組織及實行能力。他們能夠自給自足，自力更生，有能應對生活中所有大小事務，面對人生的種種困難和考驗，此星能力之高，基本上沒有事情可以難倒他。

冥王在此可說是個性格孤僻的人，可能「無敵是最寂寞」關係，這些人總是獨來獨往，一意孤行。他不會求人，也不奢求別人的幫助，他們只相信自己，認為命運掌握在自己手中，甚至相信個人能力能夠逆天，他們有英雄做時勢的主觀意願。從外表亦不難發現，冥王的人嚴肅冰冷，喜怒不形於色，全不能察覺其情緒及意圖取向，宮位的人善於隱藏，你很難判斷其內心真實想法。同樣地，星宮的人行事詭秘，行動不著聲色，他不張揚，不會分享，甚至故意封鎖消息，此人神秘莫測，如像有許多不可告人秘密似的。

相反，別人掌握不透冥王，但冥王偏偏就有看穿別人及事物的本領，命中人憑藉其動物性直覺往往一眼就能看出癥結之所在，或找出事情的根本性關鍵。這些能力如用於對人，便是看透人心及找出人性弱點之所在。由此可見，冥王喜歡掌握秘密，對於不明之事很感興趣，行星有尋根究底精神，有發掘真相和解開疑團的潛在本領。以上所說，在面相上亦有跡可尋，冥王立命的人眼神尖銳有勢，眼睛黑白分明，總是入木三分，看起來十分精明，看似沒有人可以瞞騙他們。

補充一說，在中式術數而言，冥王立命屬於「魁罡」命格的一種。說到「魁罡」的人，性格相當自負固執，好處是有堅定信念，能把理想付諸實行，絕不空想而不做。更重要的是，其內心堅毅，耐壓性強，責任心重，每每已決之事能默默堅持，從不半途而廢。可是，這些人的應變能力相對薄弱，尤其在人際關係，由於過於堅持己見，不擅與人交往，還常常懷疑別人，不通融便是導致人緣關係較差的普遍原因。

不過，冥王不是「善星」，它不需要人和，不稀罕良好的人際關係。相反，冥王是「權星」，它代表野心和慾望，不論權力、地位、金錢和女人都是他們的囊中物，將之完全佔有更似是行星的最終極目標。無可否認，此星在各方面的能力都是手屈一指，他們有駕馭別人，掌控全局的能力，對於計劃及執行方面亦相當在行。很多時候，事情的發展和結局均在他的期望和掌握之中，假如有部分情況不乎，也有可能在預期之內，星座的人擅精心部署，少有是他意想不到的意外。

　　冥王是個獨裁者，立命者可說是個自私自利的人，這些人有如曹操理念：「寧我負天下人，莫天下人負我。」由於己所功過都必須獨力承擔，所以他們為了成功可以不擇手段，甚至採用極端或暴力也毫不在乎。

　　在感情方面，看似鐵石心腸的冥王暴君，其實相當深情，他們為了愛可以毫不計較，完完全全的付出，甚至是給你自己的生命，但此星講求政治立場正確，他愛你之時，你也必須心無旁鶩，對他一心一意，絕對誓死效忠。並要留意，與他一旦牽連上了真感情，便再沒有反悔的可能，你的離開或是不受控制都會被視為「背叛」，此時命中人便會一反常態，從深情變為痛恨，會千方百計找你報復。

　　由此可見，冥王的人性格剛烈，他們敢作敢為，敢愛敢恨，任何事情由他判決，一是絕對控制，一是完全消滅，沒有中庸之道，模凌兩可。而且一旦作出決定，不論後果如何，星宮之人絕不後悔，如果當他們遇上困局，真的沒有解決方法之時，更不惜寧為玉碎，寧可兩敗俱傷也不要苟且偷生，可見這些人的性格相當極端。

　　正因為有此極端個性，在他們的人生際遇而言，也代表必需經歷徹底毀滅和失敗。但由於冥王星有置之地死而後生的意思，所以當他們遭遇失敗過後卻能絕處逢生，出現報復式的戲劇性反彈，要經歷劫後餘生才得以脫胎換骨，當破繭而出之時正是開展其成就的第二人生。

- 生物學上有一個分析，如果想要得到更廣闊的視野，雙眼分得愈開愈好，如果想對一個物體進行快速追蹤，雙眼靠近有更多的重疊範圍會更為有效。換句話説，擁有廣角視野的動物（海王星）多數作為被捕獵的弱勢物種，牠們的眼睛在身體兩側，用意是幫助找出周圍環境的危險性，而作為捕食者（冥王星）如獅子、老虎，雙眼靠前比較集中，用意是幫助狩獵。在面相學上也有相同定論，眼與眼之間的空間較多之人，一般性情溫和，相反，眼睛的距離相對集中，代表人較具攻擊性。

【第二宮】：神話中冥王是個有財有勢的大富豪，皆因祂擁有地下所有礦產資源，所以行星在此與大生意有關，代表「獨角獸」規模的大型企業，然其財性之大絕非一般行星能所比擬。

在性格方面，冥王二宮的人是個不折不扣的「金錢狂」，他們賺錢目的並非只是為了生活，而是為了享受擁有財富帶來的巨大力量和強壯感。不難推算，行星在此即是說他們的佔有欲均放在物質上，一來宮中人只會把財政大權掌握在自己手裡，絕不會把金錢交給別人打理或代管。二來，不管是自己或是別人錢財都想佔為己有，或者是由他一手一腳來作分配。

擁有這個星象的人理財精明，有生意頭腦，具商業才能，懂得以財生利，對於投資相當在行。更屬害的是，冥王星的商機觸角敏銳，容易發掘出具有巨大投資潛力的機會來。他們傾向買入一些被低估的公司或產品，把它重新營運，更變其經營策略，繼而煥發出潛在價值來，行星有能把現時不被看好的投資起死回生，此方面有如火鳳凰的浴火重生。

某程度而言，冥王在此有一定的「橫財性」，尤其是指財性之巨大，但此星主結構上重組，潛能的不斷挖掘，並非只是表面的包裝後出售，仍需要不斷的投入，要幾經辛苦才能獲得豐厚成果。要強調的是，這些人在未獲得成果之前往往都是資不抵債，星象強調風險損失全由個人獨力承擔，亦即是說他們的前半生經營艱難，更常見是先破產後發達的際遇，由此可見，雖然說這是橫財星象，但這些人的成功絕非僥倖。

冥王在財帛宮亦是個「財權」星象，命中人潛意識會把「金錢」視為「權力」象徵，因此其進財方式往往與權力、特權和勢力掛鉤，命中人賺錢可以不擇手段，故勿論是正行還是偏門生意，都甘願冒險在刀口上搵食，甚至不介意跟奸商、壞人、黑社會合作。再者，冥王極之講究信任和交情，其手段秘密陰私，多陰謀詭計，有地下協議並不出奇，可見賺錢不講門道及有沒有道德標準是星象的進財特色。

【第三宮】：本質上，冥王所在的人物宮位，一是絕對可信，二便是反目成仇，如今在兄弟宮，命主與兄弟朋友的情誼關係極端是可以想像的。此外，行星宮位亦代表完全佔有或管束對象，所以這些人一定要做「老大」，要同輩絕對遵從他的話才能與之和睦相處。相反，這些人如小時候被受欺負，或被朋友背叛出賣，這些仇恨便會銘記心中，命主假以時日必定會作出報復性行為，這些劇情在很多日劇中都有出現。

性格方面，冥王三宮的人十分冷漠，他們不合群、不協調，傾向與人保持距離，或者說他們根本不想交朋友，只要別人不經意的得罪你，你便會與之絕交，人際關係決裂是時有之事。可是，這宮之人又是個重情重義的傢伙，他們交友認真，沒有虛假情義，與之合得來的人都被視為生死之交，或命中安排的親密戰友，總之死黨有難，為他赴湯蹈火也在所不辭。

在學習方面，冥王星在此代表人有認真嚴肅的學習態度，這些人勤力自勉，學習比別人用功，不用鼓勵也會發奮自強。又因三宮代表童年，行星代表在巨大壓力下成長，宮中人希望獲得豐富的知識和技能，

以滿足他們日後發展的需要，可見星象的人比較早熟，對自己有很高要求。另他們做事專注，喜尋根究底，好深入鑽研，有探知事實真相的熱情，所有「神秘」及「未知」都能引起他們的執著。更厲害的是，星宮的人觸角敏銳，分析力及洞察力驚人，有能從表象看到事情的核心，而且其推測及假設往往都非常準確。

不過，星宮的人雖然聰明，見解深入獨到，但他們深藏不露，不喜歡表達個人想法，有隱藏個人意圖的傾向。不難發現，與星宮者打交道之時，其言詞總是閃閃爍爍，或是沉默不語，其節儉和簡短的說話方式令人難以親近。再者，冥王代表隔閡，他只想知道別人的秘密，並不希望別人掌握自己的心事，每每認為言多必失，總是沉默是金。還有冥王作風言簡意精，當他們認真起來與別人辯論起來的時候，往往都是一針見血，言詞尖銳，令人無從反駁。如此一來，命主才可控制他人的思想，現正好回應前文，只有順從他們想法的人，才有與之深交的可能。

另三宮代表的短途旅程，冥王在此一來代表不太喜歡四圍去，二來代表行蹤鬼祕，不著痕跡，最後亦有發生交通意外的含意。

【第四宮】：冥王星的極端性，落於代表親情的田宅宮表現更為無奈，一方面家是其深情之處，並願意付出一生精力去維護的地方，另一方面，家又是其壓力及不開心之處，鑑於三宮和四宮均屬童年時期，行星在此反映命主青年之前的生活過得很不如意，而且家中常有暴力事件，或父母的其中一人在其年幼時過世，因而缺乏父母的關愛，自少便要獨立更生，強迫自己快速破繭成長。

四宮又是心靈之宮，冥王的過度壓抑甚會影響宮中人的情感表現，並反映內心某程度的困境和傷痛，所以這些人外表冷酷，情感不外露之餘，多少還有些自閉傾向。不過，看似十分理性的外在，其實命中人的情感異常澎湃，只要是少許刺激，觸及到其內心深處之時，便會引來激烈的情緒反應。同樣地，冥王的凶性易導致人脾氣暴怒，不要見他們平時性格平和，當他們情緒失控之時，發起脾氣來絕對不是人咁品。說實

在，擁有這個星象的人希望的是得到深切關懷，需要被愛的感覺，反而不是物質及權力方面的滿足。

其實冥王星的正負性質，往往反映在自己控制還是被人控制的情況之下，只要家庭是他們的控制範圍，命中人才能與家人關係相處融洽。反之，童年時父母是家中的話事人，命中人為了宣示主權，便會過度的顯得強勢和固執，與家人不和，爭執心病便由此而起，可見「冥王星宮位」永遠都是主導權相爭的場地。

當青少年過後，命中人要成家立室，行星在此卻反映強大的支持力和責任心，命主脫變成為家中或圈子裡最強的掌控者及負責人。要留意的是，行星在此的人不宜早婚，事關他有破壞自己家庭的潛意識，加上在三宮過後，即人生約三十至四十歲左右，當冥王行經夫妻宮就有離婚及分家的事情將會出現。當然，以冥王星的專一，從一而終之性，命中人一旦結合了就堅守到底，終身不渝地留置守候（關於運限週期在下書還有更多解說）。

在心理上，冥王星的深情有利於感受別人的狀態，這些人易有強烈的心靈直覺，對於人性的探索，人格分析獨具心得。一方面他們樂於自省，另一方面也熱衷分析別人的心理，可見這些人如從事關於人性方面的工作，便不難成為一位專業而權威的心理學家或心理諮詢師。此外，星宮的人對於「根源」，亦即是我們從何而來的問題也是十分著迷的，命中人認為只有了解過去才懂得未來，很重視「根本」，因此他們會嘗試從不同角度徹底地分析自然及宇宙奧秘，如此一來，命中人對於考古、歷史、心理以及宗教玄學都感到濃厚興趣。

在家居方面，這些人的居所普遍細小，喜歡生活在隱閉的私人空間，其人回到家中總是把門窗緊緊關上，希望盡量與外界隔絕，不論內在與外在，星象的人都渴望得到一種自閉式的安全感。

【第五宮】：冥王星落在愛情宮位是一位「危險情人」，這些人的

情感濃烈，狂野激情，是個敢愛敢恨的人。但冥王的愛絕不表面，行星只會把心事埋藏心底，因此星像代表情深、苦戀和心結，有向地下深入發展的訴求，還有不易修成正果的意思。

當冥王愛上一個人，被暗戀的對象可能全不知情，事關命中人很會隱藏內心想法，讓人不知道你的心思，就算面對意中人，內心雖然熱情如火，但命主仍可擺出一副毫不在乎，莫不關心的模樣，加上星座的人自尊心重，怕遭到拒絕，不會主動表白，因此關係普遍進展緩慢，潛伏多年也未必會有所行動。擁有這個星象的人一般都是個絕種情痴，他們可以極具耐性等待對方對自己產生情愫，而當感情一旦展開，其全程投入的程度有如飛蛾撲火，直至愛得死去活來，深深不能自拔為止。由此可見，這絕非是個多情星象，反主命中人少有戀愛機會，甚至是「一生一戀」，星象示意愛情刻骨銘心，會令人留下畢生難忘的戀愛體驗。

除此之外，冥王在此即是說施加控制欲的對象為情人，這些人的佔有欲和嫉妒心重，在愛情關係永遠作為控制方，情人的一舉一動都被嚴密監視，更被要求所有行為都乎合命主心意，然而，這方面亦都是令愛侶感到巨大壓力，甚至因此而作出分手決定的主要因由。

一般而言，五宮代表精神上的愛，但因欲慾行星冥王的加入，更強調了「情」和「性」的緊密結合，因此其人對於情慾方面的需求較為強烈是可以想像的。假如，冥王再遇上一些負面相位或偏執行星，其觀念便傾向於變態想法，此方面例如性變態、性泛濫、暴力或虐待狂等等，這類怪異行為無非都和變了質或過份的支配欲有關。不過，我們卻不應視冥王五宮的人為潛在色魔，反之，很多的占星分析都說這是個「最佳戀人」的格局。

西洋占星III《行星編》

又因五宮的另一代表人物為子女，所以命主對小孩的管教也同樣嚴厲，控制欲沒有比情人少，要求子女嚴格跟隨自己的意向，並以「地獄式訓練」作為小孩的教育方式。矛盾的是，冥王星的強大意志也代表子女鬥志頑強，並有與父母決裂的潛在誘因，畢竟行星不主愛

的教育，今次反目成仇的對象便是子女，所謂：「成也風雲，敗也風雲」，可想這個父母更似是個邪教教主。還有一個情況，此星象在中式術數上可說是「刑剋」的意味較重，但假如是懷孕方面遇上困難，難有子女反不作忌論。

在享受和才華方面，冥王是個不需要享受的行星，所以星象代表人十分勤力，對自己要求嚴格，能刻已復禮，可想這是個沒有情趣的傢俱。另這些人的創意和想像力均傾向負面和黑暗，假如你叫他創作一個故事，他的題材大可能是鬼片或悲慘，而且結局淒美，以無人生還為大多數。某程度上，五宮都有表現個人才華的欲望，冥王在此也會竭盡所能地表現自己，但行星務求成功，並不介意展示其負面一面，所以冥王星的人只會做兩類人，一是大聖人，另一種就是大罪人，他們就是不喜選擇中間路線。

最後關於偏財，與二宮相約，這又是個巨富的星象，不過今次單純以投機為主，可以說命主天生的賭性強，好運的話因大膽冒險而得到豐厚財利，但在此強調，冥王在得到巨富之前，都必先遭受到畢生難忘的慘痛教訓。

【第六宮】：冥王六宮的人可說是個職場能者，他們工作態度認真嚴謹，實力超凡，不論什麼事情到了手中都能完美達成，再困難的事情都能妥善解決。星宮者能刻苦耐勞，有長期鬥爭的能耐，當工作一旦開始，他們全心全意的投入，廢寢忘餐都要把工作完成為此。再者，這宮的人非常負責，事能貫徹始終，從不半途而廢之餘，更不會把未完成的工作交給別人，而且愈是困難的事情，就愈能激起其奮發之心。事關對於他們來說，理想要做大做強，要做就要做最核心關鍵，務求令自己成為公司最有價值的員工。

冥王在此最能激發個人事業潛能，這些人十分專注，普遍具專業技能，然行星深入的洞察力，便致使其人比別人更容易解構問題本質，找出根本性的解決方法。除此之外，冥王星也和厭惡性行業有

關，這方面如是環境衛生，甚至是殯葬業或性服務行業都有關係。但行星宗旨在於神秘感及陰暗性，所以星宮者傾向從事幕後工作，喜歡扮演著默默無聞但重要的角色，正因為此，職務如臥底、偵探及間諜都屬於星象的主管範疇。

要留意的是，冥王職務主獨力完成工作，個人執掌大權及獨領風騷，基於星宮者的工作能實在太強，他們對同事下屬的要求也同樣嚴格，一來冥王接受不了沒用的手下，無法忍受同事的低效質差，對上也不願意接受任何自己認為是無理的要求和命令，尤其討厭形式主義及政治性工作。這些人就算受僱，也都只是按照自己的意願來辦事，其高度主觀意識甚會給同事帶來巨大壓力，可想只重視辦事能力，不重人際關係，與他協作的人肯定絕不好受。如此一來，人人畏而遠之，沒有人敢與之合作，這都是星宮者在職場上只能單打獨鬥，欠缺外力人緣的致命傷。

又因冥王的浴火重生性，所以這些人特別容易遭到裁員，常有失業之苦，但火鳳凰卻保佑他們愈轉愈好，魚過塘愈肥。還有些特殊情況，當時人迫不得已轉做一些和之前沒有相關的行業，同樣地，新行業也必定比舊行業更為優勝。

在健康方面，冥王代表天生生命力過人，正常情況下疾病的痊癒速度極快。不過，冥王的過度累積性，假如遇上其他凶星和不利相位，便要小心操勞過度而病倒，或在長期壓力下而導致頑疾纏身，當中又以便秘、性病、前列腺、腫瘤、炎症都是冥王的主要象徵。還有，冥王在此亦主惡習，例如是抽煙、喝酒、磕藥和濫慾都是星象的人容易染上的不良嗜好。

- 冥王星代表病毒，即是說只要病唔死，有了有抗體就可終身免疫。

【第七宮】：冥王在夫妻宮是繼火星和土星之後，另一個容易離婚的宮位，該星的優勢在於完全掌控，此性質如用於對手及其他合作關係，都容易得到較為正面的效應，例如在法律事務上代表是最終完勝的一方，或在生意合伙上佔有壓倒性優勢。此外，冥王星在別人宮，對人性的洞察力強，他們能輕易了解別人的動機和想法，有能利用人性的弱點來施加影響力，或藉此來控制那些向他們尋求協助的人，總括冥王七宮的人有一種被動式的侵略意圖。

可是，此能力如用於婚姻關係就未免顯得過份強勢，事關這些人的嫉妒心強，對於伴侶有強烈的支配欲，時刻都想操縱對方，甚會強迫別人之不願。由此可想，作為他們配偶便時刻處於緊張和壓迫的狀態，甚會給人沒有自由或是威脅過度的感覺，相信此關係的不平等和安全感的失去，便是導致關係決裂的主要原因。

但換一角度，冥王在此也代表愛得辛苦，相處很難，一方面可能命主和配偶的背景完全不同，生活文化各異，彼此差距極大。另一方面也代表著生離死別，聚少離多，刻骨銘心的戀愛經歷，星象象徵一種深情，一種此生不渝，愛恨交纏，難分難解的複習關係。假如他們在婚前沒有經歷千辛萬苦，非要排除萬難才得以在一起的痛苦歷程，卻不可能白頭到老。但無論如何，基於命中人有著從一而終的心態，他們對這段關係極力堅持，就算對方做錯了什麼都可以毫不計較，表現得相當忍耐和包容，強力去維持這段婚姻是星象的意寓。

說實上，冥王在此的離婚率可謂奇高，事關行星的「再生」和「先失後得」代表雙重婚姻，加上物極必反，即示意第二任配偶比第一任優勝，婚姻更圓滿，伴侶更能順從自己的意願。終歸究底，前度的「不受控」亦即是說命主尚未有足夠信心和實力去支配這個人，所以伴侶給你帶來不少麻煩，讓你事與願違，時時為了管理他／她而感到懊腦萬分。再說，冥王星的失去會讓人痴迷好一段長時間，此恩愛關係同時夾雜著仇恨，此情此境甚會令人永記終身，一生都不會淡忘。

最後一說，凡冥王所在的宮位均有隱密及陰謀性，所以命中人傾向把婚姻保密，就算舉辦婚禮都是在暗地下完成，或只是旅行結婚，私下與人情定終身。此外，亦不排除這些人是為了某種目的而結合，譬如是「生存」上的低階需要，而非單純地為了「真愛」。

• 冥王星的先破後立有一定的品質保証，代表愈變愈好，因此行星便有「火鳳凰」之稱。

【第八宮】：假如冥王七宮的人「留不往所愛」，如今便是個「深深地掌握別人慾望」的星象，或者說，星宮者易陷入不倫之戀，易享有齊人之福，容易吸引異性投懷送抱，在相方的欲慾關係中永遠保持著強勢和統治地位。由於冥王回歸後天守護垣，行星的靈性力強，命中人的性魅力和性能力普遍出眾，加上此宮的人較為無情，星象只管在對方身體上（物質）獲得擁有權，情感（精神）因素卻大可忽略。

行星在此代表人有非常強頑的生命力，其鬥志旺盛，決心堅定，而且他們的洞察力驚人，能夠透視所有不明事情的真相，所有人性弱點及事態根源均能清晰地掌握。與此同時，這些人思想神秘守密，城府甚深，很有權謀手段，對權力有著根本性的執著。然而他們之所以成功，往往靠的是潛而不露，暗中和謹慎周長的計劃，對於他們來說，如果沒有十足把握也不會向外透露，又因旁人不明就裡，亦間接減低了別人爭奪的念頭，所以星象象徵著一些壟斷性局面。

在命理中，凡強調生命力者必定多災多難，事關沒有遭遇極端危險，又何以彰顯其強悍一面。所以，冥王八宮者的人生故事傳奇，他們的際遇極端，一生必經歷眾多生死瀚劫。星宮的人往往有著非生即死的兩極化傾向，總之不成功便成仁，可想這些命局十分戲劇性，常常在徘

個在生死邊緣。假如行星再遇凶星，命中人便真的有可能經歷死亡威脅，例如是嚴重意外及病患。

無可否認，冥王八宮真的是個強者好漢，這些人十分堅毅硬朗，基本上沒有什麼東西可以把他打倒，又當他們面對失敗，很快就可以復原過來，而且比之前活得更好，可見冥王的重生性，在此便有大難不死，必有後福的意思。

在偏財方面，與二宮相約這都是屬於巨富級的星象，不同的是，宮中人掌握的財權力量更為巨大，因為他們不但掌握著自己的財富，還接管及手握著別人的錢財。當冥王的分析力一旦落入財帛宮位，代表人有傑出的理財能力，投資眼光獨到，如今落入的是商財宮，更強調在財經上的策劃能力，可見他們的腦袋就有如一個商業智能系統（BI）。更重要的是，冥王主管深情，其人又因深厚關係而獲得別人的絕對信任，為他人掌管財政。加上冥王的代表人物為恐怖份子，或有重大影響力之人士，可想在八宮這個位置就代表在市場上擁有極大壟斷權的超級商賈。

不過，又要重提舊調，冥王在未發達之前必經歷一貧如洗，要先是負債纍纍，陷入嚴重財務困境，火鳳凰的重生性才得以激活，讓人華麗轉身，在生死關頭中作出脫變，從而成就更為碩大的財富。

【第九宮】：冥王在信仰宮位，得利的能夠成為宗教領袖，失利的也能夠成為一方教主。

占星學上，「權星」以冥王為眾星之最，此星具領導才能，有能深深掌控所有領域範疇，如今在九宮這個精神性宮位，便代表在思想的強力操控。記得前文曾說，冥王是透過靈魂複製的方式，以信念把種子基因延續下去，可見這些人具有宗教式的誘人魔力，能夠吸引到很多信眾跟隨，並藉著薪火相傳一直把智慧承傳下去。嚴格來說，擁有這個星象的人不一定個個都是宗教家，更大可能是學術上或行業裡的領袖人物，例如是已故蘋果教主喬布斯，他死去多年仍然精神不滅，喬布斯精神仍

是品牌精髓。

除了喬布斯精神，馬克思主義更能帶出九宮在學術上的影響力，冥王在人馬主管的遷移宮，代表人有非常長遠的計劃，這些人對於未來有很強烈的盼望和預感，對事情有超前體會，因而有能對人類未來及社會制度提出一些前瞻觀點和準確預測。

不能不提，冥王的霸道在信仰上象徵絕對虔誠，不容許有別的選擇，強加觀念於別人是行星本意。如果一旦有人反對，宮中人卻會採取激烈行徑，如是決裂或永久除名，總之一旦與之信念聯繫就再沒有轉投別處的可能，又或要付出相當大的代價才能夠離開其思想陰影，由此推斷，冥王九宮的信仰體系十分健全，有相當嚴密和系統性，其影響力可謂非常巨大。

如以遷移論之，這些人如移民遠方代表人在外方生活悲慘，常被受壓迫，要經過很長時間才能適應環境，畢竟冥王有先入為主的偏見，入鄉不喜隨俗，命主在異鄉被受打壓是常有之事。但這些人的生命力旺盛，當適應過後始能反客為主，才有獲取權力和成就之可能，可見冥王九宮象徵在外方的巨大脫變。假如沒有移民海外，卻代表命主在外地認識的都是有權有勢的人士，間接表示個人在外方享有一定的名聲。最後，這亦都是客死異鄉的星象，示意有可能在外地遭遇不測。

【第十宮】：一般而言，冥王在星盤的「上象限」都是個「領導者」及「指揮家」角色，本宮「天頂」更是權力及聲望的最高峰，宮性與星性臭味相投，彼此都是以爭取名譽地位為終極目標。與九宮的學術背景不同，十宮較具行業特色，較強調工作上的「專業性」，星象反映的都是業界翹楚，是行業中的領軍人物。

冥王在此最能特顯個人的爭強好勝，理想成為舉足輕重人物的一面，這些人的權力欲重，野心巨大，有強烈意志和上進心，喜歡接受一些幾乎不可能的任務。更重要的是，宮中人對事業的嫉妒心強，他們有

死不服輸，不下於人的心態，當面對別人比自己優勝之時，更會激發其潛在鬥志，為了成功不惜竭盡所能，發揮出強大的執行及辦事能力。與六宮情況相約，這些人對個人要求極高，滿有恆心毅力，能承擔龐大的責任，加上冥王不務小事，要做就做最大最強，所以星宮的人只會加入大公司、大集團，或參與一些大型項目，務求在事業生涯上爭取最榮譽表現。

冥王身為「權星」，宮中人形象總離不開權力和威望，有些職業十分強調權威性，例如是大法官、醫生、總統及將軍，這些直接間接有權「定人生死」都是冥王星的專屬行業。退而求其次，就是行業守則及專業資格的制定者，例如考官便是在專業領域裡定人生死。某程度上，冥王也有一定的政治意味，雖然冥王不及土星純正，但此星卻是個善於權鬥的專家，可能他們未必熱忱政治，但是為了獲得勝利，成為最有實力者，當事人甘於潛伏，長於暗戰，尤其擅於應付複雜的權利關係，可見這些人如從事行政管理等工作，或在政界方面發展都具有利條件。

但冥王星的晉升速度緩慢，畢竟冥王在故事中始終都是最終大老，命主一來不容易得到上級支持，二來也難以找到比他更具實力的支持者。當中最大的可能性，就是命主在不斷努力之下，把上級通通都拉下馬來，自己坐上了他們的位置上。同樣道理，命中人的父親或上級也可能是個強人，巨大壓力也迫得命主想要出人頭地，努力地幹點成績出來給大家看，何況「一山不能藏二虎」，命中人的成功也有可能導致與上司及父母的決裂，始終冥王不利人緣，落於什麼人物宮位都有反目為仇的寓意。

又因為「名不正，言不順」，這些人的成功可能備受爭議，一來其地位並非傳統由上而下承傳而來，二來也不排除命主採用不光明手段而取得成功。的而且確，冥王為了目的可以不擇手段，無所不用其極，甚至是採用暴力殘酷的方式也不在乎，或者說他們只在乎實權，對於美名皆不重視。而更大的原因，就是冥星掌管的是獨裁，並非民主，正如秦

始皇的評價一樣極端。

實卻不難怪他，所謂：「人不為己，天誅地滅。」行星在此即是說宮中人高度重視個人權益，但他們並不介意惡名，事關對於他們來說，如不能「流芳百世，遺臭萬年」也是可以接受的。最後，又因冥王的再生性，導致人的名譽地位容易失去，或在人生中段在事業上驟然改變，或陷入危機，從而需要重新再來，但行星給人東山再起的脫變力量，當死灰復燃過後，實力更會一次比一次的強。

【十一宮】：冥王十一宮是一些政黨、地下組織、秘密聯盟及幫會社團的星象，行星在此即是說他們都是這些團體中的成員，假以時日更有可能成為領袖角色，在組織內享有巨大的話語權和影響力。但以冥王星性，他們要成為團體中堅必定經過長期鬥爭，在你失我得的情況下活下來，可想這宮之人也不算得上是什麼真朋友。

冥王在此代表的嚴密組織，是為了爭取利益及權力的結盟，參加者大都只是為了個人切身利益著想，尋求權力及派系支持，藉此圖強及壯大勢力，可見這些所謂的朋友都是以互相利用為較多數，充滿陰謀不詭的動機。事實上，只有有利用價值的人才能加入他們的行列，冥王在此象徵成員實力不相伯仲，個個都旗鼓相當，都有一定的專長，因此論所有行星之中，以冥王十一宮的人數最少，但最精英，質量最優。

命中人與這些人的情誼相對堅實，關係不會時好時壞，忽冷忽熱，更多是情深似海，有著鐵一般的情誼關係。但你若想加入他們也並非易事，冥王代表絕對深情，只有經熟人介紹，還要經過長時候觀察考核才有資格與之同行。但始終星象並非慈善或興趣團體，入會困難，脫會更難，說個比喻，冥王組織就有如邪教黑道，脫教者就是叛徒，理應當死，就算昔日的鐵哥兒如何志同道合，一同出生入死，當他們分道揚鑣或要自立門戶之時，就再沒有成為朋友的可能，行星反映人際關係的兩極化，如非死黨，就是死敵。

假如冥王九宮的代表人物為信徒，本宮之人更似是你的手下，這些人對你極度忠誠，完全巨服於腳下，有這樣的客觀表示，亦即是說命中人非常具權威，是個有權有勢的大人物。當然，說之為黑道份子可能過於極端，但這樣關係如對應於只為謀求利益及權力的團體，確實有非常的象徵意義。

【十二宮】：冥王在思想宮位代表人的野心權力欲重，這些人非常主觀，毫不顧及別人感受，莫視社會制度及道德觀念，他們只會認同自己的想法，有強迫灌輸個人意志給別人的傾向，有強烈控制別人的動機。此外，宮中人的目標感強，為了理想可以潛伏多年，甚不惜任何代價去完成一件心願，就算遇到困難窘境都能堅持忍耐，星宮的人有不達目標誓不罷休的心態。

行星在此的人比較封閉，其私隱性高，神秘感強，喜歡獨處的他，對於別人的誅事八卦，或是打聽自己私生活都極為討厭。星宮者有壓制個人情緒的傾向，他們不喜分享，也不會尋求他人的協助，這些人認為表白乃軟弱行為，因此寧可把心事埋藏心底，也決不暴露自己的心理弱點。

相反，這些人倒愛分析別人，發掘別人秘密，找出人性弱點正是其興趣所好。有利的是，冥王在福德宮，人的精神直覺上異常敏銳，觀察力強，有高超的透視力，能看穿別人心中所想法、情緒及動機。基於命中人擅長心理分析，他們有能力為人進行深層的心理治療，但冥王與海王不同之處，海王用關心和輔導，而冥王則用非常專業如「腦神經學」的方法去解開病人的心理問題。

補充閱讀：第十行星

如不計冥王星，Nibiru（Planet X）可以算是我們太陽系的第九顆行星，此星的記載可以追索到 6000 年前蘇美爾文明，古巴比倫人稱之為 Marduk，不過，筆者更喜歡稱它為「第十行星」。

在現代文明之前，地球上的古文明蘇美爾、瑪雅、亞特蘭蒂斯、姆大陸文明，這些都不是空穴來風之談，都有証據可考。當中，蘇美爾人又被稱為「外星人的後裔」，考古學家在古代蘇美爾文明遺址發現了一張雕刻在石板上的星圖，從星圖中可以看見有十二個天體，除了包括可以目測的日、月、金星、木星、水星、火星、土星之外，在石刻中還有天王星、海王星和冥王星，更奇特的是，還有一顆連近代人類都沒有發現的星體。

科學家假設這顆不知名行星的軌道異常龐大，並有可能呈橢圓形軌道公轉，並且在最短軸時能夠到達地球附近，然其公轉一次需時 3600 年，與瑪雅文明的「太陽紀」3000-5000 年可謂有一定的近似。然而，數千年前的蘇美爾人並有這樣的記載，他們認為地球的形成沿自某天體與 Nibiru 相撞，當中較大的一塊成為了地球，他們稱地球為 Tiamat，較小的便成為了月亮，其他零散的碎片變成了小行星並分佈在火星與木星之間的小行星帶，蘇美爾人稱之為「鎚打成的手鐲」。當然，這些記載全都是以壁畫、圖像及甲骨文等符號記錄，考古學家是否真的如實正確解讀則有待商榷。

話說 Nibiru 的發現，沿自於引力涉動，當初人們發現土星的時候，發現它的軌道並不正常，似乎還有其他龐大的引力牽引，因而估算土星背後還有別的行星，及後，天王星和海王星的發現也同樣有類似情況，經過天文學家的努力，最終冥王星也被發現了。可是，冥王星一向被外界高估，以為它的體積及質量可以列入九大行星，甚至前人以為冥王星就是那顆傳說中的 Planet X。當學者了解冥王星的真身原來是一個小星球，其引力不足以涉動其他巨大行星的時候，找出 Planet X 便再度成為天文學家的焦點。

直到 1982 年，天文界又發現了一顆神秘天體，美國太空總署 NASA 便於 1983 年發射了一枚衛星，並在獵戶座方向找到了這顆巨大天體，更可疑的是，NASA 發現了天體後對外界發佈了相關資訊，及後又宣稱發現錯誤，此先揚後抑之舉動，實在引人遐思。

西洋占星 III《行星編》

- 據天文學家對 Planet X 的描述，此星的體積和木星相當，外表呈血紅色，公轉是逆時針方向，當它接近太陽系之時，軌道會在火星與木星之間的小行星帶略過。

15°

🔋 20:47

金牛座

畢宿五

第九行星

參宿五

獵戶座

參宿四

麒麟座流星群

麒麟座

- Nibiru 在天文及維基百科稱之為第九行星。

而 Nibiru 是古代蘇美爾語「通過」的意思，由此可想，3600 年才經過一次太陽系的行星探訪，實在是難能可貴，正因為此，他們把這個 X 星體當作為太陽系的第十二顆行星，但現今普遍天文學家都稱它為「X 行星」。

　　NASA 利用了兩個人造衛星在太陽系老遠的地方發現了 Nibiru，可是蘇美爾人在六千年前就已經知道它的存在，再說一個神秘事，據蘇美爾人的記載，X 行星上居住著一種叫 Nefilim 的類人生物，他們的體型非常高大，還據說他們的壽命超長，相當於地球的三十六萬年才會老死。

　　有趣的是，西方很多的神話，甚至《聖經》都有巨人的提及，再者，現時眾多科幻電影的材題都是根據古文明而獲得靈感，例如電影《普羅米修斯》Prometheus 講述野心家為了長生不老，不惜探索太空，目的就是希望能夠找到人類的創造者「神」，並將之進行分析研究，而「祂」即是上文的所說的巨人 Nefilim。

　　而瑪雅人的紀元論曾經提及地球的末日方式，分別是暴風、火雨、洪水、地震，甚至是毀於巨人所噬，而日本漫畫「進擊之巨人」其靈感亦有可能來自 Nibiru 的 Nefilim。

- 以希臘神話論，這些巨人是「半神」，即是神與人結合後的後裔。

第十一章・廿八宿

廿八宿系列
——西方白虎

白虎是西方的神獸，代表秋季，西方屬金，顏色為白。古時的西方不是歐美，而是指西域及現在中東等地，中西方的文化交流沿遠流長，甚至中式的紫微斗數和七政四餘，不多不少也沾上了西域占星的影子。

白虎七宿包括「奎、婁、胃、昴、畢、觜、參」七宿，合共 297 顆星，54 個星官。每年最適合觀察白虎七宿的季節，就是冬季的黃昏後，屆時遠眺東南就可看到。

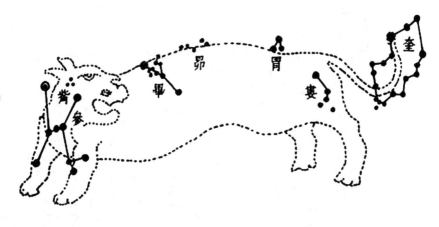

西洋占星III《行星編》

300

- 羅庚亦有歲差校正的，廿八宿每七十年向左轉一度。宋代之羅庚是「開禧度」，到清代頒佈「時歷象考成新編」，按西洋天文學的測量及計算方法，重新訂定二十八宿位置，故稱之為「時憲度」。如廿四山之子山在危，即開禧度。子山在虛，即時憲度。有些已校正之羅庚更會說明入宿何度。要強調的是，某些近代出版的政餘書籍，仍然以「時憲度」為主，這個是三百多年前的宿度，與現時的廿八宿度明顯而有一段差距。

白羊座 ── 戌宮狗類

　　【奎宿】為白虎頭，《天官書》曰：「奎曰封豕，一名天豕。」此宿既為倉庫，又是豬溝。宿內有9個星官共45顆星。由於奎宿的讀音為「魁」，因此也有人認為它是「魁星」，不過，在此肯定的告訴大家，假如有看過《斗數中編》便知道「魁星」原來是北斗的第一至第四星，與奎宿無關。《石氏星經》：「奎宿十六星，形如破鞋底。」假如把奎宿十六星連成一起，便會發現宿形是兩個尖頭的六角形，有如古書所講的破底鞋，也有人視它為一頭大豬。除此之外，《石氏贊》說「奎」是軍隊及駐兵，從星圖顯示，奎宿有「軍南門」與附近的「天大將軍」，的確所言非虛，有趣的是，為什麼古人把豬溝和軍營互作連繫？

　　奎宿之南有「外屏」，「外屏」即是屏風，目的是把軍營和豬溝分隔，事關屏之外就是「天溷」，意思是養豬的圍欄。在宿的東方，有一顆比較明亮的星就是「軍南門」，「軍南門」與「北落師門」同樣都是行軍出關的主要關閘，可見大軍團兵於此，並不無因。

　　大軍出征，自然需要有廣闊暢通的補給路線，所以在奎宿之北，有6星串聯跨越銀河，北向紫微垣的大後方延伸，這條就是「閣道」。「閣道」是一條大路，是大軍和馬車可以經過的道路，據古傳更是有高架橋的通道，相反，在大道之側為「附路」，此為旁徑或作為支線步隊的輔助路線。古代戰爭十分著重戰車，當時戰車的主要動力就是馬匹，因而馭馬及訓練馬匹之人自自然然成為當時的上者。之前在危宿提過「仲父」為相馬達人，奎宿之駕車達人就是「王良」，相傳「王良」是春秋晉國時的馬車夫，因為為趙國立下大功，「王良」便被後人追封為天上的馭馬車星。要留意的是，「王良」星官好像有五星，其實「王良」只是一星，其餘四星皆是戰馬，此四星又名「天駟」。還有在星官之北有「策」星，「策」是馬鞭的意思。

　　奎木狼：戌23°34'（吉）、甲戌、11度內強，奎乃文貴之宿。

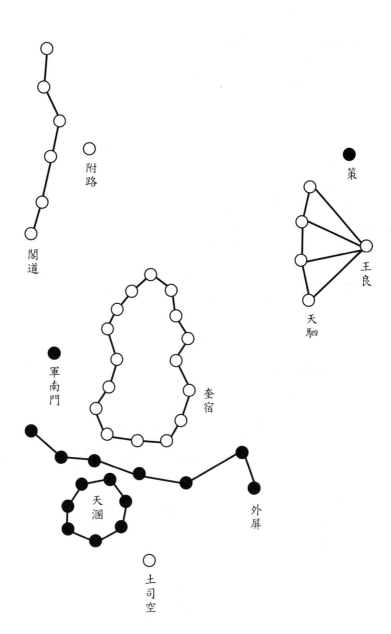

附路

閣道

策

王良

天駟

軍南門

奎宿

天溷

外屏

土司空

● 奎宿星官圖

金牛座 —— 西宮雞類

【婁宿】為白虎身，此宿主牧場，並是糧食倉庫。此宿有 6 個星官共 33 顆星。

據說婁宿之來由，與西域羌民族婁人有關，此宿由三顆亮星組成《史記・天官書》：「婁為聚眾。」古人視婁宿為五穀的倉庫，加上第三宿的胃宿，容納的意味更濃，可見婁宿確有聚集及積累的意思。《晉書・天文志》：「主苑牧、牲畜，供給郊祀。」婁宿內的眾星官都是與牲牧有關，還有，在稍後的昂宿和畢宿同樣都有這樣的配置，可見白虎七宿與廣大的西域草原有關，其意思也不一定凶多吉少。

婁宿之南方為「天倉」，顧名思義，「天倉」為天上之倉庫，為穀倉，在倉庫之下有「天庾」，庾解作露天穀物。在婁三星兩旁，分別被「左更」、「右更」包圍，此左、右更並非城牆，而是管理山林及畜牧的官員。最後在宿之北有「天大將軍」，畢竟西域之外有蠻夷，也必須有軍隊作為保護。由於宿內的谷物倉庫星官眾多，因此古人喜婁宿星明亮，意指國庫豐盈，人民豐衣足食。

婁金狗：酉4°2'（守）、庚戌、3度內強，婁乃天廚之宿。

西洋占星 III 《行星編》

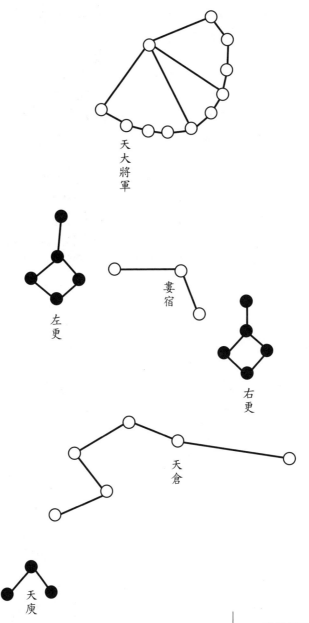

天大將軍

左更

婁宿

右更

天倉

天庚

• 婁宿星官圖

【胃宿】為白虎身體，可以算是虎肚，並為天庫，是五穀之府。宿內有 7 個星官共 39 顆星。

《石氏星經》：「胃主倉廩五穀基，故置天囷以盛之。」承婁宿之天倉，胃宿內同樣地設立了穀倉，儲存穀物之地主要位於宿之南，「天囷」為穀倉，「天廩」就是柴房。另一方面，胃宿可謂吉凶參半，除了有吉星「天廩」、「天囷」，並有著名凶星「大陵」與「積屍」。

先說凶星，「積屍」比「大陵」更凶，事關而「積屍」即是沒有掩埋的亂葬地。而「大陵」意指大規模的陵墓，由於此地位於西北戰場，陵墓都是為英勇烈士而設立的。同時古人發現「大陵」星官的中間有一股氣，此稱「積屍氣」，事實上，「積屍氣」是一個星雲，在《丹元子步天歌》在胃宿的段落中有描述「陵北九個天船名，陵中積屍一個星。」再說「大陵」的第五顆星「大陵五」乃天文學上的食變星，光度常有異變，而且其光暗頻頻變動明顯，古人不明因由，因此中外皆視之不吉，此星在西方並有「魔星」的稱號，正因為此，古人忌此星明，星明則反映人間多死亡喪事。

在「大陵」之東北有「天船」，星官的形狀有如船底，並處於銀河之中，有趣的是，在船底內可以見到「積水」一星，原來「積水」是古船量度水位高低的工具，並非是說船入水。

胃土雉：酉17°4'（吉）、己酉、2度內強，胃乃倉稟之宿。

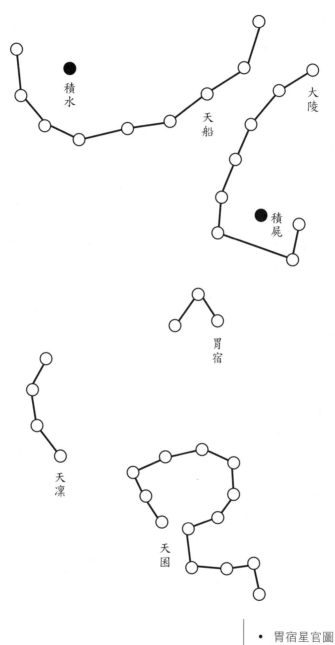

積水

天船

大陵

積屍

胃宿

天凜

天困

• 胃宿星官圖

雙子座 —— 申宮猴類

【昴宿】即是著名的昴星團，此宿主矛，管狩獵。宿內有 9 個星官共 47 顆星。

從遠方眺望昴宿，大抵只能見到七顆很接近的明星，因此昴星團又名「七姊妹星團」，此星團在秋冬晚上格外醒目耀眼。基於昴宿七星相當接近，有如束在一起的箭頭，《天官書》中稱昴為髦頭，加上「昴」的發音與「矛」相似，因此，昴宿和槍頭與及狩獵特別有緣。此外，古人視昴宿七亮星如箭頭，那麼，在昴七星旁的大群暗曜卻被視為箭旄或槍旄。說到鬚髦，《天官書》：「昴曰髦頭，胡星也。」昴宿的分野位於西域，由於當地人的鬚髦特別濃厚，因此昴所指的就是塞外胡人。在昴宿之西有一個「天陰」星官，原來古人喜歡把山的北面或水的南面為之「陰」，而「天陰」的位置，正就是黃道以北，銀河以南。在昴宿之最南有一個大星官叫「天苑」，「天苑」是天上的大牧場，亦都是皇家的狩獵場。在「天苑」之側有「芻蒿」，「芻蒿」是牛馬食用的乾草。

說完宿之南，現說宿之北，北方有兩個是非星官，分別是「捲舌」和「天讒」，「捲舌」形如鈎狀，有如不能閉合的嘴，而「天讒」指的是口出讒言。在玄學世界，「捲舌」和「天讒」被列入神煞，說明一些人總是口沒遮攔，喜歡講是講非，更甚的有言行不實，常說挑撥離間，毀謗別人的話。要留意的是，在是非星官之南為「礪石」，「礪石」即是磨刀石，礪石設立的原意是為了屠宰獵物，不過，在此可能還有更深一層的含意，就是用來勾犯人的胴筋。

回顧前文，東方青龍的房宿有一顆「日」星，此星被認為是日之精，如今被認為是月之精的「月」星卻出現在昴宿，《甘石星經》：「月精在昴畢，日精在氐房。」加上日出東方，日落或月出自然就在西方白虎七宿中。

昴日雞：申0°35'（平）、丁酉、2度內強，昴乃天烏之宿。

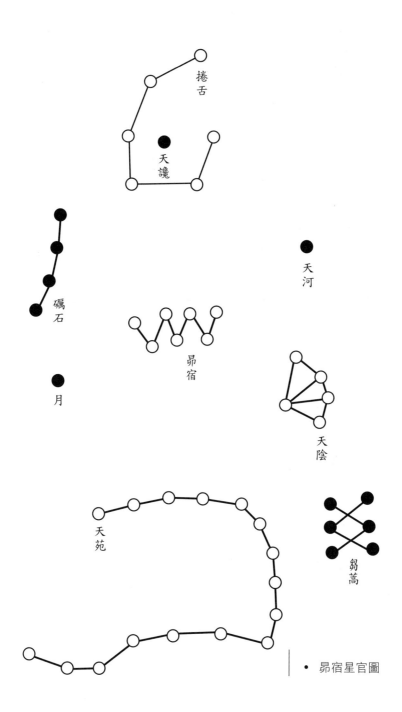

捲舌

天讒

礪石

月

天河

昴宿

天陰

芻蒿

天苑

• 昴宿星官圖

【畢宿】為白虎之身體，為金牛之牛眼，此宿主軍旗。畢是雨師，又主邊兵。畢宿有 14 個星官共 92 顆星。

在古代「畢」是一種類似網球拍「丫形」的狩獵工具，古述：「網小而柄長者謂之畢。」一般是用於捕捉細小獵物，如兔子。這個形狀在西方人的眼中，看到的是一頭牛，因此，畢宿之所在正就是金牛座。在丫頭的牛角位置有一星名「附耳」，「附耳」為金牛耳，不過，中國的星官學卻另有一番見解，由於「畢」乃捕兔陷阱，因此「附耳」即吸引獵物的誘餌。另昂畢之間名為「天街」，是天帝出行之徑。

畢宿之南為「天節」，「天節」為古代出入境憑證，即現今的護照，須要出示護照，定必與出境相關，因此在「天節」之旁見「九州殊口」，「九州殊口」這個星官是天上的過境關口，《石氏星經》：「九州殊域重譯辭」由於此乃跨國境地，也有人視之為翻譯人員。「九州殊口」之旁有三個星官，分別是「參旗」、「天園」和「九遊」，「參旗」指的是旗幟，星官是西洋牧夫座的弓箭，「九遊」便是天子皇帝的軍旗，而「遊」代表旗旄下垂的飄帶。顧名思義，「天園」乃天上的果園，可想西域種植的胡果特別甜。

回畢宿之北，見「諸王」六星，「諸王」是古代分封邊地的王室諸侯。畢宿內的主要星官是「五車」，「五車」即戰車群及車庫，而星官內的「五車二」更是全天第六亮星，可見「五車」氣勢磅礡，這不無和西域為車騎的主要戰場有關。「五車」內的「柱」星，主士兵，古星占認為「柱出車外，則兵出；柱入車內，則兵入。」

《天官書》：「西宮咸池，曰天五潢。五潢，五帝車舍。」在五角型的「五車」內，有一個非常知名的星官就是「咸池」，「咸池」的真正意義為園中養魚的水池，此三星又名「天井」，另別號「黃龍」。《淮南子・天文訓》更把位於黃道帶的「咸池」說成是太陽沐浴的地方，謂：「日出暘谷，浴於咸池。」在「五車」之外有「天關」，「天關」為日、月、五星之大門，關於宋朝時期發現超新星的「天關客星」

故事，在《星座編》金牛座部分已有介紹。

最後說一說「畢為雨師」的故事，《詩經》：「月離於畢俾滂沱矣」說明當月亮離開畢宿，由滿月變成朔的時候（即廿八前後）便會落大雨，經天文軟件計算大概 3000 年前的這種星象，發生的時份對應為農曆四五月份，是春過入夏之時，此時雨水充足，常有滂沱大雨實屬必然。這個現象不單在古或中國，連古埃及和古巴比倫也有同樣雨季預測，可見若然能夠了解多些天文知識，玄學上許多迷信事都能迎刃而解。

畢月烏 ：酉 9°32'（凶）、癸酉、9 度內強，畢乃天耳之宿。

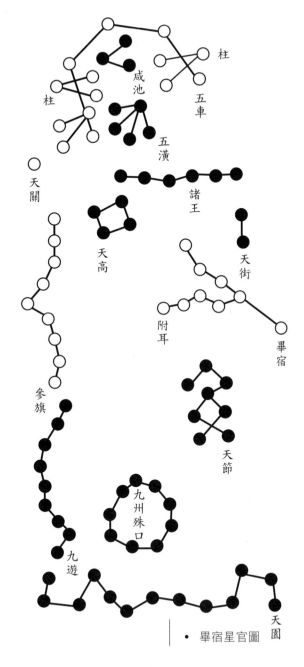

畢宿星官圖

【觜宿】為白虎之尾，西方為獵戶座之頭，觜是廿八宿最狹窄之宿，只有一度，此宿主智。宿內有 3 個星官共 16 顆星。

觜宿的星官很少，除了觜三星之外，其餘兩個星官都距之較遠，不明古人為什麼要設立這個可有可無的宿。在觜宿旁有「司怪」四星和「座旗」九星，「司怪」為主管預兆及山精妖怪的神，而「座旗」為插在座位旁的旗，據說還有標明尊卑位置的作用。

觜火猴 ：申24°18'（平）、丙申、半度內強，觜乃天劍之宿。

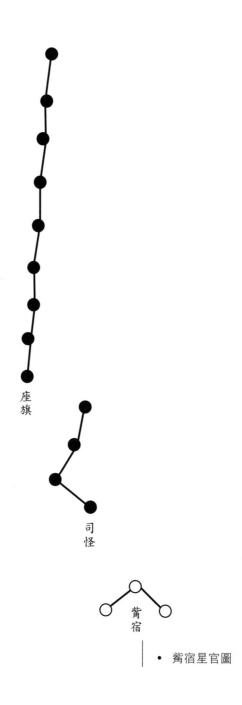

座旗

司怪

觜宿

● 觜宿星官圖

【參宿】乃白虎之足，即西方的獵戶座腰帶，此宿主大將軍。宿內有 6 個星官共 25 顆星。

在冬季的日子，夜空特別晴朗，而「參宿七星」更可謂是天上的主角，古代的「參」也有「叁」的意思，「叁」就是指獵戶座腰帶的三顆亮星，參三星又名「西斗」，又稱將軍星。「參宿七星」的形狀有如人型，分別有兩手兩足，加上觜宿三星作為頭，西方稱它為獵戶，中國人視之為大將軍，中間三星為大將與左、右參謀，肩二星為左、右將軍，足二星為前、偏將軍，因此，古人認為七星大明則兵精將勇。

有趣的是，原來古埃及人的金字塔佈置，也是完全根據整個參宿的佈局，尤其是腰帶的三星，更是埃及最大吉薩金字塔群的地上寫照，相關話題在《星座編》已有介紹。

在獵戶座腰帶以南，有一個星官名「伐」，「伐」是討伐的意思，事實上，「伐」並是非一顆星，三星中間模糊的一顆，是南半球唯一可以用肉眼看見的星雲，這個便是獵戶座星雲。在大將軍的右足，見「玉井」和「軍井」星官，它們同樣是水井，惟不同之處，一為軍用，一為民用。

最後，古人真的完完全全把人間所有都放上天空，在大將軍的最下方，設了「屎」和「廁」，更重要的是，「廁」之外當然要有「屏」作為阻隔。

參水猿：申25°18'（凶）、壬申、10度內強，參乃靈變之宿。

註：以上所有宿度均已根據2016年蔡伯勵之七政經緯曆書作出最新修正。

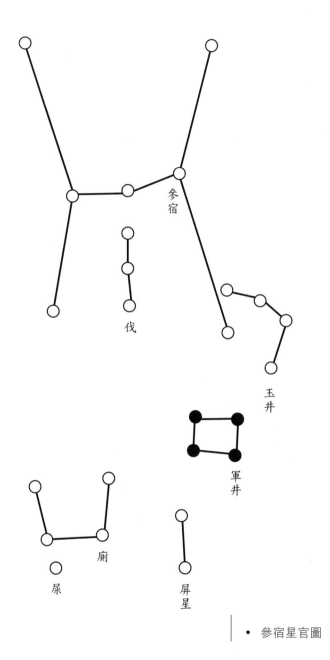

參宿

伐

玉井

軍井

廁

屎

屏星

● 參宿星官圖

【廿八宿分野】西方白虎七宿，奎、婁、胃代表「徐州」，昂、畢代表「冀州」，觜、參代表「益州」。紫微垣以北就是西方另一主戰場，敵人為西域蠻夷。經紫微垣北出「閣道」速達「軍南門」，「王良」駕車與北天統帥「天大將軍」會合，奎宿是主軍營。胃宿為天倉庫，用作儲存戰略物資。昂、畢中間為「天街」，作為西域、漢之分界。天街之北有強大車陣星官「五車」，戰場外有「參旗」、「九遊」。往南走，有星官「軍井」、「軍市」、「天囷」和「九州殊口」作為軍事後勤。

廿八宿各有度數，但並不是該宿中所有度數的「氣」都一樣強，例如角木蛟 12°，但在 12° 中，木氣強的只有 2 度半，其餘度數木氣已遠，金氣漸近，故謂之「弱」。就命度而言，廿八宿屬性分強弱，因此立命在同一宿，命亦有高下強弱。七政四餘主要有兩派，其中一派以命度為主。如某甲與某乙立命在亢金宿，甲某立命亢金 3°，乙某立命亢金 5°。看似分別不大，但由於亢 4° 內強，餘度數氐土之氣近，亢金氣弱，如此一來，兩人之命雖立同一宿，但已有分高下強弱之別。

最後，《行星編》的內容大致到此，但星學世界異常龐大，寫多兩三書都還有話題。在下一書，筆者會為大家介紹一些小行星及命運點，行星星座與及對星組合，還有相位進階推算技巧和更多的個案分析，當然行星週期和運限更是重要主角，所以《西洋占星IV—運限篇》切勿錯過！

西洋占星III　《行星編》　完

杰赫教你西洋占星，掌握命運真諦【正信！不迷信！】

WP145

西洋占星III《行星編》

如需查詢**杰赫**玄學
服務，歡迎 SCAN
QRC 或聯繫師傅

email：info@astro-jack.com

作者資料

系　　　列／杰赫星命系列——7

作　　　者／杰赫
web：http://astro-jack.com
facebook：jack.astrology

出　　　版／才藝館
地址：新界葵涌大連排道144號金豐工業大廈2期14樓L室
Tel：852-2428 0910　　　　　Fax：852-2429 1682
web：www.wisdompub.com.hk　　email：info@wisdompub.com.hk
facebook：wisdompub

出版查詢／Tel：852-9430 6306《Roy HO》

香港發行／香港聯合書刊物流有限公司
地址：香港新界大埔汀麗路36號中華商務印刷大廈3字樓
Tel：852-2150-2100　　　　　Fax：852-2407-3062
web：www.suplogistics.com.hk　email：info@suplogistics.com.hk

台灣發行／貿騰發賣股份有限公司
地址：新北市中和區中正路880號14樓
web：http://www.namode.com　　email：marketing@namode.com
電話：+886-2-8227-5988　　　　傳真：+886-2-8227-5989

網上訂購／web：www.openBook.hk　　email：cs@openbook.hk

版　　　次／2018年8月初版
定　　　價／(平裝) HK$128.00　　　　(平裝) NT$520.00
國際書號／ISBN 978-988-77656-0-5
圖書類別／1.占星　2.命理　3.星座
©杰赫